Nicolaus Heinen

MUT und WILLE

Für Eva Zahn
mit Dank für all
die Hilfe damals, als
es mir schlecht ging.

Ihr Nicolaus Heinen
5.6.2014

Nicolaus Heinen

MUT und WILLE

Wie wir Europas Blockade lösen

mitteldeutscher verlag

Die Aussagen in diesem Buch geben ausschließlich die persönliche Meinung des Verfassers wieder.

Bibliografische Information der Deutschen Nationalbibliothek
Die Deutsche Nationalbibliothek registriert diese Publikation in der Deutschen Nationalbibliografie; detaillierte bibliografische Daten im Internet unter http://d-nb.de.

www.mitteldeutscherverlag.de

Gesamtherstellung Mitteldeutscher Verlag, Halle (Saale)

ISBN 978-3-95462-314-3

Printed in the EU

Inhalt

I Bewegte Bilder

Manchmal genügt ein einziger Satz für die zündende Idee zu einem Buch.

Frankfurt im letzten Sommer. Ein ganz normaler Montag, der eine unspektakuläre Arbeitswoche befürchten lässt. Frühmorgens ein kurzer, unverbindlicher Plausch mit Kollegen in der Etagenküche. Die Kaffeemaschine dampft und zischt. Die Fenster im 24. Stock geben eine überwältigende Fernsicht frei über die Stadt, den brausenden Verkehr, die Großbaustelle der Europäischen Zentralbank, bis auf die Ausläufer von Spessart und Odenwald. Der Main wirft funkelnde Sonnenreflexe auf die Fassaden der Frankfurter Bürotürme. Doch mein Blick schweift ab. An der Wand läuft der Fernseher. Ein Nachrichtensender ist eingestellt. Ein Bericht über Demonstrationen vom letzten Wochenende: In Spanien protestieren Bürger gegen Sparmaßnahmen der Regierung. Kamerafahrt entlang der aufgebrachten Menschenmenge. Bewegte Bilder. Eurokrisenroutine. Fast schon drehe ich meinen Kopf weg, doch dann erhasche ich auf einem Protestplakat folgenden Satz:

Si no nos dejan soñar, no les dejaremos dormir!

Dieser Wahlspruch sitzt! *Wenn sie uns nicht träumen lassen, dann lassen wir sie nicht schlafen.* Eine klare Breitseite gegen die Eliten des Landes. So weit reichen meine welken Spanischkenntnisse noch aus.

Nachdenklich verlasse ich die Kaffeeküche und gehe zurück an meinen Schreibtisch im Großraumbüro. Die Eurokrise wartet schon auf mich in Gestalt dutzender E-Mails und Analysen, die über das Wochenende eingetrudelt sind. Die Krise ist mein täglich Brot: Ich bin Analyst für europäische Wirtschaftspolitik in der Zentrale der größten deutschen Geschäftsbank. Zu meiner Tätigkeit gehört so ziemlich alles, was mit der Krise zu tun hat: Konjunktur, Wirtschaftspolitik, Geldpolitik, Länderrisiken. Ich liebe meinen Beruf als Bankenvolkswirt, denn der spannende Part beginnt oft erst *nach* der Analyse der Zahlen: Den richtigen Riecher in der Europapolitik hat, wer weiter schaut als nur auf graue Datenblätter oder öffentliche Verlautbarungen. Ein verlässliches Gesamtbild ergibt sich erst mit Blick auf die Menschen und ihre Sorgen und Ängste, aber auch auf die politischen Risiken und die Dynamiken, die aus ihnen entstehen können. Genau deshalb lässt mich auch der Satz auf dem Protestplakat nicht los.

Wenn sie uns nicht träumen lassen, dann lassen wir sie nicht schlafen. Ein Satz, der so gar nicht in das Bild der Krisenländer passt, das uns in Deutschland oft vermittelt wird. Denn das sind nicht die Worte eines dickköpfigen Protestes träger Besitzstandswahrer gegen Lohnkürzungen, niedrigere Sozialtransfers oder das Ende liebgewonnener Privilegien. Vielmehr sind es Worte, die von geplatzten Träumen erzählen, von zerstörten Lebensentwürfen und gebrochenen Erfolgsversprechen, von allgemeiner Hoffnungslosigkeit und Wut. Sie künden vom Misstrauen gegenüber den verantwortlichen Eliten. Und sie handeln von Ratlosigkeit und Ohnmachtsgefühlen gegenüber Entwicklungen, die seit Jahren in der Eurozone um sich greifen. Das geht mir doch nahe.

In den folgenden Tagen mache ich mir Gedanken darüber, ob dieses Gefühl der Hilfslosigkeit auf die Krisenländer allein beschränkt ist. Und ob dieser Spruch nicht bald auch auf Protestplakaten in Deutschland stehen könnte. Sind gebrochene Erfolgsversprechen, Ohnmachtsgefühle gegenüber der Eurokrisenpolitik und Misstrauen gegenüber den Eliten am Ende ein gesamteuropäisches Phänomen? Zahlreiche Gespräche mit Kollegen, Freunden und Bekannten, die in Krisenländern wohnen, verändern auch meine persönliche Sicht auf die Eurokrise. Langsam formen sich erste Gedankenskizzen für einen Essay.

Das Gesamtbild, das Europa heute abgibt, ist das Gegenteil vom dem, was erreicht werden sollte, als sich die Politik im Frühjahr 2010 auf das anspruchsvolle und kräftezehrende *Projekt Eurorettung* einließ. Mit all ihren Krisengipfeln, finanziellen Notpflastern und einer Geldpolitik am Rande der Staatsfinanzierung wurde die Rettungspolitik als ein Schutzkokon für Staaten versponnen, aus dem ein neues Europa schlüpfen sollte: Mit solider Haushaltspolitik, hochgradig wettbewerbsfähig, vor allem aber so eng verbunden wie nie zuvor. Ein Blick auf die Eurozone von heute zeigt jedoch, dass nichts dergleichen erreicht wurde:

- Wir sehen einen Staatenverbund, der seine Ideale in den Grabenkämpfen zwischenstaatlicher Umverteilung und Übervorteilung längst verloren hat. Und der geschwächt ist vom kräftezehrenden Spiel einer Krisenpolitik der kleinen Schritte und einer Gipfeldiplomatie, die inkonsistent, erratisch und meilenweit von einer echten Lösung entfernt scheint.
- Wir erkennen, dass die meisten Volkswirtschaften Europas weiterhin und wider allen positiven Verlautbarungen der politischen Entscheidungsträger unter hoher Verschuldung leiden, an Mini-Wachstum kranken und eine niedrige Investitionstätigkeit aufweisen, weil es kaum noch Investoren gibt, die Vertrauen in eine bessere Zukunft hegen.
- Und wir erblicken Gesellschaften, die erschöpft und abge-

hetzt sind von den Strapazen der Krise: Die Länder Südeuropas ächzen unter der Bürde eines historisch einmaligen Spar- und Reformkurses, der in erster Linie den Mittelstand erdrückt, die wirtschaftlichen Eliten jedoch kaum in die Pflicht nimmt. Auch die Länder des Eurozentrums bekommen die Last der Krise zunehmend zu spüren, etwa über Niedrigzinsen oder steigende Immobilienpreise. Man schiebt sich die Schuld für die europäische Misere gegenseitig zu und bedient sich dabei oft und gerne alter Vorurteile, die man längst überwunden glaubte: Die prassenden, tricksenden Taschenspieler aus dem Süden. Die geizigen Deutschen, die neue, alte Besatzermacht. Einigkeit besteht nur noch in der Skepsis gegenüber den Erfolgsverheißungen der Politik, die sich zunehmend als falsch erweisen. Dies haben zuletzt auch die Europawahlen im Mai dieses Jahres gezeigt: Euroskeptische Kräfte am rechten und linken Rand konnten ihren Stimmenanteil im Vergleich zu den letzten Wahlen im Jahr 2009 signifikant steigern.[1]

Europa geht mittlerweile ins fünfte Krisenjahr. Zunehmend entsteht der Eindruck eines krisenmüden Kontinents, einer Gemeinschaft von Staaten, in der die Krise zum Normalzustand geworden ist und in der Gewöhnung, Gleichgültigkeit und Verdrängung sich breit machen – *Eurokrisenfatalismus.*

Daran ändern weder die jüngste Abkehr der Krisenökonomien vom harten Sparkurs etwas noch das zuletzt beherzte Einschreiten der Europäischen Zentralbank (EZB), die sich damit in faktische Abhängigkeiten begeben und ihre eigene Glaubwürdigkeit untergraben hat. Zwar mögen diese Maßnahmen das Leiden etwas gelindert und zu verhaltenem Wachstum geführt haben. Doch diese ersten Lichtblicke vermögen die akute Apathie und Depression der Bevölkerung nicht zu bekämpfen. Europa bleibt kraft- und mutlos. Wir brauchen daher eine grundlegende Diskussion darüber, welche Maßnahmen unserer Gesellschaft und unseren Volkswirtschaften langfristig positive Perspektiven aufzeigen und neuen Mut und Zuversicht schaffen.

Der Ruf nach neuem Mut hallt in diesen Tagen oft durch die Medien. Vor allem die Politik soll couragiert sein. Diese Appelle sind sicherlich berechtigt. Doch sie greifen zu kurz. Sie verkennen, dass mutige Politik immer nur ein Alleingang und damit autistisch, paternalistisch und letztlich undemokratisch ist, solange die Gesellschaft nicht mitzieht. Dieses Buch soll eine andere Geschichte erzählen. Es will nicht den vorhandenen oder fehlenden Führungsmut der Eliten in den Fokus rücken, sondern den Mut der Menschen. Denn neuer Mut kann niemals verordnet werden – er kann nur aus der Gesellschaft selbst erwachsen. Die Politik kann hierfür freilich die Voraussetzungen schaffen.

Europa braucht neuen Mut! Die Leitforderung dieses Buchs ist freilich schnell gestellt. Antworten auf die Frage, wie eine Gesellschaft neuen Mut fassen kann, fallen ungleich schwerer. Die Recherchen zu diesem Buch gestalteten sich daher schwierig. Bücher zum Thema Mut gibt es zwar wie Sand am Meer, und auf meiner Suche begegneten mir allerlei Ratgeber, einige Jugendbücher, viel Esoterik und dazu noch ein paar Politikerbiographien. Wenig hilfreiche Definitionen, viele Allgemeinplätze und kaum methodisch Erhellendes. Dies mag nicht verwundern, denn die meisten Bücher thematisieren nur den Mut aus der Perspektive des einzelnen Menschen. Auf die Frage, wie eine resignierte Gesellschaft ihren Mut zurückerlangen kann, gehen sie nicht ein. Dieses Buch möchte einen Versuch wagen und die Frage nach neuem Mut nicht für den Einzelnen, sondern für die Gesellschaften Europas beantworten. Es soll vom Willen der Menschen und ihrem Streben handeln, etwas an ihrer aktuellen Lage zu ändern. Es möchte erklären, wie neuer Mut entsteht, und Mut machen. Und es möchte für neue gesellschaftliche Entschlossenheit und den gemeinschaftlichen Willen zum Neuanfang werben. Das ist gemeint, wenn in diesem Buch von Mut die Rede ist.

Kapitel II und III untersuchen, wie wir in die gegenwärtig missliche Lage gekommen sind und was uns droht, wenn wir nicht bald gegensteuern. Kapitel IV zeigt, welche Schritte erforderlich sind, damit die Gesellschaften Europas mutiger werden. Wir lernen sie in den Folgekapiteln kennen und erfahren dabei, welche Rolle klare Eigentumsverhältnisse, wirtschaftliche Teilhabe, Wettbewerb und Wagniskultur für ein mutigeres Europa spielen können. Und dass die Zukunft uns schon bald vor neue Mutproben stellen wird.

II Hochmut kommt vor dem Fall

Wie stolz wir waren! Vor nur wenig mehr als zehn Jahren wurde einem politischen Mammutprojekt Europas eine besondere Ehrung zuteil: Im Mai 2002 ging der Karlspreis der Stadt Aachen ausnahmsweise nicht an eine natürliche Person. Preisträger war der Euro. Die gemeinsame Währung zahlreicher europäischer Staaten erhielt eine der wichtigsten Friedensauszeichnungen der Welt. Wim Duisenberg, der damalige Präsident der EZB, nahm den Karlspreis entgegen. Die Laudatio las sich überwältigend: Der Euro sei ein *„epochemachender Beitrag zum Zusammenwachsen der Völkerfamilie“*, die gemeinsame Währung sei die *„überzeugendste, pragmatischste Lösung auf dem Weg zur europäischen Gemeinsamkeit seit mehr als 1200 Jahren“*. Sie sei ein *„Wertmaßstab mit (...) friedensstiftender Wirkung.“*[2]

Zwischen diesem euphorischen Lob aus dem Jahr 2002 und dem heutigen Tag liegen nicht nur rund zwölf Jahre, sondern auch Welten. Denn seit damals hat sich nicht nur die Wirtschaftslage, sondern auch die Politik und das gesellschaftliche Selbstverständnis unseres Kontinents fundamental gewandelt – und das nicht nur zum Guten. Heute ist Europa ein zutiefst zerrissener Kontinent, der gleichermaßen ratlos wie verzweifelt vor alten Gräben steht, die man längst überbrückt glaubte: Gräben des Wohlstands und der Mentalitäten. Gräben des Misstrauens. Und mitverantwortlich für die Misere ist die gemeinsame Währung, der Euro, der einst als Friedensprojekt gefeiert wurde.

Wie konnte es so weit kommen?

Währungsblütenträume

Im Jahr 1999 begannen elf Länder der Europäischen Union ein historisches Projekt: Sie gingen eine Währungsunion ein und verbanden ihre nationalen Währungen zu einer gemeinsamen, dem Euro. Gemeinsame Eurobanknoten und Münzen wurden zwar erst im Jahr 2002 ausgegeben, die EZB übernahm die zentrale Geldpolitik jedoch schon im Jahr 1999, indem sie die Einzelwährungen der zukünftigen Euroländer fest aneinander koppelte und ihre Wechselkurse fixierte.

Wenn ein Land seinen Wechselkurs fixiert und nicht mehr frei schwanken lässt, verliert es ein wichtiges außenwirtschaftliches Ausgleichsventil. Flexible Kurse helfen nämlich, konjunkturelle Schwankungen abzufedern und strukturelle Unterschiede zwischen selbstständigen Nationen und Währungsräumen auszugleichen. Der Wechselkurs ergibt sich dann aus Angebot und Nachfrage der jeweiligen Währung auf freien Devisenmärkten. Ist ein Land beispielsweise nicht besonders wettbewerbsfähig – etwa, weil seine Produkte in der Herstellung zu teuer oder nicht innovativ genug sind – dann lässt die Nachfrage nach diesen Produkten auf den Weltexportmärkten nach. Infolgedessen sinkt auch die Nachfrage nach der Landeswährung. Ihr Außenwert sinkt, und das Land ist dann wieder in der Lage, seine Güter und Dienstleistungen billiger abzusetzen. Natürlich kann auch die jeweilige Zentralbank mit ihrer Geldpolitik ein wenig nachhelfen und über Zinsen oder Devisenmarktinterventionen den Wechselkurs stützen oder abwerten.

Diese stark vereinfachenden Überlegungen verdeutlichen, dass eine Währungsunion mit fixen Wechselkursen im Binnenverhältnis vor allem für Länder geeignet ist, die ähnliche Wirtschaftsstrukturen aufweisen. Geldpolitik und Wechselkursentwicklung können in einer Währungsunion nämlich nicht ausdifferenziert werden – sie treffen alle beteiligten Länder gleichermaßen. Die Wirtschaftswissenschaft hat hierzu ein eigenes Theoriegebäude entwickelt: Schon in den 1960er Jahren machte sich der spätere Wirtschaftsnobelpreisträger Robert Mundell[3] darüber Gedanken, welche Kriterien Länder erfüllen müssten, um von einer gemeinsamen Währung ohne größere Friktionen profitieren zu können. Seine *Theorie der Optimalen Währungsräume* wurde in den Folgejahrzehnten immer weiter verfeinert. So entstand ein Katalog aus etwa einem Dutzend Kriterien. Dazu gehören beispielsweise flexible Arbeitsmärkte, ein hoher gesamtwirtschaftlicher Offenheitsgrad – das heißt reger Handel mit den Nachbarn und eine hohe grenzüberschreitende Mobilität von Arbeitskräften – aber auch weiche Faktoren wie ähnliche gesellschaftliche Wertevorstellungen, politische Präferenzen und Mentalitäten.

Die Gedanken Robert Mundells und seiner Mitstreiter erhielten zu ihrer Zeit große Aufmerksamkeit. Bereits in den 1970er Jahren entwickelte das politische Europa Pläne, die nationalen Währungen aneinander zu binden, um ihren gemeinsamen Binnenmarkt zu vertiefen und das Projekt einer politischen Union in naher Zukunft unumkehrbar zu machen. Erste Überlegungen stellte der *Werner-Plan* an, ein Arbeitspapier des damaligen luxemburgischen Premierministers Pierre Werner, der vorsah, bis zum Jahr 1980 eine gemeinsame europäische Währung zu schaffen. Allerdings machten die Umwälzungen in der internationalen Währungsordnung im Jahre 1973 diese Pläne zunichte, nachdem die USA das auf dem Goldstandard basierende internationale Wechselkurssystem (*Bretton Woods)* aufgekündigt hatten. Die Idee einer Währungsunion war jedoch schon damals nicht neu: Schon zu Beginn des letzten Jahrhunderts hatte es mit der *Lateinischen Münzunion* Südeuropas und der *Skandinavischen Münzunion* Nordeuropas erste Formen zwischenstaatlicher Währungsintegration gegeben. Beide Projekte waren zunächst erfolgreich, scheiterten jedoch bald an nationalen Alleingängen. Aber auch jüngere Erfahrungen, wie etwa die größeren Turbulenzen an den Devisenmärkten im *Europäischen Währungssystem* (EWS) zu Beginn der 1990er Jahre, hatten gezeigt, wie schwierig es war, in einem heterogenen Wirtschaftsraum wie Europa Wechselkurse im Zaum zu halten und Geldpolitik verlässlich zu koordinieren.

Gegen derartige Fehlentwicklungen wollte man vorbauen, als das Projekt einer europäischen Währungsunion nach der deutschen Wiedervereinigung erneut an Fahrt aufnahm.[4] Im Jahr 1993 rammte der Vertrag von Maastricht die entscheidenden politischen Pflöcke ein: Fünf sogenannte *Konvergenzkriterien* sollten sicherstellen, dass nur Länder mit niedrigem Schuldenstand, geringer Neuverschuldung, passabler Inflation, angemessenen Zinsen sowie stabilen Wechselkursen dem Währungsverbund beitreten konnten. Im kollektiven Gedächtnis geblieben sind vor allem die fiskalischen Kriterien: Innerhalb eines Referenzzeitraums von März 1996 bis Februar 1998 sollte kein Land einen Schuldenstand von über 60 Prozent der Wirtschaftsleistung aufweisen. Ebenso wenig erlaubt war eine jährliche Neuverschuldung, die 3 Prozent der Wirtschaftsleistung überstieg.

Die Realität unterschied sich von diesen hehren Zielen jedoch deutlich. So versuchten einige Länder, die Kriterien über kreative Buchführung zu erreichen. Sie senkten beispielsweise den Grad ihrer Neuverschuldung künstlich, indem sie einige Ausgaben der öffentlichen Hand vorzogen oder verzögerten, um den Zielwert innerhalb des Referenzzeitraumes zu erfüllen. Bei anderen Ländern einigte sich die europäische Staatengemeinschaft darauf, die Konvergenzkriterien äußerst tolerant auszulegen. Dies ermöglichte es etwa Belgien, Griechenland und Italien, der Währungsunion beizutreten, obwohl ihre Schuldenstände weit über der vereinbarten Marke von 60 Prozent der Wirtschaftsleistung lagen. Viele Beobachter sahen schon bald ein, dass ein politisches Projekt wie die EWU nicht allein ökonomischen Kriterien folgen würde. Doch in der Politik überwogen die Hoffnungen, dass sich die Unterschiede im Laufe der Zeit ausgleichen würden. Und so schloss sich im Jahr 1999 eine bunte Truppe aus zunächst elf, und mit Griechenland im Jahr 2000 dann zwölf Ländern zusammen, die bisweilen völlig unterschiedliche Wirtschaftsstrukturen und wirtschaftspolitische Traditionen aufwiesen.

Die neu gegründete gemeinsame Zentralbank, die EZB in Frankfurt, konnte diesen Unterschieden freilich keine Rechnung tragen. Mit ihren Instrumenten konnte sie innerhalb eines äußerst heterogenen Währungsraums mit bisweilen unterschiedlichen Inflationsniveaus nur eine Geldpolitik nach Einheitsmaß durchführen, das sich an der Gesamtlage im Euroraum orientierte. Die nationalen Zentralbanken der Euroländer bestanden zwar weiterhin, waren aber an die Weisungen aus Frankfurt gebunden. Und so erhöhten sich für einige Länder nach ihrem Beitritt zum Währungsraum die Realzinsen – also die Zinsen abzüglich Inflation – während sie für andere Länder stark sanken. Hinzu kam, dass der Umtauschkurs in die neue Währung nur das Resultat einer Momentaufnahme am Ende des Jahres 1998 war. Mit Blick auf spätere Entwicklungen, die niemand voraussehen konnte, wurde er für einige Länder zu hoch und für andere Länder zu niedrig angesetzt. So veränderten sich für viele Länder mit ihrem Beitritt zur Währungsunion die gesamtwirtschaftlichen Rahmenbedingungen nachhaltig. Dies hatte zur Folge, dass sich in den ersten zehn Jahren der Währungsunion unterschiedliche Wachstumsmodelle herausbildeten, die sich grob in drei Gruppen unterteilen lassen.

- Zur ersten Gruppe gehören jene Staaten, für die das Zinsniveau nach dem Beitritt zur Eurozone zu hoch war und die unter einem überbewerteten Wechselkurs litten. Die Unternehmen dieser Länder mussten sich unter den neuen Rahmenbedingungen enorm anpassen, denn die vergleichsweise hohen Zinsen erschwerten die Finanzierung. Zudem schränkte der überbewertete Wechselkurs ihre Exportchancen ein. Österreich und die Niederlande sind typische Beispiele dafür, aber auch Deutschland, das Anfang des letzten Jahrzehnts massiv an Wettbewerbsfähigkeit eingebüßt hatte und als „kranker Mann Europas" galt. Doch Innovationen und Kostenkürzungen in den Unternehmen, Lohnzurückhaltung bei den Tarifparteien und engagierte Deregulierung in vormals starren Arbeits- und Gütermärkten sorgten dafür, dass diese Volkswirtschaften wieder wettbewerbsfähig wurden. Das bescherte ihnen in den Folgejahren enorme Exporterfolge. Und so basierte die wirtschaftliche Entwicklung der Länder dieser ersten Gruppe auf einem *exportorientierten Wachstumsmodell.*
- Länder mit *konsumorientiertem Wachstumsmodell* wie etwa Frankreich, Belgien oder Italien durchliefen eine andere Entwicklung. In der Vergangenheit hatten sie ihre Wettbewerbsfähigkeit oft gesteigert, indem sie ihre Währung abwerten ließen – die Zentralbanken zeigten sich in der Regel kooperativ. Dies war auch erforderlich, denn die Unternehmen dieser Länder wären angesichts hoher Lohnabschlüsse der Tarifpar-

teien sonst preislich nicht wettbewerbsfähig gewesen. Mit dem Beitritt zur Eurozone war diesen Ländern die Möglichkeit der kompetitiven Abwertung jedoch genommen. Da die Tarifabschlüsse aber weiterhin hoch blieben, stiegen die *Lohnstückkosten* – ein Indikator, mit dem Volkswirte die Lohnproduktivität von Volkswirtschaften messen. Als direkte Folge nahm zwar die Kaufkraft der Konsumenten zu, und der Binnenkonsum zog an. Gleichzeitig verloren diese Länder aber auch sukzessive an Wettbewerbsfähigkeit und damit an Marktanteilen auf den Weltexportmärkten.

- Unter besonderem Druck steht heute eine dritte Gruppe von Ländern. Nach ihrem Beitritt zur Währungsunion sank das Zinsniveau rapide und veranlasste öffentliche und private Haushalte gleichermaßen dazu, sich übermäßig zu verschulden. Die niedrigen Zinsen führten jedoch dazu, dass das Geld nicht immer in die produktivsten Verwendungszwecke investiert wurde. Griechenland dehnte die öffentliche Kreditaufnahme aus. In Spanien sorgten die niedrigen Zinsen für Hypothekendarlehen indes für einen gigantischen Bauboom. So entstand ein *kreditfinanziertes Wachstumsmodell.*

Insbesondere die Länder der letzten Gruppe konnten anfänglich von günstigen Rahmenbedingungen an den Märkten für Staatsanleihen profitieren. Staatsanleihen sind Schuldscheine der öffentlichen Hand. Sie ermöglichen es Regierungen, sich Geld von Investoren an den internationalen Kapitalmärkten zu leihen; in der Regel sind das Banken, Versicherungen und Pensionsfonds. Je nachdem, für wie kreditwürdig diese Anleger die Staaten erachten, verlangen sie höhere oder niedrigere Zinsen – die Rendite muss dem Risiko angemessen sein. So weit, so bekannt. Mit Gründung der Währungsunion hatte sich jedoch etwas verändert. Zahlreiche Investoren erachteten die unterschiedlichen Länderrisiken an den Staatsanleihemärkten nun als nicht mehr relevant. Vielmehr gingen sie davon aus, dass mit der Gründung der Währungsunion nun auch ein impliziter Haftungsverbund zwischen den Euroländern bestehe. Sie nahmen an, dass die Gemeinschaft der Euroländer einzelne Staaten in finanzieller Not unterstützen würde. Und so wurde das Ausfallrisiko einer griechischen Anleihe in etwa dem einer deutschen Anleihe gleichgesetzt. Investoren vertrauten der Stabilität der Eurozone und liehen ihr Geld allen Ländern zu fast dem gleichen Zinssatz auf niedrigstem Niveau. Vor allem die Staaten Südeuropas konnten sich günstig verschulden. Ihr öffentlicher Schuldenstand stieg.

Dies war aber nicht der einzige Grund, warum es für Staaten einfacher wurde, sich zu verschulden. Die Regierungen selbst halfen entscheidend nach, indem sie die Kreditvergabe an die öffentliche Hand für Banken attraktiver machten: Spätestens seit den ersten Basler Eigenkapitalvereinbarungen im Jahr 1988 (*Basel I*) mussten europäische Banken Staatsanleihen in ihren Portfolien nämlich nicht mehr mit Eigenkapital unterlegen. Europäische Staatsanleihen galten als risikofreie Vermögensklasse – dies ließ die Zinsen für Staaten sinken. Vor allem für Banken war das Kreditgeschäft mit Staaten fortan eine hochwillkommene, weil sichere und doch gleichzeitig hochprofitable Angelegenheit. Sie gaben den Euroländern gerne Kredit und nutzten die Staatsanleihen wiederum als Sicherheiten für Refinanzierungsgeschäfte mit den Zentralbanken. Und so wurde die Schuldenfinanzierung zum wechselseitigen Geben und Nehmen zwischen öffentlicher Hand und Finanzsektor.

Nicht wenige Kritiker ahnten zu Beginn der Währungsunion, was diese Ballung an Fehlanreizen für die Verschuldung der einzelnen Euroländer bedeuten würde. Vor allem der Initiative Deutschlands ist es zuzuschreiben, dass Ende 1996 der *Stabilitäts- und Wachstumspakt* ins Leben gerufen wurde – ein Regelwerk für die Länder der Europäischen Union, das verhindern sollte, dass sich Staaten übermäßig verschulden. Der Pakt wandelte die fiskalischen Maastricht-Kriterien in eine dauerhafte Vorgabe um: Als permanentes Überwachungsregelwerk sollte er sicherstellen, dass der Schuldenstand die kritische Marke von 60 Prozent der Wirtschaftsleistung nicht übersteigt oder sich zumindest konstant darauf zubewegt, während die jährliche Neuverschuldung nicht mehr als drei Prozent der Wirtschaftsleistung beträgt. Länder, die den Defizitwert nicht einhalten würden oder ihre übermäßige Staatsverschuldung nicht hinreichend abbauen konnten, hatten – so der Plan – mit empfindlichen Geldbußen zu rechnen. Soweit die guten Vorsätze. Doch diese hielten nicht lange. Als Deutschland und Frankreich in den Jahren 2002 und 2003 die Defizitschwellen selbst überschritten, einigte man sich darauf, den Stabilitätspakt an entscheidenden Stellen aufzuweichen. Kein Land der Eurozone widersprach. Ohnehin waren Sanktionen unter dem Regelwerk äußerst unwahrscheinlich, da die Finanzminister der Euroländer es selbst waren, die nach einem mehrstufigen Verfahren über Sanktionen hätten entscheiden müssen.

Und so stiegen die öffentlichen Schuldenstände in der Eurozone weiter an.

Stolz und Vorurteil

Dies fiel im politischen Tagesgeschäft jedoch nicht weiter auf. Die meisten Länder Europas glänzten mit hohen Wachstumsraten; der Wohlstand nahm quer durch alle Schichten zu. Der Erfolgshunger stieg: Viele Menschen – vor allem in Südeuropa – konnten sich mit einem Mal Dinge leisten, von denen sie zuvor nur geträumt hatten. Gleichzeitig entfaltete sich ein enormer politischer Machtzuwachs, der es leicht machte, über volkswirtschaftliche Fehlentwicklungen hinwegzusehen: Die Europäische Union wuchs um insgesamt 12 Länder, und auch die Eurozone gewann bis 2008 mit Slowenien (2007), Malta und Zypern (beide 2008) insgesamt drei neue Mitglieder hinzu. Diese Kette an Erfolgen verstellte den Blick auf eine Reihe von Realitäten – etwa, dass größere Teile des Wachstums über private und öffentliche Schulden finanziert wurden und daher von vornherein nicht nachhaltig waren. Oder dass sich entlang der drei unterschiedlichen Wachstumsmodelle zunehmend Ungleichgewichte in der Währungsunion bildeten.

Im allgemeinen Erfolgsrausch wurden Diskussionen über die Zukunft der Integration nicht ergebnisoffen geführt. Vielmehr verengte sich die öffentliche Debatte auf eine einzig denkbare Alternative: *Erweiterung* oder *Vertiefung*. Andere Optionen oder Zwischentöne – etwa *Pausieren* oder *Reflexion und Korrektur* – waren in den Denkmodellen des politischen *Mainstreams* schlicht und einfach nicht zugelassen, hatten keine Öffentlichkeit oder galten gar als absonderlich. Kritische Einwürfe einiger weniger Wissenschaftler, die sich eher von Zahlen, Daten und Fakten und weniger von Wunschdenken und Träumereien leiten ließen, galten als Außenseitermeinungen und als störende, subversive Strömungen. Nicht selten wurden sie in die rechte Ecke gestellt. Und, auch das ist wahr: Nicht selten bekamen sie von rechtsaußen den lautesten Beifall. Im Rest der Gesellschaft machte sich einstweilen ein rundum gutes Gefühl breit, und die politischen Podien und Talkshows unseres Kontinents waren beseelt vom Überlegenheitsgefühl der Entscheidungsträger: Europa – ein Vorbild gelungener Integration für die Welt. Die Europäische Union – ein Staatenverbund, vor dem Beitrittskandidaten Schlange standen. Der Euro – eine starke Währung, die dem US-Dollar in seiner Rolle als Weltreservewährung das Wasser reichen konnte.

Doch Hochmut kommt bekanntlich vor dem Fall. Die Stolperschnur sollte allerdings nicht in Europa gespannt sein, sondern auf der anderen Seite des Atlantiks. Denn auch in den Vereinigten Staaten hatte es eine längere Phase niedriger Zinsen gegeben. Nach dem Platzen der Internetblase und den Terroranschlägen vom 11. September 2001 lag die amerikanische Konjunktur am Boden. Schon bald suchte die Regierung Bush nach neuen Wegen, die wirtschaftliche Aktivität wieder anzufachen. Steuern wurden gesenkt, und zugleich setzte die US-Notenbank *Federal Reserve* den Leitzinssatz – die *Federal Funds Rate* – in mehreren Schritten herab. All dies stärkte den Konsum und die Investitionen des amerikanischen Privatsektors. Vor allem aber nutzten viele Privathaushalte die günstigen Zinsen, um Kredite für Immobilien aufzunehmen. Dies geschah aus gutem Grund, denn Amerikaner müssen für ihre Alterssicherung überwiegend privat vorsorgen. Daher betrachten sie das eigene Haus in erster Linie als Investition. Je größer, desto besser. Niedrige Zinsen kamen da zupass: Je niedriger sie waren, desto höher war die Kreditsumme, die Häuslebauer aufnehmen konnten. Hinzu kam, dass in Amerika Wohnimmobilien zu 100 Prozent fremdfinanzierbar und Hypothekenkredite regressfrei sind: Letzteres bedeutet, dass Schuldner nur mit jenen Vermögenswerten haften, die der Hypothek zu Grunde liegen, nicht jedoch mit ihrem weiteren Vermögen. Wenn die Kreditraten nicht mehr gezahlt werden können, reicht es, den Schlüssel der Immobilie bei der

Bank einzusenden – eine Einladung, sich privat zu überschulden. Und so stieg die private Kreditnachfrage rasant an. Sie traf auf ein breites Angebot der staatlichen Hypothekenfinanzierer *Fannie Mae* und *Freddie Mac*, die großzügig Kredit gewährten.

Infolgedessen explodierte die Nachfrage nach Immobilien, und als Nächstes schossen die Preise in die Höhe. Die Preisspirale wiederum fachte die Kreditvergabe an, denn für Banken bestand nunmehr kein Risiko: Selbst bei einer vollständigen Zahlungsunfähigkeit des Schuldners hätte die Bank eine belastete Immobilie sofort mit Gewinn verwerten können. Auch aus diesem Grund waren Kreditinstitute immer weniger daran interessiert, die Bonität der Kreditantragsteller kritisch zu prüfen. Allein der Umsatz zählte, und jeder Kredit wurde gerne gewährt. Mitunter wurde dem Kreditgeschäft auch über private Kreditvermittler nachgeholfen, die offensiv damit warben, dass sie auch Kreditnehmer mit schlechter Kredithistorie bedienen würden. Und so entstand ein neuer Markt für Hypothekenkredite von Hauseigentümern mit niedriger Bonität: Das sogenannte *Subprime Segment*. Ein glänzendes Geschäft auf Gegenseitigkeit – solange die Immobilienpreise stiegen.

Bald schlug die Stunde der Unternehmensberater und Bilanzexperten. Immer mehr Finanzinstitute lagerten ihre Forderungen aus Immobilienkrediten und Hypothekendarlehen in Zweckgesellschaften aus. So konnten Banken die Risiken aus dem Immobiliengeschäft elegant kaschieren und aus ihren Bilanzen tilgen. Die Zweckgesellschaften wiederum verbrieften die Risiken aus den Hypothekenkrediten, indem sie eigene hypothekenbesicherte Anleihen ausgaben – sogenannte *Mortgage Backed Securities* (MBS). Mit dem frischen Geld finanzierten sie weitere Immobilienkredite – ein hochlukratives Geschäft auch für Anleger, denn die MBS waren nicht nur mit Immobilienwerten besichert, sondern schütteten regelmäßig hohe Rückflüsse aus, die aus der Tilgung dieser Kredite gespeist wurden.

Dann schlug die Stunde der Finanzingenieure. Die Verbriefung von Krediten ermöglichte es im nächsten Schritt, Kreditrisiken aus mehreren Krediten je nach Bonität der Gläubigergruppen beliebig zu bündeln, abzutrennen und weiterzuveräußern. Es entstand ein weiterer Markt mit Papieren, die unterschiedliche Risikoklassen mit unterschiedlichen Renditezielen verbrieften, die sogenannten *Collateralized Debt Obligations* (CDOs). Ratingagenturen, die die Bonität der gebündelten Kreditpakete bewerten sollten, spielten dieses Spiel gerne mit: Sie vergaben Top-Ratings selbst für MBS und CDOs mit enorm hohen Risiken in der vermessenen Annahme, dass die Immobilienpreise zwar nicht in den Himmel wachsen würden, in jedem Falle aber schneller anziehen würden als die Zinsen. Ihr blinder Optimismus traf auf reges Geschäftsinteresse: Auch für die Banken war das Geschäft hochprofitabel, zumal sie die MBS und CDOs wiederum bei der *Federal Reserve* als Pfand für frisches Zentralbankgeld hinterlegen konnten, und zwar allein, um es in neue Hypotheken und Verbriefungsprodukte zu investieren. So entstand ein gigantisches Schneeballsystem, das für alle Beteiligten große Gewinne abwarf – solange die Zinsen niedrig blieben und die Immobilienpreise stiegen. Die US-Regierung unternahm nichts dagegen – im Gegenteil: Sie beobachtete mit Wohlwollen, dass auch untere Schichten in Amerika sich ihren Traum vom Wohneigentum erfüllen konnten. Dass ein Großteil dieses Traums nur auf Pump finanziert war, wurde gerne übersehen. Das hätte das positive Gesamtbild nur gestört.

Die hohen Renditen in Amerika blieben auch Investoren in Europa nicht verborgen. Vor allem kleinere Kreditinstitute wie etwa die deutschen Landesbanken lockte das vermeintlich sichere Geschäft mit hypothekenbesicherten Wertpapieren. Sie wollten von den hohen Gewinnen etwas abhaben. Investitionen in MBS und CDOs versprachen eine einfache Teilhabe am US-amerikanischen Erfolgsmodell, ohne dass größere Anfangsinvestitionen in Infrastruktur oder Niederlassungen erforderlich gewesen wären. Und so verstärkten weiterte Mittelzuflüsse von außen das Schneeballsystem zusätzlich.

Die vergnügliche Party fand im Jahr 2007 ihr jähes Ende: Die *Federal Reserve* hatte ihren Leitzinssatz binnen kurzer Frist verdreifacht, um einer Überhitzung der Realwirtschaft vorzubeugen. Eine fatale Entwicklung für Immobilienkreditnehmer, denn in Amerika sind die Zinssätze der meisten Bestandskredite an den Zentralbankzinssatz gekoppelt – im Gegensatz zu festverzinslichen Immobilienkrediten, wie wir sie in Deutschland kennen. Immer mehr Schuldner gerieten somit in Zahlungsschwierigkeiten, da ihre Zinsbelastung nun stieg. Anschlussfinanzierungen gelangen nun nicht mehr, und auch die Rückzahlung laufender Kredite wurde schwierig. Immer mehr Kredite wurden notleidend. Offensichtlich hatte die *Federal Reserve* die Auswirkung ihrer Zinspolitik unterschätzt.

Dann ging alles ganz schnell.

Welt in Panik

Um Eigenkapitalanforderungen gerecht zu werden, mussten Banken notleidende Immobilien sofort verwerten. Der Immobilienmarkt wurde mit einem gigantischen Überangebot an Schrottimmobilien geflutet. Gleichzeitig brach die Nachfrage nach Häusern auf Grund der höheren Zinsen ein – die Immobilienpreise fielen. Der allgemeine Preisrutsch setzte nun auch solvente Hypothekennehmer unter Druck, denn ihre Darlehen waren nun nicht mehr hinreichend gedeckt. Und so kam es auch hier zu Zwangsverwertungen. Vor allem gerieten aber jene Zweckgesellschaften in Schieflage, die Kredite und Kreditverbriefungen im Subprime-Segment angeboten und weiterverkauft hatten. Der Markt für MBS und CDOs brach zusammen: Ratingagenturen stuften die Papiere gleich dutzendfach herab. Die Kurse stürzten ins Bodenlose. Fatalerweise hatten die meisten Investoren diese Papiere mit billigem Zentralbankgeld erworben, für das sie wiederum kurzlaufende Geldmarktkredite als Sicherheit hinterlegt hatten. Daher waren sie nun gezwungen, Kapital nachzuschießen. Aktienvermögen musste liquidiert werden, eine weltweite Talfahrt der Börsen war die Folge. Die Immobilienblase war geplatzt.

Die beiden US-amerikanischen Hypothekendienstleister *Fannie Mae* und *Freddie Mac* wurden mit großzügigen Kapitalspritzen der Regierung am Leben erhalten. Weitere Finanzinstitute weltweit meldeten in den Folgewochen Insolvenz an. Sie alle hatten sich bei ihren Investitionen im hochriskanten US-Subprime-Markt zunächst verschätzt – und dann verzockt. Und so wurden in den Folgemonaten weltweit Banken gerettet; in Deutschland waren es einige Landesbanken, aber auch IKB und Commerzbank. Ihren Höhepunkt fand die US-Subprime-Krise in der Insolvenz des US-Bankhauses *Lehman Brothers* Ende September 2008. Zu viele notleidende Immobilienkredite waren in den Büchern. Gleichzeitig entschied die amerikanische Regierung im Oktober, nach vier bereits erfolgten Bankenrettungen,[5] das Bankhaus *Lehman Brothers* nicht zu stützen. Augenscheinlich wollte man nicht den Eindruck erwecken, dass die Bankenrettung zum Automatismus wurde.

Spätestens mit der Insolvenz von *Lehman* wurde die amerikanische Immobilienkrise zur globalen Finanzkrise. Island wurde der nächste Schauplatz: Der Absturz an den Finanzmärkten setzte die größten Banken des kleinen Inselstaates unter Druck, deren Bilanzsumme durch Spekulationsgeschäfte auf das Zehnfache der Wirtschaftsleistung angeschwollen war. Bald wurde das gesamte Finanzsystem des Landes verstaatlicht. Doch dies war erst der Anfang. Investoren an den internationalen Kapitalmärkten waren alarmiert: Welche Banken hatten noch schlummernde Risiken in ihren Bilanzen? Was könnte passieren, wenn auch die nächsten Banken nicht gerettet würden? Das Vertrauen zwischen den Banken am sogenannten *Interbankenmarkt* – also dort, wo sich Banken untereinander Geld leihen – war zerstört. Die Unsicherheit übertrug sich auf den Aktienmarkt, und Börsen reagierten erneut mit gewaltigen Kursverlusten. Kleinsparer gerieten in Panik und zogen ihre Einlagen von ihren Konten ab. Plötzlich war die Liquiditätslage einiger Finanzinstitute nicht mehr nur über den ausgetrockneten Interbankenmarkt gefährdet. Auch die ständigen Einlagenabflüsse brachten Banken an den Rand der Zahlungsunfähigkeit. In diese turbulenten Wochen fiel die historische Erklärung von Kanzlerin Angela Merkel und dem damaligen Finanzminister Peer Steinbrück, dass die Spareinlagen der Deutschen sicher seien. Größere Anstürme der deutschen Sparer auf die Banken konnten dadurch zwar verhindert werden. Doch auch, wenn das Vertrauen von Sparern in die Sicherheit des Finanzsystems vorerst wieder hergestellt war, blieb die Realwirtschaft unter Druck. Die hohe Unsicherheit im Finanzsystem ließ befürchten, dass Banken nicht mehr fähig sein könnten, die Realwirtschaft mit ausreichend Liquidität zu versorgen. Die Welt stand am Rande einer Wirtschaftskrise.

Nun wurde die Politik aktiv. Weltweit wurden binnen kürzester Zeit umfangreiche Konjunkturpakete aufgelegt, um die Realwirtschaft vor einer schädlichen Rezessionsspirale zu bewahren. Das zu Grunde liegende Kalkül war simpel: Was die Finanzkrise durch Unsicherheit an privater Nachfrage einschränkte, sollte nun über die öffentliche Nachfrage ausgeglichen werden. Weiterhin sollten öffentliche Anreize die private Nachfrage anfachen. Allein die gebündelte Kraft aller Konjunkturpakete der EU entsprach inflationsbereinigt fast dem Dreifachen des *Marshallplans* – mit dem Unterschied, dass keine zerstörten Fabriken und Straßen wieder aufgebaut werden mussten, sondern die Politik allein versuchte, Erwartungen zu stabilisieren. Einige Länder gingen dabei an den Rand ihrer finanziellen Belastbarkeit. Die öffentlichen Defizite stiegen rasant an. In Deutschland war das die Zeit der großzügigen Kurzarbeitsregelungen, der hohen Abwrackprämien für Altautos und der umfangreichen Sanierungsoffensiven an maroder öffentlicher Infrastruktur. Und in der Tat gelang es vorerst, Ruhe einkehren zu lassen. Die Lage schien sich zu stabilisieren.

Bis zum Oktober 2009.

Die Krise kommt zu uns

Im Oktober 2009 gab die neugewählte griechische Regierung bekannt, dass ihre Vorgängerregierungen über Jahre hinweg geschönte Defizitzahlen und Schuldenstände nach Brüssel gemeldet hatten. Auch der Beitritt zur Eurozone sei auf Basis gefälschter Zahlen erfolgt; eine Investmentbank habe geholfen, über Luftbuchungen und Bilanztricks das Land in einem günstigeren Lichte dastehen zu lassen. Wieder war die Schockwirkung auf Investoren immens: Die Nachrichten aus Griechenland wirkten auf sie wie ein Weckruf, der ein großes Umdenken auslöste: Mit einem Mal begriffen Anleger, dass die Staatsverschuldung in einigen europäischen Ländern ein weitaus größeres Problem darstellte, als sie dies ursprünglich angenommen hatten. Waren sie in den Jahren zuvor noch felsenfest überzeugt, dass ihr Geld in europäischen Staatsanleihen sicher angelegt war, fürchteten sie nun auf einmal, dass ihre Anlagen doch nicht so sicher waren, wie dies das fehlende Erfordernis, sie mit Eigenkapital zu unterlegen, einst suggeriert hatte. Szenarien eines Staatsbankrotts wurden auf einmal nicht mehr nur mit Blick auf ferne Länder auf anderen Kontinenten diskutiert, sondern auch im europäischen Kontext für möglich gehalten. Und auf einmal verloren Investoren ihr Vertrauen in die Zahlungsfähigkeit zahlreicher Euroländer. Spekulationen und Gerüchte machten die Runde, dass einzelne Länder bald aus der Eurozone ausscheiden würden.

Das abnehmende Vertrauen von Investoren an den Kapitalmärkten drückte sich in stark schwankenden Kursen von Staatsanleihen aus. Wenn diese unter dem Nennwert notieren, dann ist das ein Zeichen dafür, dass Investoren dieser Anleihe ein gestiegenes Ausfallrisiko beimessen. Das hat dann auch Auswirkungen auf die Rendite der Anleihe. Sie ist der Abstand zwischen dem aktuellen Marktkurs und ihrem Nominalwert plus Zinsen. Sie wird auf Jahresbasis bis zum Laufzeitende berechnet und ins Verhältnis zum aktuellen Marktwert gesetzt. Hohe Renditen stehen für hohe Risiken. Die Renditeabstände einzelner Länder im Verhältnis zum klassenbesten Land einer Vergleichsgruppe geben ein gutes Bild über das unterschiedliche Vertrauen ab, das Geldgeber in die Zahlungsfähigkeit von

Ländern legen – und über ihre Bereitschaft, diese Länder weiter zu finanzieren. Renditeabstände werden von Anlegern daher auch gerne als *Fieberthermometer der Eurokrise* betrachtet. Relevant wird das für Staaten dann, wenn sie nach Laufzeitende der Anleihen neue Staatsanleihen begeben müssen, um sich zu refinanzieren oder neuen Kredit aufzunehmen. Denn die Zinsforderungen von Investoren orientieren sich bei Anleiheauktionen ebenfalls an der Rendite der aktuell gehandelten Anleihe. Und so können Länder mit hohen Schuldenständen schnell an den Rand der Zahlungsunfähigkeit geraten. Das gilt vor allem, wenn die Informationslage intransparent ist und Investoren risikoavers sind, also Negativnachrichten überbewerten und Länder mit schlechter Bonität mit hohen Risikoprämien abstrafen.

Die Negativschlagzeilen rissen in den Folgewochen nach dem griechischen *Schuldeneingeständnis* nicht ab, und vor allem US-Banken und Hedgefonds zogen ihr Kapital in Windeseile aus Europa ab. Bald liefen die Renditen der Staatsanleihen Griechenlands und anderer südeuropäischer Länder im Verhältnis zum Ankerland Deutschland auseinander. Die Lage an den Finanzmärkten wurde zunehmend prekär. Ratingagenturen sorgten für einen weiteren negativen Nachrichtenfluss, denn nach ihrer unrühmlichen Rolle in der Subprime-Krise waren sie vorsichtig geworden. Sie wollten keinesfalls mehr in den Verdacht geraten, überoptimistische Urteile zu fällen und Kuschelnoten zu verteilen. Und so stuften sie Euroländer reihenweise herab. Spekulationen über weitere Ratingherabstufungen überschlugen sich.

Zunehmend richtete sich der kritische Blick der Investoren nun auch auf die Finanzsysteme südeuropäischer Krisenländer: Deren Banken hielten in erster Linie Staatsanleihen ihrer

Heimatmärkte in ihren Portfolien. Im Falle einer weiteren Herabstufung hätten die Banken diese Anleihen nicht mehr als Deckung für Refinanzierungsgeschäfte mit der EZB einsetzen können – mit fatalen Auswirkungen auf die Finanzierungslage von Unternehmen in der Realwirtschaft. Ein Staatsbankrott hätte bedeutet, dass auch die nationalen Banken des betroffenen Landes große Abschreibungen hätten hinnehmen müssen und dann nicht mehr in der Lage gewesen wären, die Realwirtschaft mit Krediten zu versorgen. Über die grenzüberschreitenden Verflechtungen von Finanzdienstleistern hätte sich die Schieflage im Finanzsystem eines Landes schnell auf andere Länder übertragen und dadurch in einen Flächenbrand verwandeln können. Und gerade weil Investoren dieses Szenario fürchteten, zogen sie ihr Kapital auch aus anderen potenziell betroffenen Ländern der Eurozone ab. Bald waren nicht nur Griechenland, sondern auch Irland, Italien, Portugal und Spanien von den Marktturbulenzen betroffen. Oft wird in diesem Zusammenhang auch von *Ansteckungseffekten* gesprochen.

Erste Hilfe am Unfallort

Griechenland war das Epizentrum der Eurokrise. Schuldenstand und Zinslast waren so erdrückend, dass es dem Land nicht mehr gelang, sich an den Kapitalmärkten zu refinanzieren. Und so entschloss sich die Eurogruppe als Konferenz der Finanzminister der damals sechzehn Euroländer im April 2010 nach eiligen Verhandlungen, für Griechenland ein Hilfspaket mit Krediten in Höhe von 80 Milliarden Euro aufzulegen, damit sich das Land für eine Frist von drei Jahren nicht mehr an den Märkten refinanzieren müsse. Der *Internationale Währungsfonds* (IWF) beteiligte sich an der Rettung. Er steuerte noch einmal 30 Milliarden Euro bei. Nach der umfangreichen Bankenrettung der Vorjahre sollte nun also ein ganzer Staat gerettet werden.

Für Uneinigkeit sorgte zunächst, dass die europäischen Verträge wechselseitige Unterstützungen – also finanziellen Beistand – im Rahmen der sogenannten *Nichtbeistandsklausel*[6] ausschließen. Doch die Bestimmungen der Klausel wurden mit einem Kunstgriff umgangen, indem Hilfskredite nicht direkt an den Krisenstaat weitergeleitet, sondern von der Europäischen Kommission zuvor gebündelt und sodann in Tranchen ausgezahlt wurden. So wurde sicherlich *de jure* korrekt gehandelt. *De facto* war das erste Hilfspaket für Griechenland jedoch ein Sündenfall, der in den Folgejahren weitere Begehrlichkeiten wecken sollte.

Die Finanzhilfen für Griechenland konnten die Kapitalmärkte nicht beruhigen – im Gegenteil: Sie nahmen das Hilfspaket für Griechenland nicht als Rettungsanker wahr. Vielmehr sahen sie darin ein explizites Eingeständnis der Euroländer, dass die Zahlungsfähigkeit weiterer europäischer Staaten auf dem Spiel stand. Und so zweifelten sie binnen weniger Tage auch die Zahlungsfähigkeit anderer Staaten an. Zum Handelsschluss der Woche nach dem Hilfspaket für Griechenland wurden nicht einmal mehr französische Staatsanleihen gehandelt. Die Eurozone ging in ein dramatisches Wochenende. Und die Welt hoffte darauf, dass die Eurofinanzminister, die sich an diesem Wochenende auf einem Krisengipfel trafen, eine Lösung für die aktuelle Lage finden würden, bevor die Börsen am Montag wieder öffneten.

An jenem Maiwochenende vom 8. und 9. Mai 2010 beschlossen die Eurofinanzminister in einer Krisensitzung, für die Eurozone als Ganzes einen Rettungsschirm aufzuspannen.

Dies war die Geburtsstunde der *Europäischen Finanzstabilisierungsfazilität* EFSF – eine Zweckgesellschaft mit Sitz in einem unscheinbaren Bürogebäude in Luxemburg. Doch hinter der harmlos anmutenden Fassade verbirgt sich eine Kreditfazilität, die Hilfsmittel in einer Höhe von bis zu 440 Milliarden Euro an notleidende Staaten ausreichen kann. Die Euroländer haften für diese Kredite gemäß ihren Anteilen am EZB-Kapitalschlüssel – Deutschland mit rund 28 Prozent, Frankreich mit etwa 20 Prozent und Luxemburg mit weit weniger als einem Prozent. Da Deutschland und einige andere starke Euroländer darauf beharrten, dass ihre Parlamente zu jedem Hilfspaket ein Mitspracherecht haben sollten, und sich damit potenzielle Verzögerungen ergeben konnten, wurde zudem noch ein kleiner Ableger der EFSF bei der Europäischen Kommission eingerichtet: Der *Europäische Finanzstabilisierungsmechanismus* (EFSM) sollte als kleinere Fazilität von 60 Milliarden Euro ohne größeren politischen Koordinationsaufwand Mittel ausschütten können. In Analogie zum griechischen Hilfspaket sollten auch die Mittel von EFSF und EFSM vom IWF noch einmal zur Hälfte – also um bis zu 250 Milliarden Euro – aufgestockt werden.

Die Konsequenzen des EFSF-Vertrages sind weitaus weniger trivial, als es die simple Kombination von vier Buchstaben vermuten lässt. Vielmehr legte dieses Abkommen die Grundlage für die Eurorettungspolitik der kommenden Jahre, die uns bis heute begleitet – mit all ihren Errungenschaften und Defiziten.

Weitere Länder folgen

Nach und nach schlüpften vier weitere Euroländer unter den Eurorettungsschirm. Nachdem Griechenland im April 2010 sein Hilfspaket beantragt hatte, geriet Irland unter Druck. Das Land litt enorm unter den Folgen der Finanzkrise, denn die grüne Insel hatte sich zuvor einen zweifelhaften Ruf als Finanzparadies erarbeitet und mit laxer Finanzmarktregulierung bisweilen Banken mit hochriskanten Geschäftsmodellen angezogen. Die US-Subprime-Krise hatte den überzüchteten irischen Finanzsektor dann in eine massive Schieflage gebracht. Banken wurden verstaatlicht, und folglich schoss die öffentliche Neuverschuldung in die Höhe. Allein im Jahr 2010 lag die irische Neuverschuldung bei 30 Prozent der Wirtschaftsleistung, in den Jahren davor und danach bei je rund 13 Prozent. Wir erinnern uns: Erlaubt sind 3 Prozent. Anleger befürchteten, dass Irland noch größere Lasten zu schultern hatte und entzogen dem Land ihr Vertrauen. Irland konnte sich fortan nicht mehr an den Kapitalmärkten refinanzieren, beantragte Ende November 2010 Hilfsgelder und erhielt in den Folgejahren Hilfskredite in Höhe von 85 Milliarden Euro.

Portugal war der nächste Kandidat. Spätestens seit der Osterweiterung des Europäischen Binnenmarktes im Jahr 2004 hatte das Land durch seine ungünstige geographische Randlage an Standortattraktivität eingebüßt. Gleichzeitig machte die portugiesische Regierung keinerlei Anstalten, dieser misslichen Entwicklung mit einem ambitionierten Reformprogramm entgegenzutreten, um an Wettbewerbsfähigkeit aufzuholen. Sie verfuhr vielmehr nach dem Prinzip „Weiter so". So blieb das Wachstum am Boden, während Defizite und Schuldenstände unaufhaltsam stiegen. Und so stellten Anleger bald auch die Zahlungsfähigkeit Portugals in Frage. Im April 2011 beantragte das Land nach einigem Zögern Finanzhilfen in Höhe von 78 Milliarden Euro.

Griechenland erhielt im März 2012 ein weiteres Hilfspaket

in Höhe von 164 Milliarden Euro. Denn gegen Ende 2011 war deutlich geworden, dass das erste Hilfspaket nicht ausreichen würde. Der öffentliche Schuldenstand des Landes war weiter gestiegen und viel zu hoch, als dass das Land in der Lage gewesen wäre, auf eigenen Beinen zu stehen. Schnell war man sich einig, private Gläubiger einem Umschuldungsverfahren zu unterziehen. Vor allem jene Banken und Versicherungen, die den Verlautbarungen der Politik Glauben geschenkt hatten, dass Griechenland bald auf den Pfad der Tugend zurückkehren würde, mussten nun bis zu 75 Prozent des Nominalwertes ihrer griechischen Anleihen abschreiben. Profiteure waren indes Hedgefonds, die mit Kreditausfallversicherungen erfolgreich spekuliert hatten. Der Weltverband der Kreditausfallversicherer wertete den griechischen Schuldenschnitt als Kreditereignis und ließ Versicherungssummen auszahlen.

Schließlich stellte Spanien im November 2012 einen Hilfsantrag, um seine klammen Sparkassen mit insgesamt 41 Milliarden Euro rekapitalisieren zu können, die im Zuge der geplatzten spanischen Immobilienblase enorme Abschreibungen hatten vornehmen müssen. Und der Antrag der Insel Zypern auf Rettungsgelder in Höhe von 10 Milliarden Euro erfolgte nach einem mittelschweren Verhandlungsmarathon im März 2013. Aber dazu später mehr.

Das Geld reicht nicht

Hoffnungen, dass der Eurorettungsschirm die Märkte beruhigen würde, erwiesen sich als trügerisch. Investoren rechneten nämlich genau nach und glichen den Umfang der bereits verplanten Finanzhilfen und die verbliebene Interventionskraft des

Rettungsschirms mit dem möglichen Finanzbedarf potenzieller Rettungskandidaten ab. Dabei kamen sie stets zu dem Ergebnis, dass die Mittel des Schirms nicht ausreichen würden. Folglich wurde das Geschäftsmodell des Eurorettungsschirms mehrfach verändert. Zunächst verdoppelten die Euroländer die Interventionskraft des Eurorettungsschirms von 255 Milliarden Euro auf 500 Milliarden Euro. Parallel stiegen die Garantien der Euroländer von 440 auf insgesamt 780 Milliarden Euro. Neue Instrumente wurden eingeführt, etwa die Möglichkeit, Stützungskäufe von Staatsanleihen durchzuführen oder vorbeugende Kreditlinien für Staaten zu gewähren, die noch Zugang zum Kapitalmarkt haben, sich aber trotzdem absichern möchten. Und nicht zuletzt wurde EFSF die Möglichkeit gegeben, Ländern Geld zu leihen, damit diese nicht nur ihre Staatskassen, sondern auch ihre maroden Banken sanieren können. 2013 wurde der vorübergehende Eurorettungsschirm EFSF dann um einen permanenten Rettungsmechanismus ergänzt – den *Europäischen Stabilitätsmechanismus* ESM. Vereinfacht gesprochen ermöglichte der ESM noch einmal einen Neustart mit frischen 500 Milliarden Euro Interventionskraft, während die Programme für Griechenland, Irland, Portugal und Spanien noch unter dem Vorgänger EFSF weitergeführt wurden. Das maximale Haftungsrisiko für Deutschland ist unter allen bislang laufenden Rettungspaketen mittlerweile auf rund 310 Milliarden Euro gestiegen und liegt damit bei etwa 10 Prozent der Wirtschaftsleistung.

Doch all das half nicht: Jeder Beteiligte, der die Zahlen kannte, konnte mit einfachem Dreisatz errechnen, dass die Interventionskraft des Rettungsschirms alles andere als ausreichend war, um strauchelnde Schwergewichte wie Italien und Frankreich zu retten. Hieran konnten auch die zusätzlich zugesagten Hilfsgelder des IWF nichts ändern. Alleine eine Ausweitung des Rettungsschirms über die Billionengrenze hätte Linderung versprochen. Doch dagegen sperrten sich die Hauptgeberländer, allen voran Deutschland. Als Kompromiss einigte man sich im Herbst des Jahres 2011 darauf, den Rettungsschirm mit einem sogenannten „Hebel" zu versehen – eine komplexe Konstruktion, die an die Verbriefungsgeschäfte zu Zeiten der US-Immobilienblase erinnert: Vereinfacht gesprochen sah der Hebel vor, dass das Geld des Rettungsschirms nicht direkt an Krisenstaaten fließen sollte. Vielmehr sollten die Mittel in eine Kreditausfallversicherung umgewandelt werden, die Anlegern als Gratisbeigabe gegeben werden sollte, um ihnen die Investition in Krisenländeranleihen zu versüßen. Die Mittel des Rettungsschirms wären dann nur im Fall eines Kreditereignisses an Investoren geflossen. Ein solcher Mechanismus hätte es ermöglicht, Gelder des Rettungsschirms über die Nachfrageseite mit den Mitteln privater Investoren zu „hebeln" und so seine Schlagkraft zu erhöhen. Für die haftenden Euroländer wäre diese Leistungssteigerung indessen nicht zum Nulltarif gekommen, da sich die Schadenssumme im Haftungsfalle natürlich vergrößert hätte. Eingesetzt wurde die Hebelkonstruktion jedoch nie. Brüsseler Kreise bekennen in vertraulichen Gesprächen, dass selbst mit einer Gratis-Kreditausfallversicherung das Interesse von Anlegern an Anleihen der Eurokrisenländer nicht sonderlich hoch gewesen wäre.

Der mangelnde Appetit der Investoren auf den Hebel erscheint aus heutiger Sicht nachvollziehbar. Die letzten Jahre der Eurokrise waren durchweg von großer politischer Unsicherheit, hoher Marktvolatilität und zahlreichen Überraschungsmomenten geprägt. Die politischen Fundamente der Rettungspolitik machen nicht selten einen brüchigen Eindruck. Dies ist drei strukturellen Problemen zuzuschreiben, unter denen die Eurozone seit Beginn der Krise zu leiden hat.

Problem Nummer 1: Ungleichzeitigkeiten und falsche Anreize

Ein erstes Problem ergibt sich mit Blick auf die konkrete Ausgestaltung der Hilfsprogramme. Länder, die einen Hilfsantrag stellen, setzen zunächst mit den anderen bürgenden Euroländern ein *Makroökonomisches Anpassungsprogramm* auf. Dieses legt Sparvorgaben und einen Reformfahrplan für höhere Wettbewerbsfähigkeit mit mehreren Zwischenzielen fest. Gutachter der Europäischen Kommission, der EZB und des IWF überwachen das Land als „Troika". Sie empfehlen der Eurogruppe die Auszahlung der nächsten Tranche, wenn das Land die Zwischenziele erreicht hat. Dieser Ansatz der Konditionalität (*Solidarität gegen Solidität*) ist sicherlich gut gemeint. Er lässt aber auch Ungleichzeitigkeiten entstehen, die Regierungen zu strategischem Verhalten geradezu einladen. So ist etwa problematisch, dass finanzielle Hilfen vorab in Aussicht gestellt werden. Sobald nämlich die grundsätzliche Zusage von Hilfen steht, zahlt sich für das Empfängerland eine Strategie des Abwartens und des Auf-Zeit-Spielens bei der Umsetzung von Reformen aus, da es für die Geberländer aus mehreren Gründen schwer ist, nachträglich von ihren Hilfszusagen abzuweichen.

- Erstens würde das oberste Ziel der Hilfsprogramme – die Stabilisierung der Staatsanleihemärkte – konterkariert, wenn man die Zahlungen tatsächlich aussetzen würde.
- Zweitens würde bei einem Stopp von Hilfszahlungen auch die Glaubwürdigkeit künftiger Hilfsprogramme unterminiert.
- Und drittens würde ein Ende der Hilfszahlungen klar dokumentieren, dass die angestrebte Konditionalität nichts zum

Guten wenden konnte – und damit von vornherein sinnlos war. Welcher Politiker möchte das schon eingestehen?

Wohin das führt, sehen wir an der Konsequenz der bisherigen Rettungspolitik. Bislang haben die Gutachter der Troika in beinahe jedem Gutachten festgehalten, dass Reformvorschriften nur in Teilen oder bisweilen überhaupt nicht umgesetzt wurden. Manchmal drohten sie sogar damit, eine Tranche nicht freizugeben. Im Falle von Griechenland wurden Tranchen bisweilen auch in Teilbeträge gestückelt, um mehr Druck auszuüben. Die Drohungen waren jedoch nichts als Theaterdonner: Am Ende erteilte die Troika stets das Mandat, die Gelder auszuzahlen, und zwar auch, wenn die Bedingungen hierfür nicht erfüllt waren. Die Troikaberichte manifestieren den immanenten Widerspruch der Eurorettung, die einerseits vorgibt, „alternativlos" zu sein und andererseits vorsieht, Gelder nur unter strikter Konditionalität auszuzahlen. Faktische Zwänge scheinen zu überwiegen. Und so unterscheidet die Eurorettung offensichtlich zwischen offiziellen und inoffiziellen Spielregeln.

Problem Nummer 2: Abhängigkeiten und politische Risiken

Verstärkt werden die falschen Anreize durch ein weiteres Problem. Die Euroländer stehen in einer hohen wechselseitigen Abhängigkeit. Diese entsteht nicht allein durch mögliche Ansteckungseffekte, die sich über die internationalen Kapitalmärkte ergibt – also etwa über notleidende Banken oder eine grenzüberschreitende Anlegerpanik. Weiterhin können sie auch politischer Natur sein und aus der europäischen Rettungsarchitektur selbst erwachsen. So müssen etwa die meisten Entscheidungen unter dem Eurorettungsschirm einstimmig getroffen werden. Dadurch werden Uneinigkeiten schnell zu politischen Risiken für die gesamte Eurozone – insbesondere dann, wenn in einem der 18 Euroländer mal wieder Wahlkampf ist.

▸ Anschauungsmaterial für die Unsicherheit an den Kapitalmärkten bietet Spanien, dessen Regierung im Herbst 2011 Neuwahlen ausrief, um sich der Rückendeckung der Bevölkerung für den Reformkurs sicher zu sein. Die unmittelbare Folge der unsicheren politischen Lage in der viertgrößten Volkswirtschaft der Eurozone waren schwere Marktturbulenzen, die auch andere Euroländer betrafen, allen voran Italien.

▸ Ein Beispiel für politische Abhängigkeiten ist die Slowakei. Das Land hatte im Oktober 2011 unter einer handfesten Regierungskrise zu leiden, da ein größerer Teil der Parlamentsabgeordneten eine institutionelle Reform des Eurorettungsschirms abgelehnt hatte. Nach einer gescheiterten Abstimmung trat die Regierungschefin Iveta Radičová zurück, da sie die Ratifizierung der Reform an eine Vertrauensfrage geknüpft hatte. Es gab Neuwahlen. Erst unter der neuen Regierung ratifizierte die Slowakei dann den veränderten Rahmenvertrag für den Rettungsschirm, der nur mit großer Verzögerung in Kraft treten konnte.

▸ Relevant sowohl für die Märkte als auch für den politischen Prozess sind auch die Urteile des deutschen Bundesverfassungsgerichts zu den Eurorettungsmechanismen EFSF und ESM. Sie zeigen, dass politische Risiken nicht allein eine Herausforderung für Krisenländer sind.

Zum Problem werden wechselseitige Abhängigkeiten spätestens dann, wenn Regierungen begreifen, dass sie politische Risiken in ihrem Land ihren Europartnern gegenüber auch als Druckmittel einsetzen können, um Sonderkonditionen auszuhandeln. Das zeigen die Verhandlungen zum zweiten Hilfspaket für Griechenland. Im Verlauf des Jahres 2011 wurde immer offensichtlicher, dass es Griechenland nicht im Ansatz gelingen würde, den Spar- und Reformpfad seines Hilfspakets einzuhalten. Die Staatsverschuldung stieg weiterhin rasant, und schon bald wurde offenkundig, dass ein zweites Hilfspaket von Nöten war. Inmitten der ersten Gespräche über den weiteren Reformkurs kündigte der damalige griechische Ministerpräsident Papandreou im Herbst 2011 eine Volksabstimmung über den weiteren Reformkurs des Landes an. Die Märkte für Staatsanleihen gerieten in Unruhe, viele Anleger fürchteten, dass der Austritt eines Landes aus der Eurozone zum Greifen nahe sei und zogen ihr Geld aus der Eurozone ab. Nur wenige Tage später ruderte die Regierung Papandreou zurück. Die Volksabstimmung wurde abgesagt. Stattdessen wurden Neuwahlen angesetzt. Da sich keine Regierungsmehrheit fand, kam erst nach einer Wiederholung der Wahlen im Sommer 2012 eine Regierung zu Stande. Griechenland verlor wertvolle Zeit – und weiteres Vertrauen seiner Gläubiger. Und bald musste auch das neue Rettungspaket nachverhandelt werden. Der Dauerwahlkampf hatte alle Reformansätze verzögert und ihre Erfolgsaussichten zunichte gemacht. Was blieb, war der Eindruck, dass die Politik mit der Volksbeteiligung als Waffe gespielt hatte.

Eine neue Dimension erreichten die politischen Risiken im Falle des Rettungspaketes für die Republik Zypern. Der südliche Teil der Insel ist erst seit dem Jahr 2008 Mitglied der Eurozone und hat sich in den letzten Jahren vor allem als Schwarzgeldhafen Europas einen Namen gemacht. Da einige Banken im Zuge der griechischen Umschuldung in Schieflage geraten waren, stellte Zypern im Juni 2012 ein Hilfsgesuch und versuchte in den Folgemonaten, über geschicktes Taktieren günstige Konditionen für das Rettungspaket auszuhandeln. Schnell wurde klar: Ohne Beteiligung der Anleger würde es im Falle Zyperns nicht gehen. Der Druck der Europartner stieg, und so einigte man sich am 16. März 2013 zunächst auf ein Hilfspaket, das auch Sparer an der Rekapitalisierung der größten zyprischen Banken zu beteiligen suchte. Es bildeten sich lange Schlangen vor den Geldautomaten; Banken wurden schließlich geschlossen, um einen Sturm der Sparer auf die Schalterhallen und eine unkontrollierte Kontenplünderung (*Bank Run*) zu verhindern. Doch nur wenige Tage später lehnte das zyprische Parlament das Rettungspaket ab. In der Folge einigte man sich auf eine neue Fassung, die nun vorsah, dass nur Anleger mit Einlagen über 100.000 Euro sich beteiligen müssen. Unterdessen war jedoch wertvolle Zeit verstrichen – Zeit, in der zahlreiche Großanleger ihre Gelder aus Zypern abziehen konnten und somit nicht mehr von der Regelung betroffen waren. Doch damit nicht genug: Zu wahrhaft turbulenten Szenen an den Kapitalmärkten kam es, als der damals frisch gekürte Eurogruppenchef Jeroen Dijsselbloem wenige Tage nach dem endgültig vereinbarten Hilfspaket mit einer ungeschickten Antwort in einem Gespräch mit der *Financial Times* suggerierte,[7] dass es sich bei der Enteignung zyprischer Sparer durchaus um eine Blaupause für die Eurozone handeln könne. Die unmittelbare Folge war, dass die Kapitalflucht auch aus anderen Ländern der Eurozone anzog und Sparer auch dort Geld von ihren Konten abhoben.

Problem Nummer 3: Machtspiele und Kuhhandel

Ungleichzeitigkeiten und unnötige wechselseitige Abhängigkeiten sind der ideale Humus für ein drittes Problem, das sich in den letzten Jahren der Eurokrise manifestiert hat: Es ist der rege *Kuhhandel*, der zentraler Bestandteil des europäischen Krisenmanagements geworden zu sein scheint. Das gilt nicht nur für die politischen Leitentscheidungen des Europäischen Rates der Staats- und Regierungschefs, die Einstimmigkeit erfordern. Auch im Ministerrat, in dem Mehrheitsabstimmungen möglich sind, sind Mehrheiten nicht immer einfach zu organisieren. Natürlich gehört der Kuhhandel seit jeher zum europapolitischen Tagesgeschäft – man denke nur an die zermürbenden Verhandlungen zum EU-Haushalt. Gleichwohl bleibt festzuhalten, dass die Eurokrise mit ihrer Umverteilungswirkung den zwischenstaatlichen Kuhhandel intensiviert hat.

Das zeigt etwa die Entwicklung der Zinskonditionen für Länder unter dem Eurorettungsschirm: Ursprünglich vereinbart war, dass Krisenländer für die Hilfskredite aus den Eurorettungstöpfen marktgerechte Zinsen zahlen müssten, die die Refinanzierungskosten des Rettungsschirms decken und den Garantiegebern einen angemessenen Ausgleich für eingegangene Risiken ausschütten würden. Vereinbart wurde zunächst ein Richtwert von etwa 5 Prozent. Insbesondere dem Wahlvolk in den Geberländern wurde so suggeriert, dass die Hilfskredite dank der günstigen Zinsen zum Zugewinngeschäft werden würden. Doch wer annahm, dass das eintrat, hatte die Rechnung ohne die Krisenländer gemacht: Um einen Nachlass auf die politisch vereinbarten Zinssätze zu erhalten, drohten sie, Entscheidungen in anderen Politikfeldern systematisch zu blockieren. Der Rest Europas wurde unter Druck gesetzt und stimmte schließlich niedrigeren Strafzinsen zu. So wurde das Zinsniveau für Hilfskredite des Eurorettungsschirms knapp halbiert – es bewegt sich heute nur leicht über dem Niveau, zu dem sich die Fazilität selbst an den Märkten refinanziert. Die Regierungen der Geberländer erlitten mit diesen Zugeständnissen jedoch politisch keinen Schiffbruch, denn die nachträglichen Zinsnachlässe gingen im politischen Tagesgeschäft unter. Sie waren schwieriger nachzuvollziehen als direkte Finanztransfers. Das Absurde daran ist, dass Krisenländer für Ihre Kredite nun geringere Zinsen zahlen müssen als einige fiskalisch solide Länder wie Estland oder Finnland, die für diese Hilfskredite bürgen. Es handelt sich um eine klassische Zinssubvention, die von starken Ländern getragen wird – von einem angemessenen Risikoausgleich ist keine Rede mehr. Deutschland entgehen allein im Rahmen der nachträglichen Zinsanpassung für das Griechenlandpaket jährliche Zinseinnahmen in Höhe von 225 Millionen Euro ab dem Jahr 2014. Doch nicht nur das ist problematisch: Was passiert, falls das allgemeine Zinsniveau wieder anziehen sollte und der Eurorettungsschirm sich nicht mehr so günstig refinanzieren kann wie heute, die Niedrigzinskonditionen jedoch fixiert sind? Im Falle einer Zinswende dürften die Billigkredite für die Krisenländer Europas zu einem weiteren Zuschussgeschäft für die Hauptgeberländer werden.

Problematisch ist, dass der zwischenstaatliche Kuhhandel Schule zu machen scheint. Einzelne Länder haben erkannt, dass sich mit Abweichlertum und Hasardeursverhalten im täglichen Kleinklein der Eurorettung durchaus mehr herausschlagen lässt als mit Kooperation. So hat sich etwa die Zahl der Verhandlungstage – also der Abstand vom Hilfsantrag bis hin zur Verabschiedung eines gemeinsamen makroökonomischen Anpassungsprogramms – mit jedem Hilfsantrag verlängert. Bisweilen wird aus so manchem pragmatischen Kuhhandel auch eine handfeste Erpressung. Das zeigt etwa ein Blick auf die Verhandlungsrunden zu den Eurorettungspaketen. Spanien etwa zögerte monatelang den Antrag auf Hilfen für seine maroden Banken hinaus. Der Eindruck, dass dies mit der Absicht geschah, die immer größere Marktunsicherheit zu den eigenen Gunsten zu nutzen und um Verhandlungspartner weichzuklopfen, ist nicht von der Hand zu weisen. Man könnte soweit gehen, zu sagen, dass das Prinzip der Konditionalität – also Hilfe nur gegen Bedingungen – im Falle von Spanien umgedreht wurde: Die Euroländer konnten erst dann helfen, als sie die Bedingungen Spaniens erfüllt hatten. Gerade dieses Beispiel zeigt, dass wirtschaftliche Größe und Macht eine weitere Erfolgs- und Einflussvariable im Kuhhandel um Rettungspakete sind. Denn während Zypern noch einen Kapitalschnitt auf Spareinlagen hinzunehmen hatte und Griechenland unter enormen Reformauflagen ächzt, wurde der spanische Bankensektor gleich ohne Reformauflagen mit Geldern des Eurorettungsschirms aufgepäppelt.

Zusammenfassend bleibt festzuhalten, dass die Staaten im Zuge der Eurokrise als nationale Akteure wieder die Oberhand über das Geschehen gewonnen haben. Europäische Integration ist wieder *intergouvernementaler* geworden. Am Ende gewinnen jene Länder, denen es gelingt, die schlagkräftigsten Mehrheitsbünde zu schmieden. *Supranationale* Institutionen wie etwa die Kommission oder das Europäische Parlament haben das Nachsehen. Es gibt keine Strategie, sondern nur noch Taktik. Und diese leitet sich aus selektiven und bisweilen erratischen Machtspielen ab, die oft zeit- und kontextabhängig sind. Außer Frage steht, dass dies bestehende Regelwerke untergräbt.[8]

Diese drei Herausforderungen – Ungleichzeitigkeiten, Abhängigkeiten und permanenter Kuhhandel – sind eine enorme Hypothek für das krisenpolitische Tagesgeschäft. Doch nicht nur das: Sie sorgen auch für ein politisches Führungsvakuum und haben damit einen negativen Einfluss auf die Bemühungen, die bislang unternommen wurden, um die Eurozone langfristig krisenwetterfest zu machen.

Führungsvakuum verwässert Rettungspolitik

Sicherlich haben die Euroländer zuletzt gemeinsam erste Anläufe unternommen, die wirtschaftspolitische Architektur der Eurozone dahingehend zu verbessern, dass Schuldensucht und Reformstau die Lage in Europa nicht noch einmal aufs Spiel setzen. Doch wer annimmt, dass mit der gleichen Entschlossenheit, mit der die Politik die Eurorettung anging, nun auch die strukturellen Probleme gelöst würden, der irrt. Auch hier hat das Führungsvakuum zahlreiche vielversprechende Ansätze zum Neubeginn verwässert. Seit der Gründung des Eurorettungsschirms herrscht Uneinigkeit über die Richtung der zukünftigen Krisenpolitik. Unter diesem Eindruck stehen auch zahlreiche institutionelle Neuerungen, die im Rahmen der Eurokrise angestrebt wurden.

► 2011 wurde der *Stabilitäts- und Wachstumspakt* reformiert. Fünf neue Verordnungen und eine Richtlinie wurden im Eilverfahren von Kommission, Ministerrat und Europäischem Parlament verabschiedet. Dieses sogenannte *Economic Sixpack* sollte unter anderem sicherstellen, dass die vertraglich festgeschriebene öffentliche Neuverschuldungsobergrenze von 3 Prozent der Wirtschaftsleistung konsequenter eingehalten wird und

Schuldenstände abgebaut werden. Die meisten Veränderungen jedoch – etwa eine automatische Sanktionierung bei Fehlverhalten, die sich dem zwischenstaatlichen Kuhhandel entziehen würde – wurden aus den ersten Verordnungsentwürfen wieder getilgt. Auch in Zukunft wird der Ministerrat über Sanktionen im sogenannten *Defizitverfahren* das letzte Wort haben. Defizitsünder werden also weiterhin über Defizitsünder richten – und aus Angst vor deren Rache Milde walten lassen. So werden die strengeren Regeln auch weiterhin nicht angewandt. Nur begrenzt wirksam, weil ohne einschneidende Sanktionsperspektive, ist eine weitere Reform des Paktes aus dem Jahr 2013, die erreichen soll, dass die Euroländer ihre Haushaltspläne für das Folgejahr vorab koordinieren (*Twopack*).

▸ Ähnliches gilt für den sogenannten *Fiskalvertrag*, ein zwischenstaatliches Abkommen des Völkerrechts, das die Euroländer und acht weitere EU-Mitgliedstaaten auf Bestreben Deutschlands unterzeichneten. Zunächst verpflichteten sich die Vertragsstaaten dazu, automatische Korrekturmechanismen in ihre nationalen Rechtsordnungen einzuführen, sogenannte *Schuldenbremsen*. Doch die meisten Länder implementierten Schuldenbremsen nur im Rahmen einfacher Gesetze und nicht auf Verfassungsebene. Einfache Gesetze können jedoch ohne größere Umstände jederzeit wieder geändert werden. Zudem wurde – fast unbemerkt von der Öffentlichkeit – die Definition fiskalischer Defizite im Nachhinein mit zahlreichen Ausnahmetatbeständen versehen, sodass der Vertrag zwar auf dem Papier erfüllt, im Hinblick auf das ursprüngliche Normziel jedoch ausgehöhlt wurde. Wir kommen später noch einmal darauf zurück. Die Zusatzklausel des Vertrags, dass einzelne Länder andere Vertragsstaaten vor dem Europäischen Gerichtshof verklagen könnten, falls diese ihren vertraglichen Verpflichtungen nicht nachkommen, dürfte allenfalls Symbolcharakter haben. Auch hier gilt: Eine Krähe hackt der anderen kein Auge aus.

- Auch die wirtschaftspolitische Konditionalität der Hilfsprogramme selbst wurde verwässert. Seit Juni 2012 müssen Länder, wenn sie Gelder vom Eurorettungsschirm erhalten, noch nicht einmal mehr besondere wirtschaftspolitische Bedingungen erfüllen. Dies gilt dann, wenn Länder den ESM darum bitten, ihnen präventiv über eine Kreditlinie unter die Arme zu greifen. In diesem Falle gehen die Reformauflagen für das Land nicht über das Maß hinaus, das Länder ohnehin im Rahmen der wirtschaftspolitischen Koordinierung innerhalb der Eurozone erfüllen müssen. Und diese Auflagen wurden, wie wir zuvor erfahren haben, in den letzten Jahren sukzessive aufgeweicht.

Nachdenklich stimmt nicht zuletzt, dass sich der IWF langsam, aber sicher aus seiner Rolle als kritischer Beobachter verabschiedet. Im Sommer 2010 war er noch gern gesehener Partner des ersten Eurorettungsschirms EFSF, weil wichtige Geberländer ihn als kritischen, unabhängigen Beobachter dabei haben wollten, der allzu großen Kuhhandel verhindert. Doch seine kritischen Nachfragen und Stellungnahmen störten am Ende offensichtlich nur: Unter dem dauerhaften Eurorettungsschirm ESM ist seine Teilnahme daher nicht mehr verpflichtend. Nicht zuletzt lassen jüngste Forderungen einiger Mitgliedstaaten, aber auch des Europäischen Parlaments, befürchten, dass der IWF bei zukünftigen Rettungspaketen nicht mehr mit im Boot sitzen wird.

Die Jahre der Eurokrise zeichnen ein zutiefst widersprüchliches Bild: Auf der einen Seite zeigen die Rettungspakete und die zahlreichen Versuche, die europäische Wirtschaftspolitik besser zu koordinieren, dass die Politik in Europa sich zunehmend einem dirigistischen Ansatz zuwendet. Gleichzeitig versagt dieser Dirigismus, da man sich in Verteilungskämpfen und Richtungsdiskussionen aufreibt und eine Einigung auf eine gemeinsame Strategie in weiter Ferne liegt. Sie ist auch nicht zwingend erforderlich, denn Rettungsmechanismen ermöglichen es allen beteiligen Akteuren, auf Zeit zu spielen – wenn auch ausschließlich in ihrem eigenen Interesse. Die Rechtsordnung – in erster Linie die zwischenstaatlichen Verträge des europäischen Primärrechts – kann ohnehin keine Orientierung mehr geben, denn der europarechtliche Rahmen wurde in der Vergangenheit mehrfach überdehnt. Mit anderen Worten: Die Eurozone hat es durchaus geschafft, in eine stabile Seitenlage zu kommen. Doch ohne ordnungspolitische Orientierung und konsistente Wirtschaftspolitik wird sie nur wenig unternehmen können, um sich aus dieser Lage zu befreien.

Wachstum per Dekret

Im Zeichen dieser Inkonsistenz stehen auch die Versuche der Staats- und Regierungschefs der Eurozone, Wachstum per Dekret zu schaffen. Vollmundig kündigten sie im Juni 2012 im Rahmen des *Paktes für Wachstum und Beschäftigung* an, „*Wachstum, Investitionen und Beschäftigung und (...) Wettbewerbsfähigkeit*" zu schaffen.[9] Allein der Zielkatalog offenbart schon, dass diese Initiative mehr Schlagworte als Substanz enthält: Investitionen und Wettbewerbsfähigkeit sind die Voraussetzungen für Beschäftigung und Wachstum – nicht jedoch gleichberechtigte Ergebnisse.

Der beschlossene Pakt war ein buntes Sammelsurium an Reformmaßnahmen auf der einen Seite und Finanzierungsmaßnahmen auf der anderen. Während man sich von der Reformagenda ein günstiges Umfeld für Investitionen versprach, sollten öffentliche Kofinanzierungen und Förderkredite zusätzliche Gelder aus dem Privatsektor aktivieren, die dann – so die Hoffnung – in Wachstumsprojekte investiert werden könnten.

- Zunächst sollte die *Europäische Investitionsbank* (EIB) mehr Kredite vergeben.
- Sodann sollten sogenannte *Projektanleihen* Infrastrukturmaßnahmen anteilig finanzieren und damit weitere Gelder privater Investoren im Rahmen öffentlich-privater Partnerschaften (*Public-Private-Partnerships*) anziehen. Über 230 Millionen Euro öffentliche Mittel sollten als Garantien für ein Kreditvolumen von insgesamt 4,5 Milliarden Euro dienen.
- Überdies sollten nicht abgerufene Mittel aus den EU-Strukturfonds einfacher ausgeschüttet werden.

Zwei Jahre nach der Initiative ist die Bilanz jedoch mager: Wie wir bereits erfahren haben, wurden die Strukturreformen nur in geringem Umfang umgesetzt. Aus Sicht der nationalen Verantwortlichen ist das nachvollziehbar, denn in der kurzen Frist sorgen sie für negative Schlagzeilen – ihre positive Wirkung entfalten sie erst langfristig. Und auch das Finanzierungspaket entpuppte sich bald als Blendwerk, da es die Hoffnungen nicht erfüllen konnte, die viele Menschen mit ihm verbanden. Die Nachfrage nach den Krediten der EIB blieb niedrig – die meisten Unternehmen in den Krisenstaaten litten unter geringer Auslastung, und in Anbetracht der schleppenden Strukturreformen hielt sich auch ihr Wille in Grenzen, zu investieren. In den stabilen Ländern der Eurozone verdrängte das billige Geld der EIB hingegen die Mittelvergabe im konventionellen Kreditgeschäft der Banken – der zusätzliche Kreditimpuls war marginal.[10] Nicht selten vergaben die Banken die zusätzlichen Mittel aber auch gar nicht, weil die Kreditwürdigkeit der Antragsteller nicht ausreichte. Selbst die Projektanleihen wurden von den Mitgliedstaaten nur spärlich in Anspruch genommen, da sie selbst sparen mussten und daher die notwendige Kofinanzierung nicht leisten konnten. Ein ähnliches Schicksal traf die Mittel aus den Strukturfonds. Zusätzliche wirtschaftliche Aktivität kam nicht zu Stande – jene Mittel, die abgerufen wurden, verdrängten nur konventionelle Formen der Finanzierung.

Was bleibt, ist ein enormer Vertrauensschaden angesichts der Tatsache, dass eine groß angelegte Maßnahme nur zu so wenig führt. Die Initiative konnte ihr Wachstums- und Wirkungsversprechen nicht halten.

EZB: Mutter aller Rettungsschirme?

Es war die EZB, die bald erkannte, in welcher Gefahr sich die Eurozone angesichts des multiplen Koordinationsversagens auf zwischenstaatlicher Ebene und des allgemeinen Führungsvakuums befand. Daher stellte sie den Werkzeugkasten ihrer geldpolitischen Instrumente Schritt für Schritt auf das neue Umfeld der Krisenökonomie ein und erweiterte ihn ab Mai 2010 sogar.

Zunächst gab die EZB in ihrer konventionellen Geldpolitik Vollgas. Seit Sommer 2007 wurde der Hauptrefinanzierungssatz – der Leitzins, zu dem sich Geschäftsbanken von der EZB Geld leihen können – geachtelt. Im April 2014 lag er bei 0,25 Prozent. Der Einlagezinssatz, zu dem Banken bei der EZB über Nacht Geld deponieren können, verharrt seit Sommer 2012 auf Null. Die Folge war ein enormer Liquiditätsschub für Real- und Finanzwirtschaft, wenn auch mit zweifelhaften Nebeneffekten, denn ein niedriges Zinsniveau höhlt den Wert von Ersparnissen aus und setzt langfristig Anreize, sich übermäßig zu verschulden. So war Baugeld in den letzten Jahren günstig zu haben, und in vielen Ballungszentren stiegen zuletzt die Immobilienpreise.

Doch das war erst der Anfang. Vielen Banken wurde bald auch der Zugang zu Liquidität erleichtert. Zu Vorkrisenzeiten war die Liquiditätszuteilung der EZB an Geschäftsbanken noch mengenmäßig begrenzt. Sie mussten sich im Rahmen sogenannter Zins- und Mengentendergeschäfte um Liquidität bemühen. Seit Oktober 2008 ist das anders. Es herrscht ein sogenanntes *Regime der Vollzuteilung*; jede Bank bekommt so viel Liquidität, wie sie benötigt. So sollen Liquiditätsengpässe und Friktionen am Interbankenmarkt bekämpft werden. Darüber hinaus senkte die EZB die Mindestanforderungen für Sicherheiten. Banken, die an den Refinanzierungsgeschäften der Zentralbank teilnehmen, um deren Kredite im Rahmen der Fristen- und Losgrößentransformation der Zentralbankkredite an ihre Kunden weiterzugeben, müssen bei der EZB ein Pfand (*Collateral*) hinterlegen. In der Regel sind dies Staatsanleihen und andere Wertpapiere mit exzellentem Rating. Da jedoch die Anleihen zahlreicher Emittenten in der Eurokrise durch Ratingagenturen herabgestuft wurden, war die Fähigkeit zahlreicher Kreditinstitute, sich in der Eurokrise ausreichend Liquidität zu verschaffen, äußerst begrenzt. Insbesondere die Rating-Herabstufung der Staatsanleihen einiger Länder hätte es manchen Banken nicht mehr ermöglicht, sich bei der EZB zu refinanzieren, denn Banken halten sehr oft die Staatsanleihen ihres Heimatlandes. In letzter Konsequenz hätte dies bedeutet, dass Länder mit notleidenden Staatsfinanzen bald auch unter einer Kreditklemme der Unternehmen gelitten hätten, da die Kreditinstitute von der Vergabe von Zentralbankgeld abgeschnitten gewesen wären.

Doch die EZB handelte folgerichtig und ließ nach den *Downgrades* auch Staatsanleihen mit schlechteren Ratings für Refinanzierungsgeschäfte zu. Sie senkte die Rating-Mindestanforderungen für Anleihen und erweiterte zugleich den Kreis der Wertpapiere, die als Sicherheit akzeptiert werden. Heute sind die Standards soweit abgesenkt, dass die EZB selbst verbriefte Auto- und Verbraucherkredite akzeptiert, wenn auch mit einem gewissen Bewertungsabschlag.

Soweit geschah noch alles innerhalb des erwartbaren Rahmens. Doch mit dem Startschuss für den Eurorettungsschirm im Mai 2010 ging die EZB noch einen Schritt weiter. Sie begann, Staatsanleihen von Krisenländern auf den sogenannten „Sekundärmärkten" aufzukaufen. Das bedeutet, dass sie den Regierungen der Krisenländer ihre Anleihen nicht direkt abkauft, wohl aber von Investoren am Kapitalmarkt. So konnte die EZB größere Marktverwerfungen infolge von Nachfrageeinbrüchen verhindern. Staatsanleihen im Volumen von über 230 Milliarden Euro wurden im Rahmen des sogenannten *Securities Markets Programme* (SMP) aufgekauft. Dies ermöglichte es Banken, Staatsanleihen aus Krisenländern an die EZB zu verkaufen und sie als eine Art Abwicklungsanstalt zu nutzen. Da dieser Schritt die Anleihekurse steigen und Zinsen sinken lässt und damit die Finanzierungsbedingungen für Staaten enorm verbessert, kann spätestens ab diesem Zeitpunkt von indirekter Staatsfinanzierung gesprochen werden.

Doch auch hier war noch nicht Schluss. Im Dezember 2011 und im Februar 2012 flutete die EZB die Märkte noch einmal mit zusätzlicher Liquidität. Sie legte zwei sogenannte Langfristrefinanzierungsgeschäfte auf (*Long Term Refinancing Operations*, kurz LTROs), die Geschäftsbanken Liquidität über drei Jahre zu enorm niedrigen Zinssätzen zur Verfügung stellte. Das Kalkül dahinter war klar: Man rechnete damit, dass die Geschäftsbanken die zusätzliche Liquidität in nationale Staatsanleihen investieren würden, die hohe Zinsen abwarfen. Für den Fall des Scheiterns hätten die Geschäftsbanken sich dieser Staatsanleihen immer noch bei der EZB im Rahmen des SMP entledigen können. Und so nahm die Nachfrage nach spanischen und italienischen Staatsanleihen tatsächlich gewaltig zu. Monetäre Staatsfinanzierung wurde erneut elegant über Bande gespielt.

Eine Besonderheit innerhalb des *Europäischen Systems der Zentralbanken* ist, dass die nationalen Zentralbanken den Geschäftsbanken in ihrem Wirkungsbereich eigenverantwortlich sogenannte Notliquidität (*Emergency Liquidity Assistance*, ELA) gewähren können. Der ursprüngliche Zweck von ELA ist, illiquide, aber solvente Banken zu stützen. So nutzte die Bundesbank ELA beispielsweise im Herbst 2008 unmittelbar nach der *Lehman*-Pleite und schüttete knapp 40 Milliarden Euro aus – 20 Milliarden allein an die notleidende *Hypo Real Estate*. Doch auch Notliquidität lässt sich mit etwas Kreativität zu einem Instrument der indirekten Staatsfinanzierung weiterentwickeln. Das zeigt Griechenland – ein Land unter dem Eurorettungsschirm, das sich eigentlich seit Mai 2010 nicht mehr selbstständig an den Kapitalmärkten refinanzieren kann. Eigentlich. Denn immer, wenn sich ein neues Haushaltsloch auftat, legte die griechische Regierung kurzlaufende Anleihen auf. Die griechische Zentralbank wiederum gewährte Geschäftsbanken Notliquidität, mit denen sie diese kurzlaufenden Anleihen zeichnen konnten. Insgesamt 120 Milliarden Euro wurden an Banken ausgereicht – ein Teil davon floss direkt in die Finanzierung des griechischen Staates, der kurzfristig wieder einmal zahlungsfähig war und sich so dem Druck der Geldgeber entziehen konnte. Auch die Zentralbank von Zypern aktivierte rund

10 Milliarden Euro aus der ELA-Fazilität. Weitgehend unbemerkt von den Augen der Öffentlichkeit erfolgte auch in Irland eine weitere direkte Staatsfinanzierung über ELA.[11] Gegen all dies hätte die EZB ihr Veto einlegen können. Denn auch wenn ELA-Operationen von den nationalen Zentralbanken getätigt werden, kann der EZB-Rat sie mit einer Zwei-Drittel-Mehrheit verhindern. Doch von diesem Veto-Recht hat er bislang keinen Gebrauch gemacht.

Whatever it takes

Trotz all dieser Maßnahmen blieben die Märkte unter Druck. Die Unsicherheit, ob die Eurozone auseinanderbrechen würde, war weiterhin hoch. Und ebenso hoch waren die Erwartungen an die EZB. Sicher war in Krisenzeiten zwar nichts mehr, doch auf eines war stets Verlass: Im Falle neuer Turbulenzen würde die EZB eine erneute Beruhigungsspritze ansetzen. Als immer deutlicher wurde, dass die bisherigen Maßnahmen nicht ausreichen würden, setzte die EZB im Sommer 2012 schließlich zu einem Befreiungsschlag an. Ihr Präsident Mario Draghi tat genau das, womit zahlreiche Beobachter gerechnet hatten. Er kündigte für den Fall stärkerer Marktturbulenzen, die den Zusammenhalt der Eurozone gefährden würden, unbegrenzte Staatsanleiheaufkäufe an. Wörtlich sagte er:

Within our mandate, the ECB is ready to do whatever it takes to preserve the euro. And believe me, it will be enough.[12]

Diese Äußerung ist in ihrer Tragweite mit der Stellungnahme von Kanzlerin Merkel und Finanzminister Steinbrück im Herbst

2008 zu vergleichen, in der sie die Sicherheit deutscher Sparguthaben garantierten – allein um eine größere Marktpanik zu verhindern. Im September wurden dann weitere Einzelheiten des neuen Staatsanleiheaufkaufprogramms OMT (*Outright Monetary Transactions*) veröffentlicht. OMT ist ein Phantom. Noch gibt es keine formalen Beschlüsse; allein die Ankündigung, im Falle eines Falles aktiv zu werden, reichte jedoch aus, um die Kapitalmärkte zu beruhigen. Im Gegensatz zum Vorläuferprogramm, dem SMP, sollen die Anleihen unter den gleichen Gläubigerschutzrechten aufgekauft werden, wie sie für private Anleger gelten. Die EZB müsste dann im Falle eines Schuldenschnitts ebenfalls Einbußen hinnehmen – dies wiederum würde private Investoren entlasten. Aktuell befasst sich der Europäische Gerichtshof auf Veranlassung des Bundesverfassungsgerichts mit der Frage, ob OMT von den aktuellen europäischen Verträgen gedeckt ist. Auch wenn der Gerichtshof und das Bundesverfassungsgericht zu der Einschätzung kommen sollten, dass OMT unrechtmäßig sei, besteht kein Zweifel daran, dass die EZB im Notfall mit anderen Instrumenten eingreifen wird, um den Bestand der Eurozone zu garantieren.

Dieser Eindruck hat sich zuletzt noch einmal verfestigt. Im Juli 2013 legte sich die EZB zum ersten Mal langfristig auf eine lockere Geldpolitik fest und versprach, das Zinsniveau für einen längeren Zeitraum niedrig zu halten. Mit diesem Zinsversprechen (*forward guidance*) gefährdet die EZB ihre Glaubwürdigkeit gleich in zweifacher Weise. Denn entweder bessert sich die gesamtwirtschaftliche Lage, und die Zinsen werden angezogen. In diesem Falle würde die Zusicherung nicht gehalten. Aber auch, wenn das Niedrigzinsversprechen gehalten würde, wenn die Konjunktur wieder anzieht, wäre der Glaubwürdigkeit der EZB nicht gedient, da dann der Preisdruck steigen würde.

EZB kuriert Symptome – nicht Ursachen

Freilich ist es der EZB hoch anzurechnen, dass sie angibt, das zusätzliche Geld, das über Staatsanleihekäufe in den Markt gegeben wurde, über bestimmte Refinanzierungsgeschäfte mit Geschäftsbanken vom Geldmarkt wieder abzuziehen (sog. *Sterilisation*). Buchhalterisch handelt sie korrekt. Es darf jedoch bezweifelt werden, ob dies unter einem Regime der *Vollzuteilung*, in dem Geschäftsbanken ohnehin unbegrenzt Liquidität von der EZB abrufen können, wirklich entscheidend ist. Unabhängig davon werden derzeit noch weitgehende Maßnahmen diskutiert. Denkbar ist etwa, den Einlagezinssatz in den Negativbereich abzusenken – Banken wären dann gezwungen, Gebühren dafür zu bezahlen, dass sie ihr Geld über Nacht bei der EZB parken dürfen. Dies würde es wiederum attraktiver machen, das Geld bei Partnerbanken im Geldmarkt zu parken – die Liquiditätsversorgung im Interbankenmarkt dürfte sich dadurch verbessern. Wahrscheinlicher sind breit angelegte Ankäufe von Unternehmensanleihen und Pfandbriefen. Mit einer solchen *Quantitativen Lockerung* (engl. *Quantitative Easing*) ist insbesondere dann zu rechnen, wenn die Wachstumsperspektiven für Krisenländer der Eurozone weiterhin mager bleiben. In Amerika hat diese Taktik gut funktioniert. Allerdings sind die europäischen Märkte für nichtstaatliche Wertpapiere nicht so groß wie jene in den USA. Um die gewünschte Wirkung zu erzielen, müsste die EZB daher möglicherweise ihre Aufkäufe auf Staatsanleihen ausweiten – und in diesem Fall von allen Euroländern Staatsanleihen in gleichem Maße aufkaufen.

Im Endeffekt hat die EZB mit jedem ihrer Schritte Zeit gekauft. Das bedeutet aber auch, dass die Politik weiterhin wenig

Interesse haben dürfte, diese Zeit auch zu nutzen. Denn die aktiven Interventionen der EZB haben vor allem eines gezeigt: Im Falle des Falles ist auf sie Verlass. Sie hat mehrfach bewiesen, dass sie für den Zusammenhalt der Eurozone geradesteht, wenn die Politik sich in ihrem Koordinationsversagen weiterhin blockieren sollte. Im Umkehrschluss bedeutet dies aber auch, dass die Politik in ihr zunehmend einen Helfer sieht, mit dem man rechnen kann. Und genau deshalb formuliert die Politik immer unverhohlener ihre Forderungen in Richtung Frankfurt, Kaiserstraße. Schon werden Stimmen laut, die fordern, dass die EZB sich nicht nur um die Preisstabilität kümmern sollte, sondern auch um Wachstum und Beschäftigung. Die Geldpolitik wird zunehmend politisiert und nach dem Verständnis vieler Politiker zum integralen Bestandteil einer gesamtwirtschaftlichen Nachfragesteuerung, die am Ende auch Wachstumsziele und Schuldentilgung verfolgt. Dass dies freilich Staaten davon abhalten konnte, ihre reformpolitischen Hausaufgaben zu erledigen, und sie weiterhin mit strukturellen Schwächen zurücklassen würde, wird dabei oft und gerne übersehen. Und genau deshalb ist die Lage ernst: Wenn eine Zentralbank eine implizite Garantie für die Systemstabilität abgibt und sich darauf einlässt, ihre Handlungen vom Verhalten und Fehlverhalten der Politik abhängig zu machen, kann sie sich nicht mehr aus selbst geschaffenen Handlungszwängen befreien. Dies gilt sowohl für die unkonventionellen Maßnahmen der Geldpolitik als auch für die Niedrigzinspolitik. Für die Autorität einer Zentralbank, die sich immer aus ihrer Unabhängigkeit speist, ist Berechenbarkeit das Todesurteil. Zwar lebt die Unabhängigkeit der EZB in den Texten der europäischen Verträge und der EZB weiter. Doch in der Praxis ist sie schwer angeschlagen. Es sind vor allem faktische Abhängigkeiten, in die sich die EZB begeben hat, und die schwer an ihrer Selbstständigkeit zehren. Die EZB ist heute der einzige Akteur, der in der Eurokrise noch durchweg handlungsfähig ist. Es bleibt jedoch die Frage, ob sie dabei noch das Heft in der Hand hält oder ob sie dabei langfristig nicht zur Getriebenen wird.

Bereits heute mehren sich die Zweifel an der Solidität der Geldpolitik der EZB. Menschen investieren verstärkt in Immobilien oder legen ihr Geld in Gold oder anderen Rohstoffen an. Die Aktienmärkte haben jüngst zugelegt, weil die überschüssige Liquidität in reale Werte investiert wird und Aktien als liquide handelbare Unternehmensanteile diesem Anspruch besonders gut genügen. Im Lichte dieser zunehmenden Zweifel an der Nachhaltigkeit der EZB-Geldpolitik stehen auch Forderungen der Arbeitnehmervertretung der EZB, die Lohnsteigerungen und Pensionsansprüche der Tarifangestellten an die jährliche Inflationsrate zu koppeln. Viele Beobachter werten dies als Beweis dafür, dass noch nicht einmal die Mitarbeiter der EZB selbst in die Konstanz und Glaubwürdigkeit ihrer eigenen Geldpolitik vertrauen.

Seit der Ankündigung des OMT-Programms hat die EZB die Lufthoheit über die Staatsanleihemärkte. Mit ihren direkten Maßnahmen, aber auch mit ihrer Bestandsgarantie für die Eurozone stabilisiert sie die Finanzierungslage der Euroländer. Die Märkte ruhen still. Alles erscheint perfekt abgesichert. Und dennoch hat sich in unseren Köpfen vieles verändert. Es sind die leisen, feinen, kaum wahrnehmbaren Signale, die darauf hindeuten, dass die Unabhängigkeit der EZB von der Öffentlichkeit doch nicht mehr als selbstverständlich angesehen wird. Dies äußert sich beispielsweise in der aktuellen Diskussion über das Rotationsverfahren im EZB-Rat – also dem wichtigsten geldpolitischen Gremium der Zentralbank. Zu Vorkrisenzeiten hatten sich die Euroländer darauf geeinigt, dass bei einer Anzahl von mehr als 18 Mitgliedstaaten in der Eurozone ein Rotationsverfahren im EZB-Rat eingerichtet würde. Wenn Litauen im Jahr 2015 den Euro einführt und das 19. Mitglied der Eurozone wird, würde das bedeuten, dass Deutschland bei Entscheidungen jeden fünften Monat nicht mitstimmen dürfte. Kritiker befürchten, dass die Tagesordnungen der Sitzungen so gestrickt werden könnten, dass Entscheidungen gegen den Willen Deutschlands bewusst auf jene Termine gelegt würden, an denen der Bundesbankvertreter nicht mitstimmen dürfte. Vor allem Stimmen aus Deutschland fordern nun eine Änderung der europäischen Verträge, um die Rotationsregel rückgängig zu machen. Die hitzige Debatte über die Rotation zeigt vor allem eines: Die vertragliche Regelung zum Rotationsverfahren wurde vor der Eurokrise verabschiedet – und zwar in einer Phase, in der die EZB als vollständig unabhängig angesehen wurde. Unter diesen Voraussetzungen war man noch bereit, die Aussetzung des Stimmrechts zu akzeptieren. Die Rolle der Zentralbank hat sich seit dem jedoch enorm verändert – die EZB ist zum einem integralen Akteur der Eurorettungspolitik geworden. Die Niedrigzinspolitik und Marktinterventionen sehen viele Beobachter als Beleg dafür an, dass die EZB über ihre Geldpolitik einen innereuropäischen Lastenausgleich betreibt. Gerade Deutschland fühlt sich hierbei schnell übervorteilt. Die aktuelle Debatte über Deutschlands Rolle im Rotationsverfahren steht im Eindruck dieser Begehrlichkeiten.

Wohin führt das alles?

III Depression und Burnout: Europa kann nicht mehr

Wer heute in launiger Runde erzählt, dass der Euro im Jahr 2002 mit dem Karlspreis ausgezeichnet wurde, der erntet oft erstaunte und ungläubige Blicke. Mit ähnlicher Verblüffung schauen wir auf die letzten eineinhalb Jahrzehnte zurück und wundern uns: Aus dem wirtschaftlichen Glück wurde eine handfeste Schuldenkrise und Rezession. Die politische Einigkeit in der Eurozone löste sich durch Selbstblockade und zermürbende Verhandlungsrunden in Luft auf. Und auf den Erfolgshunger der Menschen folgte gesellschaftliche Resignation. Sie hält bis heute an.

Sicherlich haben die Rettungsmechanismen und das beherzte Einschreiten der EZB dafür gesorgt, dass die Krise in Taktzahl und Dramatik nachgelassen hat. Größere Marktturbulenzen erleben wir derzeit nicht. Doch die Politik nutzt die Zeit nicht, die ihr die Rettungsschirme gekauft haben. Das Gegenteil ist der Fall: Anstatt sich zügig Gedanken über eine strukturelle Lösung der Eurokrise zu machen und mit vereinten Kräften den großen Wurf zu wagen, nimmt sie das Tempo raus und verliert sich erneut in zermürbenden Verhandlungsrunden und Verteilungskämpfen. Das bindet unnötig Kräfte. Vor allem aber lenkt es von den langfristig wirklich relevanten Aufgaben ab.

Ohnehin vermindern der Rettungsschirm und die Geldpolitik der EZB den Handlungsdruck, denn sie kaufen Zeit und nicht Zukunft: Ihr primäres Ziel ist es, abrupte Veränderungen abzubremsen und den *Status quo* zu wahren. Reformen werden – wenn überhaupt – kontrolliert eingeleitet. Die Profiteure der gekauften Zeit sind jedoch nicht jene, die sie bezahlen müssen. Nutznießer sind in erster Linie jene Verantwortlichen und organisierten Interessenvertreter, die sich erfolgreich gegen Anpassungsprozesse zur Wehr setzen wissen. Die Hauptlast tragen hingegen die Steuerzahler, die indirekt für Rettungspakete haften und Sparer, die durch das Niedrigzinsniveau ebenfalls von den Auswüchsen der EZB-Geldpolitik betroffen sind.

Trägheit steigt in schwachen Ländern …

Der Mehltau der Krise liegt weiterhin über dem Kontinent. Dies wird langfristig zu Verhaltensänderungen in der Gesellschaft führen. Für Länder, die sich bereits unter dem Eurorettungsschirm befinden, lässt der Druck zum Sparen und für Strukturreformen schlagartig nach. Sie müssen sich nicht mehr anstrengen, um das Vertrauen anspruchsvoller Investoren an den Kapitalmärkten zurückzugewinnen. Sicherheit macht bequem, und Eigenverantwortlichkeit zieht den Kürzeren. Im Ergebnis könnten Länder, die von Transfers profitieren, sich immer weniger Mühe geben, ihrer Empfängerrolle zu entkommen. Dies trifft vor allem auf die Staaten Südeuropas zu, die seit den 1950er Jahren durch umfangreiche finanzielle Rücküberweisungen von Gastarbeitern ohnehin an Zuwendungen von außen gewöhnt sind, die früher einen höheren einstelligen Prozentbetrag der Wirtschaftsleistung ausmachten. Sie entwickeln weniger Eigenantrieb, sich aus eigener Kraft neu zu erfinden. Dies gilt umso mehr, als Reformideen – bei Krisenstaaten von der Troika, bei allen anderen Ländern von der Europäischen Kommission – aus Brüssel und damit von außen vorgegeben werden. Die Gesellschaften sehen sich dadurch immer weniger dazu veranlasst, in einem nationalen Diskurs eine Lösungsstrategie herauszuschälen, die alle Beteiligten tragen. Das Land verliert den Glauben an sich selbst. Es fühlt sich auf die Verliererrolle abonniert. Das Scheitern wird zur selbsterfüllenden Prophezeiung.

… aber auch in den starken Ländern

Selbst in den starken Ländern führt die Eurokrise zu Verhaltensänderungen. Zunächst hatte die Krise für die Länder des Eurozentrums durchaus etwas Gutes: In Zeiten hoher Unsicherheit in der Euro-Peripherie suchten Investoren an den Märkten nach sicheren Häfen für ihr Kapital. Diese fanden sie in den Staatsanleihen der Zentrumsländer, allen voran in Deutschland. So konnte die Bundesrepublik seit dem Jahr 2010 so günstig wie nie zuvor an den Kapitalmärkten Mittel aufnehmen. Investoren waren bereit, Deutschland ihr Geld sogar zu Negativrenditen zu leihen. Die komfortable Finanzierungssituation hat jedoch den Blick auf die eigentlichen Herausforderungen verstellt. Es scheint so, als ob die gute Position verglichen mit den nächsten Nachbarn Deutschland dazu veranlasst, in seinen wirtschaftspolitischen Anstrengungen nachzulassen. Maß Deutschland sich früher noch an der „japanischen Herausforderung“ oder der Konkurrenz in Übersee, so ist im Zuge der Eurokrise ein bequemer, doch gleichzeitig hochgefährlicher *Eurozentrismus* entstanden, der im direkten Vergleich mit den schwachen Partnern im Süden Unverwundbarkeit und Stärke suggeriert. Wo Top-Spieler sich jedoch nur noch mit der Regionalliga vergleichen, besteht die Gefahr, dass sie sich zu schnell zurücklehnen und in Selbstgenügsamkeit hinter den Drittligisten zurückfallen. Das Paradebeispiel hierfür ist das aktuelle Regierungsprogramm der Großen Koalition in Deutschland. Der Mindestlohn, die abschlagsfreie Rente mit 63 nach 45 Beitragsjahren – einschließlich fünf Jahren Arbeitslosigkeit – und weitere Zusatzleistungen bei der Rente für Mütter, Erwerbsgeminderte und Geringverdiener sprechen eine andere Sprache als die Nullrunden, die Deutschland in den letzten Jahren von seinen Europartnern verlangt hat. Eine einheitliche Reformagenda, so wie es die Agenda 2010 vor gut zehn Jahren mustergültig vormachte, gibt es nicht mehr. Herausforderungen wie die Alterung der Gesellschaft oder der Aufstieg der Schwellenländer werden verdrängt oder schlicht ignoriert, reformbedürftige Bereiche wie Gesundheit, öffentliche Finanzen, Bildung oder Arbeitsmärkte gar nicht erst angegangen.[13] Daran ändert auch nichts, dass die OECD[14] Deutschland und andere Länder des Euro-Zentrums jüngst gerügt hat, dass diese Strukturreformen zu lasch umsetzten – etwa bei der Liberalisierung des Dienstleistungssektors oder einer Effizienzsteigerung im Steuersystem. Werden sich die schwachen Länder Europas in ihren Reformbemühungen weiter anstrengen, wenn Klassenprimus Deutschland nachlässt? Anders gefragt: Kann die frühere Reformlokomotive Deutschland von anderen Ländern im Gegenzug für Hilfszahlungen noch glaubhaft Reformen einfordern, wenn sie selbst nur mit halber Kraft voranfährt?

Diese Verhaltensänderungen bei den schwachen und den starken Ländern werden nicht ohne Folgen bleiben. Wenn ein Wirtschaftsraum so konsequent die Augen vor der Realität verschließt wie Europa heute, besteht das Risiko, dass er sich gleich dreifach selbst schädigt. Wir riskieren nicht nur unseren Wohlstand. Wir verspielen auch unsere Chancen auf eine bessere Zukunft. Und wir verabschieden uns von unseren früheren Ansprüchen an unsere eigene Transparenz – und damit von der Ehrlichkeit gegenüber uns selbst.

Erste Konsequenz: Wachstum bleibt niedrig, Wohlstand ist bedroht

Die erste Konsequenz ist, dass Wachstum und Wohlstand akut bedroht sind. Der Spar- und Reformeifer von Ländern unter dem Eurorettungsschirm hält sich in Grenzen. Und auch die ursprünglich kerngesunden Länder des Eurozentrums sehen immer weniger Sinn darin, sich anzustrengen. Wenn jedoch Investoren und Konsumenten keine positiven Perspektiven mehr sehen, wird ein besseres Investitionsklima noch lange auf sich warten lassen. Dies gilt vor allem dann, wenn der allgemeine Reformstau keine hohen Renditen auf investiertes Kapital verspricht. Risikovorsorge statt Risikofreude lautet dann die Devise, und die Wirtschaft kommt nicht zurück auf Wachstumskurs.

Eine hohe Staatsverschuldung gibt den niedrigen Wachstumsperspektiven dann den Rest: Ein höherer Schuldendienst lässt die Steuer- und Abgabenlast für private Haushalte und Unternehmen steigen und engt damit den Spielraum für Konsum und Investitionen empfindlich ein. Mehr noch: Allein in Erwartung höherer Steuerzahlungen schränkt der Privatsektor seine Ausgaben ein. Er spart das Geld lieber, da er zukünftige Belastungen vorwegnimmt. Doch dabei bleibt es nicht: Wo der Staat als Schuldner verstärkt am Kapitalmarkt auftritt, jagt er privaten Schuldnern – etwa Unternehmen, die ihre Investitionen über Unternehmensanleihen finanzieren möchten – Marktanteile ab. Der Staat verdrängt so privatwirtschaftliche Aktivität.

Auch langfristig schränkt eine zu hohe Staatsverschuldung das Wachstum ein: Der Schuldendienst bewirkt letztlich, dass der Staat wichtige Aufgaben – etwa bei Infrastruktur und Bildung – nicht mehr wahrnehmen kann. Und auch für den öffentlichen Sektor gilt: Wo der Zinsdienst für gigantische Schuldenberge der öffentlichen Hand die Luft abschnürt, geraten mutige Projekte mit Zukunftsorientierung schnell unter Druck. Politische Gremien sind sich dann schnell einig, den Bestand im Sinne der breiten Mehrheit zu schonen und setzen den Rotstift lieber bei innovativen Vorhaben an. Jeder Neuanfang im Kleinen wird so auf Grund der ohnehin prekären Haushaltslage blockiert. Der Streit um die verbliebenen Mittel verhindert jede vorwärtsgerichtete Reformpolitik.

Niedrigzinsen: Chance oder Scheinmedizin?

Die Politik hat den Ernst der Lage durchaus erkannt. Insbesondere die hohen Schuldenstände verdeutlichen fast jeden Tag aufs Neue ihren engen Handlungsspielraum. Und dennoch haben sich die Konsolidierungs- und Sparanstrengungen in den meisten Ländern bislang in Grenzen gehalten. Stattdessen wurde im Zuge der Krise alles Mögliche unternommen, um die Zinslast als Preis der Verschuldung für Staaten zu senken:

- Die EZB hat nicht nur ihren Leitzins auf ein Rekordtief gesenkt. Auch haben die unkonventionellen Maßnahmen der EZB eine wahre Liquiditätsschwemme in der Eurozone ausgelöst. Banken reinvestieren diese Gelder gerne in Staatsanleihen der Krisenstaaten. Die hohe, künstlich erzeugte Nachfrage hält die Anleihemärkte liquide und das Zinsniveau verhältnismäßig niedrig. Auch der explizite Bestandsschutz der EZB für die Eurozone hat zuletzt das Zinsniveau für Staaten gesenkt.

- Die Eurorettungsmechanismen senken über ihre Garantiemacht das Zinsniveau an den Anleihemärkten zusätzlich, indem sie systemische Sicherheit schaffen, die es ohne sie nicht gäbe.
- Hinzu kommt, dass Worte und Taten der Eurorettungspolitik die Eurozone immer stärker zur Haftungsgemeinschaft werden lassen – auch, wenn dies offiziell nicht zugegeben wird. Auch dies hält die Zinsen niedrig, da Investoren die Ausfallrisiken für einzelne Staaten nicht mehr als hoch einschätzen.

Das Schuldendrama durch niedrige Zinsen könnte sich also schon bald wiederholen. Und es gibt noch weitere Nebenwirkungen. So ist das allgemeine Zinsniveau auch in anderen Bereichen der Volkswirtschaft gesunken, so etwa für Verbraucherkredite, Hypotheken und Unternehmensdarlehen.

Die Risiken dieser Nebenwirkungen sollten nicht unterschätzt werden. Niedrige Zinsen werden oft als etwas sehr Positives angesehen. Sind Zinsen niedrig, sind finanziell größere Sprünge möglich. Das Geld, das man sich leihen möchte, wird billiger, das verfügbare Kreditvolumen steigt. Doch jede Medaille hat bekanntlich zwei Seiten: Ein niedriges Zinsniveau ist nämlich auch mit zahlreichen Risiken behaftet. Allerdings sind diese kaum zu beziffern. Daher fliegen sie fast unbemerkt unter dem Radar der öffentlichen Wahrnehmung hindurch. Wer die Gefahren erkennen möchte, welche mit einem niedrigen Zinsniveau verbunden sind, muss zunächst verstehen, dass Zinsen der Preis für die Verfügbarkeit von Liquidität im Hier und Jetzt sind. Zinsen lenken das Kapital, denn sie sind sein Preis.

Werden Zinsen künstlich niedrig gehalten, kann dies zu

fundamentalen Marktverzerrungen führen. Normalerweise gilt: Je rentabler eine Investition ist, desto höher ist ihr Preis. Wer Investitionen auf Kredit finanzieren möchte, wird daher bei der Auswahl seiner Projekte besonders behutsam vorgehen. Unter Niedrigzinsen herrscht hingegen ein Überangebot an Kapital vor. Und da dieses nur noch eine geringe Rendite erwirtschaften muss, um die Zinslast zu stemmen, wird es auch in unproduktive und bisweilen sinnlose Projekte investiert: Familien bauen überdimensionierte Häuser und parken kreditfinanzierte Autos davor. Der Staat leistet sich sinnlose, aber prestigeträchtige Infrastrukturprojekte. Das Geld dafür ist vorhanden, denn in einer langanhaltenden Niedrigzinsphase kann der Kapitalmarkt keine vernünftige Qualitätsauslese mehr betreiben. Aus der Perspektive der Finanzstabilität kommt hinzu, dass Niedrigzinsen Menschen dazu verleiten, ihre finanziellen Kräfte zu überschätzen und sich übermäßig zu verschulden. Je niedriger der Zins, desto einfacher ist es, den Kapitalstock in der Gegenwart aufzubauen und Verbindlichkeiten hierfür in die Zukunft zu schieben. Und spätestens hier wird es problematisch: Gerade in anhaltenden Niedrigzinsphasen neigen ganze Volkswirtschaften dazu, wichtige Anpassungs- und Reformprozesse zu verschlafen. Denn während die Zeichen auf Konsolidierung stehen sollten, sind der öffentliche Sektor und die privaten Haushalte angesichts niedriger Zinsen weiterhin in der Lage und Versuchung, sich günstig zu verschulden als gäbe es kein Morgen. Eigentum verpflichtet – Niedrigzinsen verleiten jedoch zur Verantwortungslosigkeit. Vordergründig stimmen die Wachstumszahlen dann zwar, doch das Wachstum ist nichts weiter als eine Expansion auf Pump. Geschieht dies reihenweise, steigen die Risiken für das Finanzsystem insgesamt, falls nach der Niedrigzinsphase Zinsen wieder anziehen, Kreditausfälle zunehmen und die Blase platzt. Spätestens die US-Subprime-Krise hat gezeigt, wozu ein Finanzsystem in einer dauerhaften Niedrigzinsphase fähig ist.

Im Umkehrschluss enteignen niedrige Zinsen auch Sparer. Der zukünftige Wert von Sparguthaben wird entwertet. Dies trifft insbesondere die kleinen Leute, die ihr Geld in Angst vor der Krise ihrem Sparbuch anvertraut haben, weil sie es dort sicher glauben. Betroffen sind aber auch jene Menschen, die ihr Geld langfristig in Lebensversicherungen anlegen. Jene investieren diese Gelder nämlich vornehmlich in Staatsanleihen, Pfandbriefe und Bankanleihen. Die Zinsen der Staatsanleihen gelten für die beiden anderen Anlageklassen als Maßstab und beeinflussen deren Zinssätze wiederum. Sind die Zinsen auf diese Staatspapiere niedrig, wird dies an die Sparer weitergegeben. Jüngst hat der Gesetzgeber in Deutschland und anderen Ländern Europas die gesetzlich garantierten Renditen für Lebensversicherungen abgesenkt. Hierdurch wird die Lücke in der Altersvorsorge größer. Sie muss durch zusätzliche Vorsorge geschlossen werden, die wiederum Investitionen in Staatsanleihen erfordert. Den Staat freut diese zusätzliche Nachfrage: Sie ermöglicht ihm, sich zu günstigen Zinsen auf Kosten jener Sparer zu finanzieren, die um ihre private Altersvorsorge kämpfen. Diese verlieren jedoch angesichts der mageren Renditen zunehmend die Lust daran. Das ist verhängnisvoll für eine Gesellschaft, deren geburtenstärkster Jahrgang in diesem Jahr die 50-Jahresmarke überschritten hat und die darauf angewiesen ist, mit eigenem Vermögen für ihr Alter vorzusorgen.

Zugleich erhöhen niedrige Zinsen die Zentrifugalkräfte in Volkwirtschaft und Gesellschaft. Häuser und Grundstücke lassen sich leichter finanzieren. Bald schießen die Häuserpreise in die Höhe – und damit auch die Mieten. Niedrige Zinsen nutzen daher nur zu Beginn der Immobilienblase dem kleinen Häuslebauer. Falls Otto Normalverbraucher es nämlich verpasst haben sollte, vor dem Anstieg der Immobilienpreise sein Eigenheim zu bauen und daher in seiner Mietwohnung wohnen bleibt, wird er es schwer haben, bei gleichbleibendem Lohnniveau seine Kaufkraft zu halten, da er mehr Ressourcen für höhere Mieten aufwenden muss. Niedrige Zinsen sind daher vor allem für jene von Vorteil, die auf einer komfortablen Kapitalbasis aufbauen und ihr Vermögen über niedrige Zinsen entsprechend hebeln können – und damit die Besitzenden. Ihr Expansionsdrang wird von Mittel- und Unterschicht *nolens volens* mitfinanziert. Und so bleiben jene außen vor, die aufsteigen wollen: Längst ist zu beobachten, dass Großstadtlagen nicht mehr von Mittelschichtfamilien bezogen werden können.[15] Die Mittelschicht sammelt sich am Rande der Stadt an und wartet auf bessere Zeiten, während sich in den Stadtzentren Inseln des Wohlstands bilden.

Trägheit in Nord und Süd, hohe öffentliche Schuldenstände und Defizite, niedrige Zinsen: All dies verheißt für den Wohlstand unseres Kontinents nichts Gutes. Doch dabei wird es nicht bleiben. Eine weitere unmittelbare Konsequenz der aktuellen Entwicklungen ist, dass unsere Gesellschaft sich ihrer Handlungsfreiheit beschneidet und sich ihrer Zukunftschancen beraubt.

Zweite Konsequenz: Weniger Handlungsfreiheit, weniger Zukunftschancen

Ein erstes Hemmnis der Handlungsfreiheit ist der zunehmende europäische Zentralismus und die Annahme der Politik, nationale Probleme über Top-Down-Vorgaben Brüsseler Arbeitsstäbe lösen zu können. Die wirtschaftspolitischen Auflagen für Krisenländer, aber auch das allgemeine Krisenmanagement über regelmäßige Ministertreffen zeigen, dass die Politik ihre Rolle als steuernde Kraft länderübergreifend entdeckt und lieben gelernt hat. Die mit den Rettungspaketen verbundenen Auflagen lassen nur wenig Handlungsspielraum. Sie alle beruhen auf Einschätzungen der Europäischen Kommission als oberster Planungsbehörde, deren Taxierungen über Beschlüsse des Ministerrates zu handfesten Politikempfehlungen für Mitgliedstaaten werden. Es erstaunt doch sehr, dass sich die Eurozone in den letzten Jahren immer mehr hin zu zentraler Steuerung und weniger Eigenverantwortung entwickelt hat, zumal Europa seinen enormen Aufstieg in den letzten 60 Jahren vor allem jenen Tugenden zu verdanken hatte, die heute nicht mehr *en vogue* zu sein scheinen: Wagnis, Erfolg im Kleinen, Wettbewerb der Systeme. Und während die Europäische Kommission bis weit ins letzte Jahrzehnt der Hauptanwalt für Liberalisierung war – man denke etwa an die Marktöffnungen und Privatisierungskampagnen in der Luftverkehrsbranche oder im Fernmeldewesen –, hat nun das kontrollierende Element an Stärke gewonnen. Wo Interventionismus jedoch erst einmal begonnen hat, neigt er dazu, sich auszuweiten – und zwar aus verschiedenen Gründen:

- Zunächst sind staatliche Eingriffe nicht friktionslos zu meistern. Sie sorgen in der Regel für Begleiteffekte, und die Betroffenen rufen dann schnell nach Folgeinterventionen. Ökonomen vergleichen diese Problematik oft mit einem Ölfleck, der sich stetig ausbreitet.
- Ein weiterer Grund ist das Interesse der Regulierenden selbst – teils, weil sie vom Nutzen einer stärkeren Steuerung von

oben tatsächlich überzeugt sind und teils, weil sie persönliche Machtinteressen verfolgen und ihre Kompetenzen ausweiten möchten.

- Nicht zuletzt können die beiden ersten Faktoren dazu führen, dass die Gesellschaft ihre Fähigkeit verlernt, eigenverantwortlich zu handeln und ihre Probleme eigenhändig zu lösen. Am Ende nimmt sie nicht nur die Intervention in Kauf, sondern ruft selbst laut nach Vater Staat.

Erste Ansätze dieser Entwicklungen lassen sich bereits heute beobachten. Die Europäische Kommission gibt sich mittlerweile als Befürworter von Frauenquoten, Gehaltsobergrenzen, einer Vergemeinschaftung von Staatsschulden oder Beschäftigungsgarantien. Und sie gefällt sich zunehmend darin, wettbewerbsfähige Euroländer ob ihrer Wettbewerbsfähigkeit und Stärke als unsolidarisch zu brandmarken. Gleichmacherei ist groß in Mode. Eine verhängnisvolle Entwicklung.

Wer versucht, Probleme in einem Vielvölkergebilde wie Europa auf überstaatlicher Ebene zu lösen, missachtet die Vielfalt der europäischen Kulturen mit ihren mannigfaltigen Lösungsansätzen. Er schränkt die Handlungsfreiheit der europäischen Gesellschaften mutwillig ein und gefährdet deren Willen und ihre Kraft, ihre Zukunft selbst in die Hand zu nehmen. Wo wirtschaftspolitische Positionen zentral aus Brüssel vorgegeben werden, wird Eigeninitiative gelähmt. Mehr noch: So sinnvoll die empfohlenen Reformmaßnahmen im Einzelnen auch sein mögen, geben sie den Gesellschaften doch das Gefühl der Fremdbestimmung und Gängelung. Die Reaktionen sind dann das genaue Gegenteil von dem, was erreicht werden sollte: Eine Identifikation mit Reformzielen kann so nicht entstehen. Kräfte, die in den Gesellschaften schlummern, zerreiben sich in

Abwehrkämpfen, statt in Kreativität und Leistung aufzublühen. Natürlich haben sich Länder in der Vergangenheit schon verändert – doch die Kräfte kamen von innen, teils nach schmerzhaften und pathologischen Erfahrungen. Finanzhilfen und Reformanweisungen von außen versuchen jedoch Lektionen per Frontalunterricht bei gleichzeitiger Rundumbetreuung zu erteilen. Mittel- bis langfristig verlieren Länder und Gesellschaften so ihre Fähigkeit, auf Veränderungen im wirtschaftlich-politischen Umfeld angemessen und schnell zu reagieren. Sie sind dann weder willens noch in der Lage, neue Möglichkeiten für sich zu entdecken und zu leben.

Verteilung, Umverteilung, Teilung

Auch im Hinblick auf langfristige Chancen bleibt der Top-Down-Ansatz nicht die optimale Wahl: Bürokratien liegt ein Beharrungsvermögen inne, da sie sich nicht im Wettbewerb gegenüber anderen Institutionen oder Systemen durchsetzen müssen. Ihre Planung bleibt daher oft abstrakt und statisch; sie hängt von vielen Eventualitäten ab. Zudem läuft sie immer Gefahr, von gut organisierten Vertretern einzelner Interessengruppen beeinflusst zu werden. Das hat massive Auswirkungen für alle anderen Beteiligten. Die Hebelwirkung von Lobbying ist unter zentralistischen Strukturen besonders groß. Dort jedoch, wo Entscheidungsprozesse polyzentral sind, wo sie also wie in einem föderalen System miteinander konkurrieren, sind auch Bürokratien dazu angehalten, Besseres zu leisten. Sie sind zur Interaktion gezwungen. Sie müssen voneinander lernen und werden dadurch wacher und zugleich ermuntert, die eigene Position zu hinterfragen und Neues zu wagen. Dies macht ihren Erfolg nicht sicherer, aber wahrscheinlicher.[16] Natürlich gibt es auch in zentralistischen Systemen Leistung. Dort wird jedoch ein Teil der kreativen Energie in Durchsetzungsstrategien statt in die Verbesserung der Gesamtumstände investiert. Das bremst den Fortschritt und begünstigt jene, die sich in politischen Spielen besonders gut auskennen. Kreativität ist selten erforderlich. Lernfähige Systeme sehen anders aus.

Noch problematischer wird es, wenn sich zur Zentralisierung noch Umverteilung hinzugesellt. Bereits im letzten Kapitel haben wir gesehen, wie schnell zwischenstaatlicher Kuhhandel zu mutwilliger Verzögerung und Erpresserverhalten führen kann. Haftungssummen, Rettungspakete, Reformmaßgaben – alle diese Entscheidungen basieren auf Kompromissen, in denen jeder Staat möglichst viele seiner Interessen durchsetzen möchte. Die Erfolgsaussichten nationaler Alleingänge in zwischenstaatlichen Verhandlungsmarathons sind erstaunlich gut – denn Länder haben die Möglichkeit, in anderen Verhandlungsrunden, in denen Einstimmigkeit gefordert ist, andere Entscheidungen zu blockieren, und den gesamteuropäischen Fortschritt über die Androhung eines Vetos als Geisel zu nehmen. Man verheddert sich in Schuldzuweisungen, Schattenkämpfen und Abwehrgefechten. Und genau dies verschließt weitere Handlungsräume und Zukunftschancen.

Wie sehr Umverteilungskonflikte in politischen Koordinationsprozessen Fortschritt und Chancen behindern können, zeigen die jüngsten Verhandlungen zum mehrjährigen Finanzrahmen der Union, einer Art siebenjährigem Haushalt für die EU für die Jahre 2014 bis 2020. Die Verhandlungen zum Finanzrahmen werden seit jeher als legitimes Spiel zwischenstaatlicher Umverteilung gesehen. Diese weckt jedoch Nettozahlerbegehrlichkeiten und Denken in Erbhof-Kategorien, in denen jeder noch so konstruktive Vorschlag nur schwer Mehrheiten findet. Verteilungskämpfe lenken von der Frage ab, wie Mittel möglichst effizient und wachstumsfördernd eingesetzt werden können. Wenn einflussreiche *Agenda-Setter* wie Frankreich knapp drei Viertel ihrer EU-Zuwendungen als Agrarsubventionen beziehen, erschwert dies wirkungsvolle Kürzungen. Auch in Zukunft werden bis zu 40 Prozent des Gesamthaushalts in Landwirtschaft und Fischerei fließen. 50 Milliarden Euro jährlich stehen damit für Projekte, die Grundlagen für Wachstum schaffen könnten, nicht mehr zur Verfügung. Die Umverteilungskonflikte beschränken sich jedoch nicht nur auf den EU-Haushalt: So bauten die Briten im Laufe des Jahre 2013 über ihre künftige Volksabstimmung zum Verbleib in der EU zusätzliches Drohpotenzial auf, um eine *Mitgliedschaft à la Carte* mit möglichst vielen Rechten und möglichst wenig Pflichten anzutesten. Ist dies nach früheren siegreichen Rabattrunden der Briten nicht konsequent? Wen wundert es, dass sie nach erfolgreich durchgesetzten Rabatten im Brüsseler Milliardenspiel bald aufs Ganze gehen werden? Dass Europa rücksichtslose Verhandlungstaktik mit weitreichenden nationalen Sonderregelungen belohnt, haben bereits andere Länder unter dem Eurorettungsschirm bewiesen. Die jüngste Choreografie der Insel zeigt, was Verteilungspoker aus einem bislang erfolgreichen Integrationsprojekt machen kann, wenn Europa im täglichen *Was-habe-ich-davon* seine Ideale verliert. Das ständige *juste retour* höhlt jeden Versuch aus, eine Zugewinngemeinschaft zu schaffen, die materiell und ideell von Dauer ist.

An kritischer Selbsterkenntnis, dass das permanente Klein-Klein der Eurokrise langfristig nur Verlierer kennt, scheint es den politisch Verantwortlichen jedoch zu mangeln. Und somit ist neben dem europäischen Wohlstand und den Handlungschancen noch ein dritter Faktor von den aktuellen Entwicklungen bedroht: Transparenz.

Dritte Konsequenz: Not kennt kein Gebot. Transparenz und Wahrheit sind bedroht

Wenn es etwas gibt, das die Demokratien Westeuropas der letzten Jahrzehnte ausgezeichnet hat, dann war es der offene Diskurs über Ziele und Mittel der Politik. Rechts stritt mit Links, Konservativ mit Liberal, Transatlantiker ereiferten sich über Europäer. Fairness stand dabei nicht immer auf der Tagesordnung, oft ging es unschön zu, und nicht selten wurde versucht, mit Halbwahrheiten die Ziele des Gegenübers zu diskreditieren. In der Gesamtschau diente der Diskurs jedoch der demokratischen Wahrheitsfindung und der gesellschaftlich-politischen Selbstverortung und Zielbestimmung. Die Offenheit der Auseinandersetzung und die Chancengleichheit im Dialog führten am Ende dazu, dass Ergebnisse erzielt wurden, die die Menschen akzeptierten, und zwar auch jene, die nicht ihren Präferenzen entsprachen (z. B. die Agenda 2010 oder der Nato-Doppelbeschluss).

Die Eurokrise hat vieles verändert. Mit großer Skepsis beobachten Bürger, wie ihre Regierungen zunehmend die offene Auseinandersetzung scheuen und stattdessen strategisch kommunizieren und nur scheibchenweise mit der Wahrheit rausrücken. So wurden Berichte, nach denen eine Intervention der Europäischen Zentralbank an den Staatsanleihemärkten unmöglich sei, im Mai 2010 Lügen gestraft. In der Frühphase der Eurokrise wurde zunächst die Haftungsübernahme für andere Euroländer ausgeschlossen, bis sie über den Eurorettungsschirm Wirklichkeit wurde. Sodann wurden die Haftungssummen ausgeweitet – nicht selten mit dem Argument, dass es sich um eine befristete Lösung handele. Mit dem ESM wurde der Rettungsschirm dann zur Dauereinrichtung. Und so lässt sich konstatieren, dass wohlweislich rote Linien gesetzt wurden, die hinterher klammheimlich verschoben wurden. Selten gibt das jemand so nüchtern zu wie Jean-Claude Juncker, der ehemalige Vorsitzende der Eurogruppe, der schon Jahre vor der Eurokrise trocken feststellte:

Wir beschließen etwas, stellen das dann in den Raum und warten einige Zeit ab, was passiert. Wenn es dann kein großes Geschrei gibt und keine Aufstände, weil die meisten gar nicht begreifen, was da beschlossen wurde, dann machen wir weiter – Schritt für Schritt, bis es kein Zurück mehr gibt.[17]

Die Wahrheit, so scheint es, kommt in der Eurokrise zunehmend unter die Räder. Auch andere Beispiele zeigen das: Wie zuvor erwähnt, geraten die Gutachten der Troika zunehmend zu Gefälligkeitsgutachten. Die Gutachter der Troika wissen sehr wohl, dass ihre Mission keine ökonomische, sondern eine politische ist: Beim Projekt Eurorettung darf nichts schiefgehen. Und was nicht passt, wird passend gemacht. Dies gilt nicht nur für die aktuelle Überdehnung des Rechtsrahmens, sondern auch für dessen Interpretation. Nicht selten wird in diesen Tagen die Ruhe an den Märkten als Resultat der angeblichen Reformbemühungen der Euroländer bezeichnet. Dass die EZB mit ihrer staatsloyalen Geldpolitik hier einen mindestens so großen Anteil daran hat, wird verschwiegen. Spätestens jetzt wird Ökonomie zur Glaubensfrage. Dies ist auch nicht überraschend, denn auf Grund multipler Verhandlungsrunden auf politischer Ebene sind in Brüssel größere Verstimmungen oder Schuldzuweisungen zwischen den europäischen Staaten sowieso nicht erwünscht: Wichtige Entscheidungen können ohnehin nur im Konsens getroffen werden – und lieber drückt man im Falle massiven Fehlverhaltens eines Europartners mal ein Auge zu, als in der Zukunft verlässliche Bündnispartner bei wichtigen Entscheidungen zu verlieren.

Alle diese misslichen Entwicklungen wären noch zu rechtfertigen, wenn sie von einer konstruktiven und offenen Debatte in den nationalen Parlamenten begleitet, bestätigt und dauerhaft kontrolliert würden. Doch nichts dergleichen geschieht: So wurde der erste Rettungsmechanismus EFSF zunächst in zwischenstaatlichen Verhandlungsrunden aufgestellt und erst im Nachhinein nationalen Parlamenten zur Abstimmung vorgelegt – angesichts der hohen Haftungsrisiken eine Ohrfeige für die Demokratie. Oft bestand auch gar keine Zeit für eine intensive Diskussion. Immerhin sind die meisten Informationen mittlerweile transparent zugänglich. Ihre Masse ist jedoch erdrückend und kann nur mit einem enormen Aufwand durchdrungen werden. Zudem sind viele Dokumente ausschließlich auf Englisch verfügbar. Daher vertrauen die meisten Abgeordneten eher den Einschätzungen ihrer Fraktionsexperten. Doch auch deren zeitliche Ressourcen sind begrenzt. Hinzu kommt, dass nicht wenige Abgeordnete im Falle abweichender Meinungen von ihren Parteifreunden gezielt unter Druck gesetzt werden. Prestigeträchtige Mandate möchte man auch in der folgenden Legislaturperiode erhalten, und Querdenker werden dann in der Regel übergangen. Einzig unabhängig sind junge Abgeordnete, die unter Welpenschutz stehen und einige ältere Delegierte, die sich mit der starken Rückendeckung ihrer Wahlkreise über Jahre hinweg eine gewisse Narrenfreiheit erarbeitet haben.

Sie befinden sich jedoch in der klaren Minderheit. Ob dies auch der Grund ist, warum bisher noch in keinem Parlament Europas ein Untersuchungsausschuss zur Eurokrise getagt hat?

Für Menschen mit ausgeprägtem Demokratieverständnis sind diese Entwicklungen unerträglich. Die Demokratie ist nicht umsonst weltweit jene Regierungsform, nach der Nationen streben und mit der sie in der Regel erfolgreich sind. Demokratien stehen für freie Willensbildung, für lernoffene Entwicklungen, die sich über mutiges Hinterfragen, offenen Diskurs und Mehrheitsentscheid korrigieren lassen. Heutzutage ist Europa von diesem Ideal meilenweit entfernt. Für den *Mainstream* der politischen Debatte gilt: Die sogenannte Alternativlosigkeit der Eurorettungsmaßnahmen erstickt jegliche offene Diskussionskultur. Zweckmäßigkeiten, strategische Kommunikation und politisches *Spin-Doctoring* für die letztgültige Deutungshoheit schlagen aufrichtige Überzeugungsarbeit – im hohen Haus und in der Basisarbeit am Bürger. In diesem postdemokratischen Umfeld,[18] wie Politikwissenschaftler es treffend bezeichnen, kann politische Meinungsbildung ohne den offenen und fairen Diskurs langfristig jedoch nicht funktionieren. Und so entstehen bei den Bürgern zunehmend ein Gefühl der Fremdbestimmung und das Bewusstsein, dass die Wahrheit wissentlich gebogen wird.

Transparenz auch an den Kapitalmärkten massiv eingeschränkt

Transparenz ist nicht nur in der Politik bedroht. In Krisenzeiten ist sie auch in der Wirtschaft und an den Kapitalmärkten ein leichtes Opfer. Je zugänglicher und je verlässlicher Informationen in einer Volkswirtschaft sind, desto eher sind Konsumenten und Investoren in der Lage, die Entscheidungen zu treffen, die ihren Interessen entsprechen. Die Eurokrise hat jedoch dazu geführt, dass sich ebendiese Informationslage für die Teilnehmer im Wirtschaftskreislauf verschlechtert hat. Künstliche Niedrigzinsen, das haben wir weiter oben schon erfahren, drücken nicht mehr den wirklichen Preis von Kapital aus, sondern sind vielmehr Zeugnis des unbedingten Rettungswillens von Politik und Zentralbanken. Da Zinssätze als Wahrheitsindikator für die Bonität von Staaten ausfallen, haben Investoren nun verstärkt ihr Ohr am politischen Geschehen, um sich ein Urteil bilden zu müssen. Dies fällt neuerdings jedoch besonders schwer, da private Informationsdienstleister, die als Entscheidungshelfer dienen, ebenfalls in den Fokus der Politik gerückt sind: Ratingagenturen. Analysten bewerten von unabhängiger Seite die Tragfähigkeit der öffentlichen Finanzen und die Kreditwürdigkeit von Staaten vor dem Hintergrund der Reformwilligkeit der Politik und des langfristigen Wachstumspotenzials der jeweiligen Volkswirtschaft. Die Urteile werden in umfangreichen Länderberichten dargelegt. In Kurzform werden sie darüber hinaus in Notenstufen veröffentlicht. Besonders kreditwürdige Länder erhalten die Note AAA, während Länder mit niedrigerer Bonität bis CCC bewertet werden können. Insolvente Staaten werden mit der Note D (engl. *Default* – Staatsbankrott) bewertet.

Während Ratingagenturen im Zuge der US-Immobilienblase durch übertrieben positive Bewertungen die Kreditvergabe noch zusätzlich anfachten und in ihrer Aufgabe versagten, waren ihre Einschätzungen im Falle von Staatsbewertungen in der Eurokrise oft korrekt. Gerade deshalb sind unabhängige Ratingagenturen, die ihre Sicht der Dinge von der Politik unkontrollierbar darstellen, vielen Politikern seit Ausbruch der Eurokrise ein Dorn im Auge. Sie werfen den Agenturen vor, über ihre schlechten Noten die Stimmung der Kapitalmärkte gegen einzelne Euroländer noch weiter angeheizt zu haben. Dies mag richtig sein, zumal die Ratingagenturen in ihrer negativen Bewertung einiger Länder die Überbringer schlechter Botschaften waren. Ähnlich jedoch wie Lehrer in der Regel nicht für die schlechten Zensuren ihrer Schüler verantwortlich sind, sondern sie nur im relativen Leistungsvergleich zu Mitschülern messen, sind auch Ratingagenturen nicht für die Schieflage einiger Euroländer verantwortlich. Die Politik hat dieser Leistungsmessung durch Ratings jüngst einen Riegel vorgeschoben. Vorstöße für eine europäische Ratingagentur waren nicht erfolgreich, denn schon bald erkannten die Verantwortlichen, dass eine Agentur, die von Staaten selbst gegründet oder gar betrieben worden wäre, nicht das gleiche Vertrauen wie ihre unabhängigen Konkurrenten genießen würde. Nach erfolglosen Gründungsinitiativen ging man daher dazu über, per EU-Verordnung den Handlungsspielraum der unabhängigen Ratingagenturen zu beschneiden.[19]

Konkret wurden drei Dinge beschlossen:

- Ratingagenturen dürfen sich künftig nicht mehr mit Einschätzungen zu Wort melden, für die sie nicht beauftragt und bezahlt worden sind. Dies ist gerade im Hinblick auf die Bewertung von Staatsfinanzen problematisch. Bewertungen zur langfristigen finanziellen Tragfähigkeit sind aufwändig und teuer und werden nicht immer bei Ratingagenturen in Auftrag gegeben. Daher wurden einzelne Länder bislang mit sogenannten *unaufgeforderten Ratings* (engl. *unsolicited Ratings*) bewertet. Im Anschluss wird diese Information dann Kunden gegen Bezahlung zugänglich gemacht. Diese frühere Regelung schaffte eine enorme Glaubwürdigkeit der Analysen, denn sie konnte das allgemeine Verdachtsmoment entschärfen, dass Staaten Gefälligkeitsgutachten nach Maß bestellten. Das neue Reglement lässt diese Glaubwürdigkeit jedoch verdunsten: Informationen werden weiter zurückgehen, insbesondere zu Krisenstaaten. Diese haben naturgemäß kein Interesse daran, bewertet zu werden. Alle anderen Gutachten werden ab sofort dem Vorwurf ausgesetzt sein, Gefälligkeitsgutachten zu sein.

- Ratingagenturen können künftig von Kunden auf Schadensersatz verklagt werden, falls ein Fehlurteil vorliegt. Da sich die Politik von Staaten jedoch dynamisch verändert, sind auch die Urteile von Ratingagenturen einer gewissen Unsicherheit unterworfen. Die Einschätzung der Agenturen dürfte künftig vorsichtiger, – d. h. neutraler, unverbindlicher und mit weniger Informationswert ausfallen. Die Informationstransparenz, die Investoren schätzen, wird so massiv beschnitten.
- Zudem müssen die Ratingagenturen jedes Jahr im Dezember einen Terminkalender für das Folgejahr veröffentlichen, in dem sie drei Tage angeben, an denen sie ihre Ratings veröffentlichen, und zwar ausschließlich an Freitagen nach Börsenschluss. Gerade dies dürfte die Spekulation nicht einschränken, sondern eher verstärken: Wie Schüler am Zeugnistag ihren Zeugnissen entgegenbangen und verständlicherweise einen hohen Pulsschlag haben, dürften sich Marktbewegungen im Vorfeld von Ratingveröffentlichungen für kritische Länder verstärken.

Als Konsequenz werden sich Investoren nun andere Informationsquellen suchen. Große Banken, Versicherungen und Hedgefonds werden ihre Analyseabteilungen ausbauen und dadurch kleineren Wettbewerbern gegenüber einen Vorteil haben. Diese hingegen werden dann umso mehr gezwungen sein, auf Marktgerüchte zu reagieren, die angesichts der enorm beschnittenen Aussagekraft von Ratings nun wieder an Bedeutung gewinnen dürften. Spekulation, die auf heißen Tipps, Gerüchten und Vermutungen basiert, dürfte daher wieder zunehmen – und damit jene Schattenseiten freier Marktordnungen weiter befördern, die die Politik seit jeher als Anlass für ihre Markteingriffe nimmt.

Potemkinsche Dörfer

Einfach machen es sich jene, die an dieser Stelle beschwichtigen, dass Ratingagenturen nicht gänzlich verboten, sondern lediglich „gezähmt“ wurden. Sie verkennen die Langzeitfolgen des Brüsseler Reglements: Denn mit dieser Zähmung hat die Politik klar demonstriert, dass sie nicht davor zurückscheut, die Überbringer schlechter Nachrichten zu bestrafen. Werden diese in Zukunft noch den Mut zur Wahrheit haben? Oder wird man Ratingeinschätzungen künftig vielleicht gefälliger formulieren, um den Zorn der Mächtigen nicht wieder auf sich zu ziehen? Dass hinter dem Maulkorb für Ratingagenturen nicht handwerkliche Fehler der Gesetzgebung stecken, sondern der klare politische Wille, positive Nachrichten auf Biegen und Brechen zu schaffen, lassen weitere Beispiele potemkinscher Dörfer der jüngsten Vergangenheit vermuten.

Hierzu gehört etwa Griechenlands inszenierte Rückkehr an die Kapitalmärkte im April 2014 – sechs Wochen vor der Europawahl und einen Tag vor dem Staatsbesuch von Bundeskanzlerin Merkel. In der Tat schaffte es die Hellenische Republik, eine fünfjährige Anleihe zu einem sensationell günstigen Zinssatz von 4,75 Prozent am Markt zu platzieren. Griechenland nahm damit über drei Milliarden Euro ein, die Anleihe war gleich achtfach überzeichnet. Auf den ersten Blick ein wahres Wunder, denn fundamental steht Griechenland heute weitaus schlechter da als zu Beginn der Hilfsmaßnahmen. Trotzdem waren die Europartner voll des Lobes: Dies sei ein beeindruckendes Zeichen neuen Investorenvertrauens und zugleich ein erster Schritt hin zur vollständigen Emanzipation von den Finanzhilfen. Doch auch dies ist freilich nur ein Teil der Wahrheit. Richtig ist nämlich auch, dass Investoren in erster Linie Interesse zeigten, weil die Anleihe unter britischem Recht begeben wurde, was einen erneuten Schuldenschnitt wie im Jahr 2012 ausschließt. Weiterhin liegen vier Fünftel der griechischen Staatsschuld mittlerweile sowieso in den Händen öffentlicher Gläubiger, was angesichts der politischen Bestandsgarantie für die Eurozone künftige Verwerfungen unwahrscheinlich machen dürfte. Und nicht zuletzt wissen Investoren, dass sie die Anleihen jederzeit an die EZB weiterveräußern können, falls der Druck wieder zunehmen sollte. Eine selbstständige Rückkehr an die Märkte sieht anders aus. Womöglich werden wir ähnliche Erfolgsmeldungen bald auch aus anderen Programmländern vernehmen. Auch hier wird es voraussichtlich großes Investoreninteresse geben – und auch hier wird dieses Interesse weniger einer verbesserten Schuldentragfähigkeit geschuldet sein als den zuvor skizzierten Kunstgriffen.

Der Selbstbetrug macht auch vor der Statistik nicht halt. So wird schon bald an den Messgrößen des Bruttoinlandsprodukts und seiner Komponenten geschraubt. Ab September 2014 werden diese europaweit neu berechnet.[20] So werden beispielsweise Investitionsquoten aufgehübscht, indem Ausgaben für Rüstung, Forschung und Entwicklung künftig zu Investitionen hinzugerechnet werden. Doch damit nicht genug: In die Berechnungen des Bruttoinlandsprodukts und seiner Wachstumsraten wird künftig auch der Schattensektor per Schätzung miteinbezogen – das bedeutet: Drogenschmuggel, Menschenhandel, illegales Glückspiel, Prostitution. Die Politik freut es, denn die Wirtschaftsleistung ist immer eine Vergleichsgröße zur Staatsverschuldung: Wenn das Bruttoinlandsprodukt durch seine Neuvermessung steigt, wird die Schuldenquote sinken. Auch hier werden neue Erfolgsmeldungen nicht mehr lange auf sich warten lassen.

Wo bleibt die vierte Gewalt?

Die Täuschungsmanöver der Politik und die Intransparenz an den Finanzmärkten wären unproblematisch, wenn die Medien als vierte Gewalt ihre Aufgabe wahrnehmen und so ein Mindestmaß an Transparenz garantieren würden. Ein Blick auf die europäische Medienlandschaft zeigt jedoch, dass diese ihrem Auftrag der transparenten Meinungsbildung nicht immer vollständig gerecht werden.

Dies erscheint auf den ersten Blick paradox – ist doch in Zeiten des Internets Information als Gut nahezu überall, in Echtzeit und vor allem kostenlos erhältlich. Die Folgen dieser unendlichen Verfügbarkeit werden jedoch nur allzu selten bedacht: Zeitungen verlieren enorm an Auflage; bisweilen werden sie eingestellt oder ihre Redaktionen zusammengelegt. Der Kostendruck ist hoch. Hinzu kommt eine Diffusion der Formate: Zeitungen haben eigene Internetredaktionen, Hörfunk und Fernsehsender ebenfalls. Diese haben jedoch auf Grund des Kostendrucks eine immer geringere Anzahl an festangestellten Redakteuren. Gleichzeitig lässt das Internet die Taktzahl der Berichterstattung steigen: Redakteure haben oft gar keine Zeit dazu, sich in ein Thema einzuarbeiten. Häufig werden vorgefertigte Artikel von Nachrichtenagenturen als Grundlage für den eigenen Beitrag genommen, mit ein oder zwei Expertenmeinungen gewürzt und sofort veröffentlicht – das Internet kennt keinen Redaktionsschluss. Und so kommen Meinungsformate mit Mehrwert und Analysen neben der klassischen Berichterstattung in zahlreichen Tagesmedien zu kurz. In Zeiten, in denen Werbepartner im Internet nach Klickzahl und Verweildauer auf Websites abrechnen, trimmen Medienmanager ihre Redakteure mittlerweile sogar darauf, ihren Schreibstil mit Schlagworten dahingehend zu versatzstücken, dass ihre Artikel besser von Internetsuchmaschinen gefunden werden. Jeder Werbeklick spült bares Geld in die klammen Redaktionskassen. Mehr noch: Da Beiträge auf Nachrichtenwebsites nicht sofort einsehbar sind, müssen ihre Überschriften und ihre Anreißer besonders kess und einprägsam sein. All dies hat zuletzt eine Schlagzeilenkultur mit holzschnittartigen Vereinfachungen entstehen lassen, die wir früher nur aus dem Boulevardjournalismus kannten. Auf der Strecke bleiben oftmals die Tiefe der Analyse und die sachliche Abwägung der Argumente.

Infolgedessen verbreitert sich der Nachrichtenstrom zwar, verliert aber gleichzeitig auch an Tiefe. Und so entsteht eine Tendenz zur öffentlichen Meinungskonformität, die sich selbst verstärkt: Welcher Redakteur wird sich trauen, in Redaktionssitzungen mit originellen Thesen abseits des *Mainstreams* aufzutreten, wenn der eigene Job unsicher ist und die thematische Dominanz des Nachrichtenstroms so stark? Knappe Ressourcen erzeugen so ein reges Schwarmverhalten: Themenkarrieren entstehen. Sie führen dazu, dass bestimmte Botschaften immer wieder gesendet und zwangsläufig zum gesellschaftlichen Kolorit werden. Sofern diese Färbung wiederum die Publikumserwartung prägt, sind originelle Einschätzungen und Meinungen fernab des *Mainstreams* noch weniger gefragt.

Diese Überlegungen gelten mit Sicherheit nicht für überregionale Leitmedien und Nachrichtenmagazine, die sich seit jeher mit differenzierten Meinungsbildern profilieren konnten. Die Mehrheit der Mediennutzer informiert sich jedoch über regionale Medien, die besonders unter dem gezeichneten Kostendruck und Ressourcenknappheit stehen.

Globales Umfeld: Europa fällt zurück

Die letzten Seiten haben gezeigt, dass Europa sich gleich dreifach schädigt: Wir verlieren an Wohlstand, an Handlungschancen und im Endeffekt auch noch den Überblick, weil mangelnde Transparenz uns jegliche Chancen auf Selbsterkenntnis nehmen. Für uns Europäer, die wir bisher weltweit in Wohlstand, Chancengleichheit und Transparenz Maßstäbe gesetzt haben, ist das eine moralische Bankrotterklärung.

Doch nicht nur das: Die zuvor skizzierten Entwicklungen haben auch negative Auswirkungen auf die Stellung Europas im globalen Wettbewerb.

► Wo Haftungsunion, Reformstau und Niedrigzinsen den gesellschaftlichen Wohlstand mindern, wird unser Lebensstandard verglichen mit dem weltweiten Maßstab langfristig sinken. Für eine alternde Gesellschaft wie die europäische, die in den kommenden Jahrzehnten ohnehin mehr von ihrer Substanz leben wird, als neue Wachstumsfelder zu erschließen, gilt dies im Besonderen.

- Wo Schulden, Zentralismus und Umverteilungskämpfe Europa jegliche Handlungsfreiheit nehmen, wird der Kontinent für internationale Investoren uninteressant. Eine blockierte Gesellschaft ist nicht reaktionsstark. Ihr Blick bleibt in der Gegenwart. Sie kann weder ihre Chancen nutzen noch hat sie eine Zukunft.
- Wo die Politik die Wahrheit zurechtbiegt, kann eine Gesellschaft keine aufrichtige Diskussion über die eigenen Ziele führen. So verschläft sie wichtige Trends und Entwicklungen und stellt sich damit selbst ins Abseits.

Europa, das als starker Akteur wirtschaftlich wie kulturell mit den neuen Wachstumszentren dieser Welt weiterhin auf Augenhöhe agieren möchte, gefährdet so seine Glaubwürdigkeit nach außen. Schon heute ist es unmöglich, Brasilianern oder Koreanern das Brüsseler Hin und Her begreiflich zu machen. Wer werden ihre künftigen Vorbilder sein?

Exkurs: Euro-Exit keine Lösung

In dieser verfahrenen Lage sind in den letzten Jahren Forderungen laut geworden, dass einzelne Länder die Eurozone verlassen sollten. Die Argumentation der Befürworter eines Euro-Exits schwacher Länder klingt zunächst einleuchtend: Die neue, schwächere Landeswährung würde nach dem Austritt abwerten und die Waren des Landes auf den Exportmärkten verbilligen. Doch so bestechend einfach diese Überlegungen auch sind, so groß sind auch die Probleme, die sich stellen würden, wenn der Euro-Exit eines Landes Wirklichkeit würde.

Zunächst müssten Kapitalverkehrskontrollen eingeführt werden, um eine größere Kapitalflucht ins Ausland zu verhindern. Banken wären vom internationalen Zahlungsverkehr ausgeschlossen, und es könnte zu Verwerfungen an den Finanzmärkten und zu einer grenzüberschreitenden Finanzkrise kommen. Weiterhin ist in der gesamten Wirtschaftsgeschichte kein Fall bekannt, in dem eine schwache Währung eine starke Währung erfolgreich verdrängt hätte. Dies ist kein Wunder, denn da die Nutzung einer Währung im Zahlungsverkehr stets Vertrauenssache ist, geben Konsumenten und Investoren der starken Valuta immer den Vorzug. Mithin stünde im Falle eines Euro-Austritts zu befürchten, dass Privathaushalte und Unternehmen weiterhin Eurobargeld horten würden. Auch wenn Gesetze die Nutzung der nationalen Währung vorschrieben, würde in der faktischen Nutzung die stärkere Währung dominieren – ganz so wie in der Endphase der DDR die Westmark. Eine solche Zweiwährungswirtschaft würde zwangsläufig auch eine Zweiklassengesellschaft formen: So könnten beispielsweise Taxifahrer in Messestädten oder Barbesitzer in Touristenzentren dank ihrer zahlungskräftigen internationalen Kundschaft problemlos über kaufkraftstarkes Eurobargeld verfügen, während Staatsbedienstete nur die schwache Währung erhalten würden. Dies könnte Schwarzwirtschaft und Korruption Vorschub leisten. Zudem müssten importorientierte Unternehmen ihr Geschäftsmodell überdenken, da sie Vorleistungen nur noch zu hohen Importpreisen einführen könnten. Sogar tanken würde teurer, sofern in der dann abgewerteten Landeswährung gezahlt werden würde. Im Endeffekt würde das austretende Land nicht um eine vollumfängliche Devisenbewirtschaftung herumkommen, bei der starke Devisen aus Exportgeschäften zentral gesammelt und zur Anschaffung wichtiger Importgüter wieder eingesetzt werden müssen. Auch hier lässt der Ostblock grüßen.

All dies zeigt, dass die gesamtwirtschaftlichen und gesellschaftlichen Kosten eines Euro-Exits sicherlich hoch wären. Vor allem aber würden sich die Missstände, die wir zuvor für die Krisenländer kennengelernt haben, nicht ändern. Freilich mag eine weiche Geldordnung kurzfristig die Anpassungslast von den Krisenökonomien nehmen. Doch gerade dies würde strukturell nichts lösen, und die Misswirtschaft der letzten Jahre würde sich fortsetzen.

Ernüchterung und Entmutigung

Auch im Jahre Fünf der Eurokrise haben die Euroländer noch keine gemeinsame, geschweige denn überzeugende Antwort auf die Krise gefunden. Wenn Hilfspakete über Nacht beschlossen oder verworfen werden, wenn Regierungen am Reformkurs zerbrechen oder rücksichtsloses Erpresserverhalten dazu führt, dass Reformpläne immer wieder nachverhandelt werden, dann lässt dies nicht den Eindruck einer verlässlichen, konsistenten, vor allem aber glaubwürdigen Strategie entstehen. Und nicht selten drängt sich der Eindruck von Beliebigkeit auf. Eine langfristige Orientierung kann so nicht entstehen. Was bleibt, ist Unsicherheit.

Zwar entfaltet sich dank der soliden Brandschutzmauern des Eurorettungsschirms keine größere Marktpanik – im Gegenteil: Alles bleibt ruhig. Doch trotz der sicheren Marktlage und dauerhaft komfortabler Niedrigzinsen kommen die Investitionen nicht wieder auf die Beine. Das Wachstum bleibt am Boden, weil die Hoffnung fehlt. Die Menschen stellen ernüchtert fest: Von großen Lösungen ist die Politik meilenweit entfernt. Und so scheint es, als ob der Gesellschaft angesichts der empfundenen Beliebigkeit der Politik mittlerweile selbst die Lust vergangen ist, sich mit der Krise auseinanderzusetzen. Die einstmals so rege öffentliche Debatte über die Zukunft der Eurozone und über mehr oder weniger erfolgversprechende Krisenrezepte wie etwa einen gemeinsamen Schuldentilgungsfonds oder Nord- und Südeuro ist verstummt. Es liegt nicht fern, anzunehmen, dass das Verstummen der Debatte eben jenen Entscheidungsträgern zupass kommt, die den Kurs der Eurorettung als „alternativlos" bezeichnen. All dies hat ein moralisches Vakuum aus Sprachlosigkeit, Uneinigkeit und Missverständnissen entstehen lassen.

Gleichzeitig wird vielen Menschen langsam, aber sicher bewusst, dass das allgemeine Wohlstandsversprechen des europäischen Projekts unter diesen Umständen nicht mehr lange zu halten ist. Die dauerhafte Zugewinngemeinschaft, als die die europäische Integration und auch der Euro den Bürgern stets vertraut war, kann nicht mehr das leisten, was sich viele Menschen von ihr erhoffen. Und so wird zunehmend die Zweckmäßigkeit europäischer Integration hinterfragt – der Idealismus hat sich ohnehin schon längst verflüchtigt. Meinungsforschungsinstitute verdeutlichen diesen beunruhigenden Eindruck: Eine aktuelle Umfrage[21] des *Pew-Forschungszentrums* – dem größten Meinungsforschungszentrum der Vereinigten Staaten – zeigt, dass die Unterstützung der Mitgliedschaft in der Europäischen Union nachgelassen hat. In Spanien etwa sank sie von 80 Prozent im Jahr 2007 auf 46 Prozent im Jahr 2013. In Italien und Frankreich sehen die Werte nicht minder dramatisch aus. Verzeichnet wird zwar nur ein leichtes Minus von 9 Prozent in der allgemeinen Zustimmung. Gleichzeitig sind aber 70 Prozent der Franzosen der Ansicht, dass die wirtschaftliche Integration ihrem Land geschadet habe. Auch die Europäer insgesamt sind sich nicht mehr sicher, ob sie das doch so vielversprechend begonnene gemeinsame Projekt weiter unterstützen möchten: Laut *Eurobarometer*, dem Umfrageinstitut der Europäischen Union, denken 52 Prozent aller EU-Bürger, dass sich die Europäische Union in die falsche Richtung bewege; 57 Prozent der Befragten misstrauen EU-Institutionen.[22] Auch der Anteil der positiven Antworten auf die Frage, ob die Mitgliedschaft in der Europäischen Union Vorteile bringe, ist seit Ausbruch der Eurokrise kontinuierlich gesunken – in der letzten Wertung lag er in fast allen Ländern bei unter 50 Prozent. Im Herbst 2011 entschied *Eurobarometer* daher, diese Frage aus den Umfragekatalogen zu streichen. Drastischer ausgedrückt: Die Verantwortlichen veröffentlichen nicht mehr, was das Volk von ihnen denkt. Vergleiche zur DDR drängen sich auf, die ab dem Jahr 1963 die Selbstmordraten ihrer Bürger nicht mehr veröffentlichte, nachdem das Arbeiter- und Bauernparadies zuvor über Jahre hinweg in dieser Kategorie zu den Weltspitzenreitern gehört hatte. Der Glanz, den die Erfolgsgeschichte der europäischen Integration in den letzten Jahrzehnten weltweit ausstrahlte, ist erloschen. Ernüchterung hat sich breitgemacht. Es fehlen Perspektiven, Mut und Zuversicht. Der Lack ist ab.

Fatal ist in diesem Zusammenhang, dass sich mit der Zeit ein gewisser Gewöhnungseffekt eingestellt hat. Umfragen, die die Stimmung von Investoren in der Privatwirtschaft messen, zeigen, dass Entscheidungsträger schlechte Neuigkeiten in den letzten Jahren unaufgeregter aufnehmen. Konkret: Während das erste Hilfspaket für ein Euroland Aktien- und Devisenhändler noch in helle Aufregung versetzte, ist das fünfte Hilfspaket nicht einmal mehr eine Schlagzeile in den Tageszeitungen wert. Die Ruhe dank der EZB-Vollgarantie hat das nur begünstigt. Die mediale Berichterstattung spiegelt und verstärkt diese Entwicklung. Da sich die Redaktionen in erster Linie nur mit neuen Themen profilieren können, tritt die Krise immer öfter in den Hintergrund und wird immer mehr zum B-Thema. Die Gesellschaft gewöhnt sich zunehmend an die Hiobsbotschaften, und die Krise wird zum Normalzustand – medial und mental.

Das bedeutet jedoch nicht, dass sich die Lage fundamental gebessert hätte und damit die Grundlage zu neuer Hoffnung legen würde – im Gegenteil. Vielmehr dämmert die Gesellschaft ohne konkrete Perspektive im Schwebezustand dahin. Jedes Quartal, das nicht auf Negativwachstum hinausläuft, feiert die Politik als Ende der Krise – doch von ihrem Ende sind wir weit entfernt. Es mangelt an einer allgemeinen Aufbruchstimmung und an Empathie für den Wandel. Das Ziel der Eurorettungspolitik, Zeit zu kaufen, rächt sich nun in endlosen Rettungsschleifen, in Lethargie und Eurokrisenfatalismus. Und so scheint sich die Eurokrise unter der aktuellen Rettungspolitik in die Unendlichkeit zu strecken.

Gesellschaft vor dem Burnout

Die Konsequenzen könnten dramatischer sein, als wir uns das heute vorzustellen wagen: Der Wille einer Gesellschaft, Chancen wahrzunehmen, kann nachlassen, wenn Ausweglosigkeit über Jahre Fatalismus und Resignation in Bezug auf die eigene Lage genährt hat. Dies kann ganze Gesellschaften lähmen, ja, davon abhalten, ihr eigenes Schicksal in die Hand zu nehmen. In Schicksalsergebenheit kann man sich zwar gemütlich einrichten. Aber zu produktiven Weiterentwicklungen führt sie nicht. Im Gegenteil: Für unsere Gesellschaft besteht die akute

Gefahr, dass sie angesichts der trügerischen Ruhe einerseits und der hoffnungslosen Lage andererseits ihren Antrieb verliert und wichtige Chancen verschläft. Es droht eine Kaskade der Entmutigung, die sich in drei Schritten vollzieht:

- *Realitätsverweigerung:* Zunächst verschließt die Gesellschaft die Augen vor der Realität. Wenn eine Gesellschaft spürt, dass sie die Zukunft nicht gewinnen kann, richtet sie sich bald darauf ein, aus dem *Status quo* das Beste zu machen. Bestandswahrung und Umverteilung werden zu Zielen menschlichen Handels – nicht jedoch die Fortentwicklung im weiten Raum der Möglichkeiten. Dies verstellt den Blick auf neue Möglichkeiten der Veränderung und auf Chancen der Weiterentwicklung. Alle Kräfte werden dann dafür eingesetzt, den *Status quo* zu sichern – bisweilen auch über den Versuch, das Gegenüber zu übervorteilen. Hat die Gesellschaft diesen Punkt erreicht, ist ihr Optimismus verloren. Sie befürchtet, dass sich am *Status quo* etwas ändern könnte und investiert nicht mehr in die Zukunft. Sie lebt im Hier und Jetzt. Sie schmiedet keine langfristigen Pläne mehr. Sie gibt sich keine Mühe mehr, besser zu werden. Der Mut zum Risiko lässt nach.
- *Resignation:* Eine Gesellschaft, die an dieser Schwelle steht, verliert im nächsten Schritt schnell das Gefühl der *Selbstwirksamkeit.* Die Gesellschaft merkt dann zwar, wie zerbrechlich die Lage ist, doch sie steht nicht mehr auf, um zu handeln. Menschen glauben dann nicht mehr daran, etwas selbst bewirken zu können und handlungsfähig zu bleiben. Sie erwarten dann nicht mehr, den Lauf der Dinge beeinflussen und dadurch die Welt verändern zu können. Studien der Verhaltensforschung belegen, dass Menschen, die an ihre eigenen Fähigkeiten glauben, auch eine höhere Ausdauer bei Problemlösungen haben und gleichzeitig mit weniger Angst durchs Leben gehen.[23]

Ebendiese Selbstwirksamkeit muss ständig geübt werden. Eine Gesellschaft ohne sie entwickelt keinerlei Visionen, entlang derer sie ihre Zukunft denken, debattieren und definieren kann. Fortschritt findet nicht mehr statt, und die Resignation verstärkt sich.

- *Angst:* Wenn nicht gegengesteuert wird, erwächst aus Risikoaversion und mangelnder Selbstwirksamkeit im nächsten Schritt konkrete *Angst*: Je weniger Wagnisbereitschaft eine Gesellschaft hat und je weniger sie übt, auf eigenen Beinen zu stehen, desto mehr nimmt die Furcht vor der eigenen *Courage* zu. Der Wille zum Handeln und die Muskeln der Kreativität erschlaffen sehr schnell. Die Angst verstärkt sich. Sie ist zugleich bequem, da sie Menschen aus der Verantwortung für eigenes Fehlverhalten entlässt. Ist der eigene Wirkungskreis einmal dadurch eingeschränkt, lassen sich bleierne Antriebslosigkeit, mangelnde Aktivität und Mutlosigkeit leichter rechtfertigen. Leistungskultur stirbt ab, da sich Leistung nicht mehr lohnt. Wo Wohlstand in Gefahr, Freiheit eingeschränkt und keine Transparenz mehr gegeben ist, sind Menschen immer weniger bereit, etwas zu riskieren und zu investieren. Auch hier zeigt die Verhaltensforschung, dass Menschen insbesondere bei drohenden Verlusten risikoavers handeln.[24] So lässt auch der allgemeine gesellschaftliche Bewegungsdrang nach. Der Appetit nach Sicherheit nimmt zu. Wo Menschen die Freiheit nicht mehr gewohnt sind, fangen sie an, die Berechenbarkeit von Systemen zu schätzen. Wo immer sie dann von Freiheit herausgefordert werden, wächst die Angst vor ihr.[25]

Europa ist von dieser Schwelle zur Lethargie nicht mehr weit entfernt. Ganze Gesellschaften verlieren ihre Selbstwirksamkeit dort, wo sie medial und politisch jeden Tag vermittelt bekommen, dass ihr Schicksal und ihre Zukunft nicht mehr in ihren Händen, sondern in den Händen Brüsseler Expertenstäbe liegen. Deren Phantasien unbegrenzter Machbarkeit sind in schlechten Zeiten leicht zu glauben – und wer möchte es einer Gesellschaft verübeln, dass sie sich gerne führen lässt, wenn sie ihre eigene Wirksamkeit schon lange nicht mehr erfahren hat?

Langfristig lässt die Inaktivität den Handlungsdruck jedoch noch weiter steigen. Denn spätestens, wenn der Illusionszauber der Machbarkeit auffliegt, wird die Gesellschaft umso stärker enttäuscht – weil nichts vorangekommen ist und wertvolle Zeit vergeudet wurde. Die Gesellschaft gerät so in einen Zustand der dauerhaften Erschöpfung und Enttäuschung. Der Vorgang erinnert an ein *Burnout-Syndrom*: Es muss immer mehr Anstrengung aufgewendet werden, und letztlich wird doch nichts erreicht. Besonders jene, die die Probleme hautnah erleben, fühlen sich auf verlorenem Posten. Bald haftet der Nimbus der Krise zäh an der Gesellschaft: In Krisensituationen schränkt man gerne seine Aktivität ein – nur kein Risiko eingehen, nur keine Fehler machen. Den *Status quo* sichern. Ebendieses Ziel verfolgt auch die aktuelle Rettungspolitik erfolgreich. Ihr langfristiger Preis ist Starre und ein Mangel an Visionen. Und ihr Preis ist auch, dass Veränderungen nur noch im Druck und Eindruck der Krise zu schaffen sind, nicht mehr jedoch aus eigenem Antrieb, Willen oder mutige Führung. Die Gesellschaft handelt nicht mehr – mit ihr wird gehandelt. Sie wird Schritt für Schritt entmutigt.

Die Politik scheint ihre steuernde Rolle im Krisenmodus unterdessen schätzen gelernt zu haben. So hob Bundesfinanzminister Wolfgang Schäuble jüngst auf einer Vortragsveranstaltung vor Studenten hervor, dass Europa sich bislang nur in Krisen weiterentwickelt habe.[26] Die Krise als notwendige

Voraussetzung zur Weiterentwicklung. Zeugen diese Worte nur von verquerer Ignoranz und mangelndem Respekt vor der Integrationsleistung, die die Gesellschaften Europas in den letzten sechs Jahrzehnten auch ohne Krise vollbracht haben? Oder ist das schon Führen durch Angst?

Es ist höchst beunruhigend, dass sich diese Entwicklung nur schwer zurückdrehen lässt. Die Entmutigung der Gesellschaft Europas ätzt sich tief in das gesellschaftliche Bewusstsein ein – denn sie wird von den Menschen individuell erlebt und in Erzählungen weitergegeben. Wir in Deutschland wissen nur allzu gut, was gesellschaftliche Traumata sind: Hyperinflation, Krieg und Überwachungsstaat leben als Angstszenarien bis heute in den Köpfen der Menschen fort – sie wurden als Teil unseres kollektiven Gedächtnisses von Generation zu Generation als Narrative der *Oral History* weitergegeben und damit zum Teil unseres Selbstverständnisses. Wir müssen achtgeben, dass die Krise nicht einen neuen Narrativ schafft, der uns Europäer bald auf Mutlosigkeit eicht und uns schon in naher Zukunft das kosten könnte, was eines unserer wichtigsten Güter ist: Unseren Mut und unseren Willen zum eigenständigen Handeln.

All dies wirft die Frage auf, was zu tun ist, um das Ruder herumzureißen.

IV Was bleibt übrig?

Europa steht kurz vor der totalen Selbstblockade. Die Gesellschaft verliert zunehmend ihren Glauben, etwas an ihrer Lage ändern zu können. Uns drohen Jahre der politischen, wirtschaftlichen und gesellschaftlichen Stagnation, der Resignation und der Angst.

Glaubt man den Aussagen der Politik, dann sind die großen Weichen der Eurorettungspolitik jedoch gestellt, und Änderungen bieten sich allenfalls in Nuancen an. Dass diese Einschätzung zutrifft, darf getrost bezweifelt werden. Langfristig kann die Politik ihre Entscheidungen nämlich nicht im luftleeren Raum treffen: Damit sie wirken kann, müssen Wahlen gewonnen und Vertrauen aufrechterhalten werden. Dauerhaft kann sich die Politik dem Druck der Straße nicht entziehen. Sie kann immer nur innerhalb des Handlungsrahmens operieren, den die Gesellschaft zulässt und ihr langfristig setzt. Gerade deshalb muss bei allen Überlegungen über das weitere Vorgehen in der Eurokrise der politische Handlungsspielraum vor dem Hintergrund gesellschaftlicher Präferenzen betrachtet werden.

Auf lange Sicht bleibt die Gesellschaft immer der entscheidende Impulsgeber. Welche Optionen hat sie?

Neue Bescheidenheit? Kollektivzwänge engen ein

Eine Möglichkeit ist, sich mit der derzeitigen Lage abzufinden. Noch mehr Bürger würden sich dann aus Enttäuschung von der Politik abwenden und sich ins Private zurückziehen. Sie würden hinnehmen, dass der gesellschaftliche Wohlstand abnähme, dass Chancen auf Weiterentwicklung ungenutzt blieben und dass das Handeln der Politik gleichzeitig zunehmend intransparent würde. Die im letzten Kapitel skizzierte Kaskade der Entmutigung würde sich fortsetzen: Wo sich Menschen mit ihrer Lage abfinden, resignieren sie. Die Selbstwirksamkeit der Gesellschaft, also die Gewissheit, etwas bewegen zu können, würde weiter abnehmen.

Das ideologische Gerüst für diese Dynamik der Anpassung liefert die aktuelle gesellschaftliche Debatte über den Sinn und die Erfordernis von Wachstum, wie sie seit Jahren in westlichen Industrieländern geführt wird. Sie steht unter dem Eindruck, dass viele Volkswirtschaften zuletzt immer weniger gewachsen sind. Konnte der technische Fortschritt in den letzten Jahrzehnten noch über Motorisierung, Automatisierung sowie Informations- und Kommunikationstechnologie die Produktivität von Volkswirtschaften steigern, so sind größere Produktivitätstreiber derzeit nicht in Sicht.[27] Der demografische Wandel dürfte die Wachstumsaussichten des Kontinents ebenfalls eintrüben, da immer weniger Arbeitskräfte im arbeitsfähigen Alter zur Verfügung stehen. Die angemessene Reaktion hierauf – also das Renteneintrittsalter an die enorm gestiegene Lebenserwartung in den Industrieländern anzugleichen oder verstärkt um Einwanderer zu werben – ist derzeit jedoch gesellschaftlich nicht gewünscht und daher politisch nicht vermittelbar. Und so dürfte das Wachstumspotenzial Europas auf Dauer niedrig bleiben.

Aus dieser Not möchten jene eine Tugend machen, die befürworten, Wachstum künftig alternativ zu messen. Sie nehmen die schwachen Wachstumsperspektiven zum Anlass, den Sinn von Wachstum an sich in Frage zu stellen und es gleichzeitig neu zu definieren. Sie streben an, künftig nicht nur die Zuwachsrate des Bruttoinlandsprodukts (BIP) als Grundlage des Wirtschaftswachstums heranzuziehen, sondern auch Indikatoren für Lebensqualität, Umweltbedingungen oder Einkommensverteilung. *Qualitatives Wachstum* soll künftig vor *quantitativem Wachstum* Vorrang haben. Dies würde angeblich menschliche Gier, Ressourcenverschwendung und Umweltverschmutzung im Zaum halten. Die Diskussion ist so populär, dass der Bundestag hierzu in der letzten Legislaturperiode eine Enquête-Kommission eingerichtet hat. Die Debatte hat richtige Ansatzpunkte: Sie kritisiert, dass das BIP als alleinige Messgröße für Wohlstand und Wachstum nicht zielführend sei. Das BIP setzt sich aus Konsum, Investitionen, Staatsaktivität und Nettoexporten (also Exporte abzüglich Importe) zusammen. Es summiert nur den Umsatz gehandelter Waren und Dienstleistungen auf. Es sagt weder etwas über die Verteilung des Wohlstands noch über die Lebensqualität aus. Ehrenamt und Familienglück werden ebenso wenig erfasst wie die gesellschaftlichen Kosten von Umweltverschmutzung, Stress, wohlstandsbedingten Neurosen, Mobbing und Konflikten. Spekulationsblasen an Aktien- und Immobilienmärkten können den statistisch gemessenen Wohlstand künstlich aufblähen – auch, wenn hier nur die kurzfristige Gewinnmaximierung im Mittelpunkt steht und kein Interesse an einem nachhaltigen Zuwachs vorherrscht.

In diesen Punkten ist die Debatte richtig. Doch spätestens, wenn es zur Messung von Wachstum kommt, verliert sie ihre Trennschärfe und wird größtenteils unstrukturiert und oberflächlich geführt. Nur wenige Wachstumskritiker unterscheiden beispielsweise zwischen den nominalen Wachstumsraten einer Volkswirtschaft und dem sogenannten *Produktivitäts-*

wachstum, also der Frage, wie viel mehr Output bei gleichbleibendem Input geschaffen werden kann. Produktivitätswachstum entsteht vor allem, wenn dank des technischen Fortschritts, den Verbesserungen im Betriebsablauf und einem geringeren Verwaltungsaufwand Arbeit und Kapital effizienter eingesetzt werden. Produktivitätswachstum schont also Ressourcen, anstatt sie zu verschwenden. Die Debatte verkennt zudem einen weiteren wichtigen Gesichtspunkt: In seiner Grunddefinition ist Wachstum, also der Zuwachs in der Produktion aller in einer Volkswirtschaft und innerhalb eines gewissen Zeitraums produzierten und bereitgestellten Waren und Dienstleistungen, immer quantitativ. Wer den Wachstumsbegriff qualitativ erweitern oder gar umdeuten möchte, muss zwangsläufig Wertungen und Gewichtungen mit weltanschaulicher Färbung vornehmen. Jeder Versuch, Wachstum qualitativ zu messen, wird daher immer dem Vorwurf ausgesetzt sein, gesamtwirtschaftliche Veränderung unter einer selektiven Brille zu betrachten. Die Auseinandersetzung mit den Fehlern und Ungerechtigkeiten unseres Wirtschaftssystems ist sicherlich legitim, ja, zwingend erforderlich, um das System ständig zu verbessern. Sie jedoch über Wachstum an sich – und nicht über die Voraussetzungen von Wachstum – zu suchen, ist wenig zielführend.

Da ist es dann auch nicht hilfreich, wenn derartige Forderungen mit dem Ruf nach einer Welt unter realem Nullwachstum verbunden werden. Die Volkswirtschaft käme zum Stillstand, und das Risiko von Deflation würde steigen, da Marktanteile nur noch per Verdrängungswettbewerb und damit wechselseitiger Unterbietung erobert werden könnten. Konsumenten würden sich in Erwartung noch günstigerer Preise zurückhalten. Immer neue Preissenkungen würden zu immer stärkerer Kaufzurückhaltung führen, die über schmalere Konsumbudgets ohnehin eingeschränkt wäre: Größere Lohnrunden wären in Zeiten wirtschaftlicher Stagnation ohnehin nicht mehr möglich. Sozialversicherungssysteme müssten entweder ihre Leistungen kürzen, Beiträge erhöhen oder das Renteneintrittsalter anheben, um auf die steigende Lebenserwartung zu reagieren. Alternativ müsste aus anderen Mitteltöpfen massiv quersubventioniert werden, etwa aus Bildung und Infrastruktur. Bei gleichbleibender Wirtschaftsleistung würde die Staatsverschuldung mindestens in Höhe der Zinslast steigen, selbst, wenn der Staat ansonsten ein ausgeglichenes Defizit anstreben würde.

Auch die soziale Teilhabe wäre problematisch. In einer Volkswirtschaft, die nicht mehr wächst, kann individueller Wohlstand bei gleichbleibender Bevölkerungszahl ausschließlich über Umverteilung zunehmen. Es wäre ein Nullsummenspiel, das weder glücklich macht noch hoffnungsvoll stimmt. Wohlhabende wären zudem begünstigt, weil sie ihren Wohlstand ohnehin über Vererbung und zunehmende soziale Immobilität in der Partnerwahl familiär konzentrieren. Die Aufstiegschancen des Durchschnittsbürgers würden sich indes weiter verringern. Ließen wir uns von vorneherein auf Nullwachstum ein, wären vor allem jene benachteiligt, die erstmals am Wohlstand partizipieren möchten. Und so würde eine Politik, die Nullwachstum verfolgt, bald eine Gesellschaft der Verdrängungs- und Verteilungskämpfe schaffen. Leistungsbereitschaft, Innovation und Lust auf Risiko hätten das Nachsehen. Gleichzeitig würden sich Unfrieden und Untüchtigkeit ausbreiten, da sich Leistung nicht mehr lohnen würde. Und auch die gesellschaftliche Selbstwirksamkeit bliebe am Boden. Hinzu käme, dass Wirtschaftsräume ohne Wachstum nicht mehr für Investoren interessant sind, die ihre Mittel in der Regel nach langfristigen Renditeerwartungen anlegen. Die Ansichten der Wachstumskritiker, wie Aktien und Kapitalmärkte reagieren würden und was die Auswirkungen auf die Staatsverschuldung wären, sind zutiefst widersprüchlich. Dies ist auch kein Wunder, denn überzeugende quantitative Prognosemodelle konnten die Nullwachstumspropheten bislang nicht vorlegen. Nicht selten nehmen sie jedoch ihre mangelnde Fähigkeit, ihre Argumente mit Zahlen zu unterlegen, zum Anlass, eine Fundamentalkritik an quantitativer Analyse vom Zaun zu brechen. Sie argumentieren staatsgläubig und dirigistisch – bis hin zu einer Kontrolle der Geburtenraten, um den aggregierten Wohlstand der Gesellschaft im Lot zu halten.[28]

Diese Überlegungen zeigen, dass nicht nur der Wohlstand, sondern auch die persönliche Freiheit des Einzelnen unter einer Nullwachstumsagenda enorm eingeschränkt wäre. Natürlich steht es jedem Einzelnen frei, sein Leben nach seinen persönlichen Wachstums- und Wohlstandsvorstellungen zu führen. Gesamtwirtschaftliches Nullwachstum kann jedoch nur unter Kollektivzwang funktionieren. Schon bald werden sich nämlich Bürger die Frage stellen, warum gerade *sie* sich in ihrem Streben nach mehr zurückhalten müssten. Doch Selbstbeschränkung im Kollektiv hat bekanntlich noch nie funktioniert, wie Warenhortung, Schwarzmärkte und endlose Warteschlangen vor Verkaufsstellen in den planwirtschaftlichen Massenexperimenten des letzten Jahrhunderts eingängig demonstriert haben. Und so merken wir, dass ein Abfinden mit der gegenwärtigen Lage sicherlich noblen Absichten folgen würde, jedoch ganz sicher nicht im Sinne der Gesamtgesellschaft wäre.

Soweit muss es jedoch nicht kommen. Was ist die Alternative?

Positive Dynamik: Europa schöpft neuen Mut

Wünschenswert ist es vielmehr, dass die Politik über beherztes Handeln die richtigen Rahmenbedingungen setzt, damit die Gesellschaft ihre Selbstwirksamkeit zurückerhält. Viel wäre damit gewonnen. Doch genau hier stellt sich ein besonderes Problem: Für diese hehren Ziele fehlen weder gute Ideen noch Geld. Es fehlen jedoch der politische Wille und die gesellschaftliche Entschlossenheit für einen Neuanfang. Regierungen, die sich im täglichen Kleinklein der Eurokrise verhaken, tun sich schwer damit, über ihren Schatten zu springen. Und eine Gesellschaft, die ihre Selbstwirksamkeit verloren hat, ist kaum in der Lage, sich neu zu erfinden. Ihre Perspektive ist das Hier und Jetzt. Die Selbsterkenntnis ist oft nicht das Problem. Doch der Sprung von der Erkenntnis hin zur Besserung ist nur schwer zu unternehmen, wenn allgemeine Perspektivlosigkeit vorherrscht. Die Grundbedingung für jede Art von konstruktiver Initiative ist daher, dass die Gesellschaft ihre Angststarre durchbricht. Der Nexus zwischen Selbsterkenntnis und Handeln, der aktuell unterbrochen ist, muss wiederhergestellt werden. Gerade dies kann der Gesellschaft Selbstwirksamkeit zurückgeben. Mit einem Ruck, wie es der einstige deutsche Bundespräsident Roman Herzog in seiner vielzitierten Rede aus dem Jahr 1997 forderte,[29] ist allerdings nicht zu rechnen. Gesellschaftliche Selbstwirksamkeit muss vielmehr langfristig wachsen. Die kritische Ressource, die hierfür fehlt, ist Mut. Hinter dieser profanen Aussage steckt weitaus mehr, als es diese kurzen Absätze vermuten lassen. Doch worum geht es genau?

Der Begriff *Mut* kommt von *Muod*, einem altgermanischen Wort, das für die menschliche Erregung und den Zorn steht, für die Kraft des Denkens, aber auch für die menschliche Eigenschaft, nach etwas zu streben und etwas zu begehren.[30] Im Englischen wurde daraus *mood*, aber auch im Deutschen finden wir weitere, in ihrer Bedeutung ähnliche Begriffe, etwa das Gemüt, den Übermut, gemütlich oder das Mütchen, das wir gelegentlich kühlen. Die Wortfamilie zeigt: Mut ist etwas zutiefst Inneres, das uns bewegt und uns antreibt – eine *Herzensangelegenheit*. Das spiegelt auch das französische Pendant *Courage* (frz. *Cœur* – Herz) wider. Diese Zielsetzung von innen heraus unterscheidet im Übrigen Mut von *Tapferkeit*, die von außen, von der Gesellschaft vorgegeben wird und für die von innen heraus nicht unbedingt Mut erforderlich ist.[31]

Mut ist hingegen das innere menschliche Zutrauen in die Zukunft und der Glaube an sich selbst – auch, wenn die Konsequenzen ungewiss und die Wahlmöglichkeiten und die Gefahren zu scheitern groß sind. Mut steht für den Willen zur Veränderung der Gesamtumstände, für Entscheidungen und für Weichenstellungen, wie Kräfte eingesetzt und investiert werden. Er befähigt, sich auf Wandel, auf Unbeständigkeit und Unbestimmtheit einzulassen. Wenn wir alle Risiken kennen würden, brauchten wir keinen Mut. Andersherum gilt: Wo es keinen Mut gibt, sind Menschen bald nicht mehr fähig, mit Risiken umzugehen. Entscheidungen unter Unsicherheit wollen getroffen, ihr Erfolg bestätigt werden. Mut wächst daran, dass er gebraucht und eingesetzt wird. Als innerer Antrieb des Menschen ist Mut auf externe Rückmeldung und Bestätigung durch den Erfolg der mutigen Tat angewiesen. Wo Mut hingegen nicht geübt wird, sinken Selbstsicherheit, Selbstwirksamkeit und die Lust, Verantwortung zu übernehmen. Die positive Bestätigung durch Erfolge des eigenen Handels bleibt dann aus, und das eigene Dasein fühlt sich taub und wirkungslos an. Reibung findet nicht statt.

Wie eine Gesellschaft mutiger wird

Diese Überlegungen gelten nicht nur für Individuen, sondern auch für die eine Gesellschaft als Ganzes. Eine risikolose Gesellschaft kann langfristig keinen Mut entwickeln, weil er schlicht und einfach nicht geübt wird. Und eine Gesellschaft ohne Mut wird weder willens noch in der Lage sein, mit den enormen Risiken umzugehen, denen sie naturgemäß ausgesetzt ist. Diese Überlegungen zeigen, dass sich Mut als Mechanismus sozialer Interaktion nicht per Anordnung schaffen lässt: „*Habt Mut!*" ist als Wahlspruch ähnlich zielführend wie die Aufforderung „*Sei doch mal spontan*". Befehle und Appelle helfen nicht weiter. Mut muss vielmehr aus Handlungen und Haltungen des Einzelnen in der Gesellschaft selbst erwachsen.

Blickt man auf die europäische Gesellschaft von heute, könnte sich durchaus der Eindruck verfestigen, dass hier schon heute eine enorme Wagniskultur vorherrscht. Viele Menschen betreiben Risikosportarten – vom Fallschirmsprung über das ungesicherte Klettern an Felswänden bis hin zum schnellen Fahren auf der linken Spur. Doch wenn es um langfristige persönliche Lebensentwürfe oder die Gesellschaft als Ganzes geht, so müssen wir festhalten, dass gemeinhin Mutlosigkeit vorherrscht. Wir scheinen alles zu wagen, wenn es um nichts geht, aber nichts zu wagen, wenn es um alles geht.[32]

Dies wirft die Frage auf, wie neuer Mut gesellschaftlich entstehen und wachsen kann. Die wechselhafte Geschichte unseres Kontinents hat die Gesellschaften Europas schon oft in Situationen geführt, die schier aussichtslos erschienen und in denen Mut hüben wie drüben Mangelware war. Diese Situationen lösten sich jedoch stets nach einem sogenannten *Strukturbruch* auf. In der Politik waren Revolutionen und in der Wirtschaft Währungsreformen jene Momente des Neuanfangs, die der Bevölkerung das Gefühl von Selbstwirksamkeit zurückgaben. Die aktuelle Rettungspolitik hat das genaue Gegenteil zum Ziel: Sie versucht, den *Status quo* zu wahren und verspielt damit jede Chance auf einen Neuanfang. Sie steht für möglichst wenig Veränderung. Und so sehr diese Konstanz im Sinne der Systemstabilität erwünscht sein mag, so wenig ermöglicht sie doch, über neue Perspektiven Mut in der Gesellschaft zu schaffen. Daher müssen wir heute überlegen, was wir tun können, damit neuer gesellschaftlicher Mut ohne die Dynamik eines umwälzenden Ereignisses „aus dem Stand heraus" entstehen kann. Möglich ist dies, wenn die Rahmenbedingungen stimmen. Diese müssen an zwei Dimensionen von Mut ansetzen.

- Die *individuelle Dimension* von Mut ist die innere Haltung des Menschen. Sie entsteht zunächst aus dem Willen, Verantwortung zu übernehmen und Entscheidungen zu treffen. Die Voraussetzung hierfür ist Selbstsicherheit. Verstärkt werden kann dieser Wille, wenn gleichzeitig Perspektiven gegeben sind, dass mutiges Handeln etwas bewirken kann.
- Die *soziale Dimension* von Mut äußert sich in konkreten Taten, die vom inneren Willen zur Verantwortung getrieben werden. Über die Tat erhält Mut seine gesellschaftliche Relevanz: Nur, wenn dem Willen zur Verantwortungsübernahme auch Taten folgen, kann Mut ansteckend sein, sich gesellschaftlich weiter aufbauen und in seiner Wirkung selbst verstärken. Er schlägt Wellen und kann auch andere Menschen, ja die gesamte Gesellschaft anstecken. Die Voraussetzung dafür, dass eine mutige Haltung auch Taten hervorbringt, ist ein angemessener Handlungsfreiraum auf einem geeigneten Spielfeld und

eine gesellschaftliche Grundhaltung, die mutigem Verhalten und Wagnis positiv gegenübersteht.

Wege zu neuem gesellschaftlichen Mut sollten an diesen grundsätzlichen Merkmalen ansetzen. Aus ihnen lassen sich vier Stufen ableiten, die die Grundlagen für neuen gesellschaftlichen Mut legen können.

Stufe 1: Mut schaffen – über Eigentum und Verantwortung

Die erste Stufe setzt beim ersten Merkmal von Mut an – dem menschlichen Willen, Verantwortung zu übernehmen. Dieser Wille erwächst aus innerer Selbstsicherheit. Ebendiese Selbstsicherheit kann durch Rahmenbedingungen geschaffen werden, die Sicherheit und ein gewisses Grundvertrauen ins eigene Handeln vermitteln.

Die wichtigste Voraussetzung hierzu sind klare Eigentumsverhältnisse. Aus ihnen erwächst der Wille zur Verantwortung. Das sichere Recht am persönlichen Eigentum veranlasst den einzelnen Menschen ebenso wie die gesamte Gesellschaft dazu, die eigene Position im Hinblick auf mögliche Risiken einzuschätzen – und diese Risiken am Ende auch einzugehen. Aus der Berechenbarkeit der eigenen Handlung erwächst ein Raum der Möglichkeiten für menschliche Verantwortungsübernahme – für sich selbst und auch für andere. Dafür sind mehrere Gründe maßgebend:[33]

- *Eigentum erdet und verortet.* Es ermöglicht die Gliederung und Abgrenzung von Verantwortlichkeiten von Akteuren im Wirtschaftskreislauf. Das wiederum sorgt dafür, dass Menschen sich auf ihre zentralen Fähigkeiten konzentrieren und ihre Ressourcen bestmöglich einsetzen können. Die Auseinandersetzung mit dem eigenen Hab und Gut hilft bei der Standortbestimmung und Selbstfindung. Wo die Verfügungsrechte am persönlichen Eigentum oder das Eigentum selbst hingegen durch Überregulierung oder Vergemeinschaftung bedroht sind, entstehen schnell Unklarheit und Unordnung – und nicht selten auch Neid und Missgunst.

- *Eigentum sichert ab und macht unabhängig.* Eigentum gibt Menschen die Möglichkeit, für die Zukunft vorzusorgen und so die Freiheitsgrade des eigenen Handelns zu erhöhen. Die sichere Eigentumsposition schafft Perspektiven, selbstständig zu handeln und Risiken einzugehen. Ist Eigentum hingegen bedroht, gibt es keine Lust auf Risiko.
- *Eigentum verpflichtet und aktiviert.* Es nimmt Menschen in die Verantwortung, sich um ihr Eigentum zu kümmern und es zu schützen. Es ermutigt zum wirtschaftlichen Austausch, der seit jeher die Grundlage für Mut und wirtschaftliches Wagnis bildet.

Für eine Gesellschaft ist Eigentum vor allem dann sicher, wenn der gesellschaftliche Wohlstand nicht gefährdet ist. Und so werden sichere Eigentumsverhältnisse zur ersten Stufe für gesellschaftlichen Mut. Sie allein reichen jedoch bei weitem nicht aus. Hinzukommen muss die Chance, Eigentum zu erweitern.

Stufe 2: Mut stärken – über Perspektiven der wirtschaftlichen Teilhabe

Die zweite Stufe ist Teilhabe. Sie steht für die faire Chance für Menschen, dort eingebunden und einbezogen zu sein, wo sie es möchten, und ihr Eigentum zu erweitern. Die Ideengeschichte der Teilhabe geht zurück auf Platon. Er sah in der *Methexis* (μέθεξις) die Voraussetzung für Individuen, über weitgehend gleiche Ausgangsbedingungen auf eigenen Wunsch Teil der übergeordneten Einheit zu werden – also etwa einer Gruppe, einer Organisation oder einer Gesellschaft. Auch im deutschen Grundgesetz finden wir Elemente der Teilhabe, etwa im Sozialstaatsprinzip, das staatliche Leistungsrechte in Abgrenzung zu Schutz- und Freiheitsrechten definiert.

Mit Blick auf gesellschaftlichen Mut ist vor allem die wirtschaftliche Teilhabe relevant. Die Perspektive, sein Eigentum und seine Talente zum eigenen Nutzen einsetzen zu können, gibt dem Menschen einen konkreten Grund und Anlass, sein Eigentum noch verantwortungsbewusster zu pflegen, zu vergrößern und zu investieren. Das verstärkt die Selbstsicherheit und bekräftigt den Willen zum eigenen Handeln. Gerade aus diesem Grund muss die erste Stufe für neuen Mut – sicheres Eigentum – mit der zweiten Stufe für neuen Mut – wirtschaftliche Teilhabe – verbunden werden.

Mit sicherem Eigentum und der Möglichkeit zu wirtschaftlicher Teilhabe ist die *individuelle Dimension* von Mut gesichert. Im nächsten Schritt müssen hieraus mutige Taten und aktive Verantwortungsübernahme erwachsen – die *soziale Dimension* muss bedient werden.

Stufe 3: Mut üben mit Wettbewerb die Gesellschaft aktivieren

Damit Mut in einer Gesellschaft andere anstecken und mitnehmen kann, muss er dauerhaft geübt werden. Eigentum und Teilhabe als Element der individuellen Dimension reichen nicht aus. Es kommt vielmehr auf zwischenmenschliche Interaktion an – auch hier muss mutiges Handeln möglich gemacht werden. Wie wir später noch erfahren werden, gibt es verschiedene Möglichkeiten, zwischenmenschliches Verhalten zu koordinieren – so etwa Hierarchien, Verhandlungen und Konkurrenz im Wettbewerb. Dieser Wettbewerb auf freien Märkten ist jene Form der Interaktion, die Menschen eine unmittelbare Rückmeldung über ihr Handeln gibt – etwa über Angebot und Nachfrage und Preise, zu denen Marktteilnehmer auf den möglichen Erfolg von Produkten, Ideen oder ganzer Unternehmen spekulieren. Diese permanente Wirkung und Wechselwirkung menschlichen Handelns im Wettbewerb und der direkte Leistungsvergleich mit anderen Wettbewerbern schaffen Selbstwirksamkeit für jeden Marktteilnehmer. Eigenantrieb und Motivation können sich entfalten.

Und so wird im Wettbewerb auf freien Märkten Mut konsequent geübt. Er entsteht im Endeffekt fernab von Befehlen oder Kontrollen. Die aktivierende Wirkung von Wettbewerb auf freien Märkten findet sich schon bei Kindern: Bereits unsere Kleinen haben große Freude daran, Spielzeuge zu tauschen oder im Garten gelesene Früchte auf der Straße feilzubieten. Und sie lieben Geschichten von Mut und von Tapferkeit, die sich im Wettstreit durchsetzt und Dinge voranbringt.

Auch diese Überlegungen gelten für Volkswirtschaften und Staaten: Der Wettbewerb zwischen ihnen führt dazu, dass der Weg zu mehr Reformen eigenverantwortlich, aus Eigenantrieb und dadurch mitunter auch motivierter beschritten werden kann als im Falle einer direkten Steuerung per Hierarchie. Dies könnte den Gesellschaften und Volkswirtschaften des Kontinents helfen, den Weg hin zu mehr Mut aktiv zu beschreiten, weil sie zeigt, dass individuelle Leistung sich lohnt.

Stufe 4: Den Willen zum Mut pflegen – mit Wagniskultur Motivation stärken

Mut und Wagnis können nicht verordnet werden. Sie müssen gesellschaftlich zugelassen, erwünscht und gewollt sein. Eigentum, Teilhabe und Wettbewerb bilden hierfür ein verlässliches materielles Fundament. Sie allein reichen jedoch nicht aus. Wer Mut in der Gesellschaft dauerhaft verankern möchte und will, dass er dauerhaft geübt wird und wächst, muss die Menschen emotional ansprechen. Er muss Antworten auf Sinnfragen geben, die die materiellen Anreize von Eigentum, Teilhabe und Wettbewerb nicht liefern können. Denn erst die innere Überzeugung, dass es sich lohnt und Freude bereitet, Wagnisse einzugehen, macht uns Menschen *dauerhaft* mutig.

Der Schlüssel zu dieser inneren Überzeugung ist gesellschaftliche Wagniskultur. Kultur ist – vereinfacht gesprochen – die Summe persönlicher Einstellungen, die zu gesellschaftlichen Überzeugungen werden und damit den Grundstein für Handlungen legen. Im kollektiven Erleben entsteht aus diesen Handlungen dann Kultur. Dieser Dreischritt – mutige persönliche Einstellungen, mutige Handlungen und gemeinsames Erleben – kann Mut auch losgelöst von ökonomischen Anreizen in einer Gesellschaft verankern und erhalten. Mehr noch: Wagniskultur kann dafür sorgen, dass die Menschen Eigentum, Teilhabe und Wettbewerb jeden Tag bewusst erfahren und mit Neugier und Leidenschaft entdecken. Wagniskultur bildet den logischen Abschluss der materiellen Anreize für neuen Mut. Sie kann die materiellen Beweggründe verstärken, ihnen einen höheren Sinn geben, sie moralisch imprägnieren und dadurch weniger anfällig für Rückschläge machen.

Ausblick

Aus diesem Zusammenspiel zwischen Gesellschaft und Politik können in der aktuellen Phase unterschiedliche Dynamiken erwachsen: Ein passives Abfinden mit der Lage würde der Gesellschaft wahrlich keine neue Selbstwirksamkeit schenken. Mit dem sicheren Recht auf Eigentum, wirtschaftliche Teilhabe, Wettbewerb und Wagniskultur haben wir vier Stufen kennengelernt, die in der Lage sind, eine Gesellschaft selbstbewusster, selbstwirksamer und mutiger zu machen. Diese vier Schritte sollen im Folgenden näher diskutiert und erläutert werden.

Das nächste Kapitel zeigt, wie Wohlstand gewahrt und neu geschaffen werden kann, indem der Schutz von Eigentum wieder höchste Priorität einnimmt. Kapitel VI ergänzt diese Überlegungen um wirtschaftliche Teilhabe. In Kapitel VII erfahren wir, wie Zukunftschancen genutzt werden können, wenn Europa sich von schwerfälliger Koordinierung über Verträge und Verhandlungen wieder wettbewerblicher Koordinierung zuwendet. Und wie gesellschaftliche Wagniskultur entstehen kann, erläutert Kapitel VIII.

V Das Fundament von Mut: Hab und Gut nachhaltig sichern

Damit eine Gesellschaft neuen Mut fassen kann, müssen vier Voraussetzungen gegeben sein, die aufeinander aufbauen. Die erste Voraussetzung sind sichere Eigentumsverhältnisse. Sie geben Menschen ein verlässliches Fundament für persönliche Selbstständigkeit und legen so die Grundlage für Unabhängigkeit und Standhaftigkeit. Im gesellschaftlichen Kontext ist sicheres Eigentum vor allem dann gewährleistet, wenn die Grundlagen des Wohlstands nicht gefährdet sind. Wie wir erfahren haben, bedroht die Eurokrise diesen Wohlstand. Sie macht damit das Fundament gesellschaftlichen Mutes mürbe.

Daher müssen wir uns im ersten Schritt überlegen, was getan werden muss, um den Wohlstand trotz Krise zu wahren. Im europäischen Kontext stellt sich dabei eine besondere Herausforderung: Spätestens die Eurokrise hat gezeigt, dass die Wirtschaftssysteme Europas sehr verschieden sind. Ein einheitliches, übergeordnetes Rezept zu entwickeln, das in der Lage wäre, in jedem Land im gleichen Maße Wohlstand und materielle Sicherheit zu wahren, wäre daher zwangsläufig zum Scheitern verurteilt. Dies ist jedoch kein Grund, den Kopf in den Sand zu stecken und sich keine Gedanken über bessere Wege und Möglichkeiten zu machen. Vielmehr empfiehlt es sich, zunächst einen Schritt zurückzutreten, um das Gesamtbild zu betrachten: Aus den zahlreichen gut gemeinten, letztendlich aber falschen Versuchen der Politik, die Krise zu bekämpfen, lässt sich lernen. Und auch die vielversprechenden Konzepte, die die wirtschafts-

und ordnungspolitische Ideenlandschaft Europas in den letzten Jahren entwickelt hat, enthalten wertvolle Implikationen. Aus den Erfahrungen einerseits und den Implikationen andererseits lassen sich Handlungsempfehlungen ableiten. Diese können – abstrakt formuliert und übergeordnet orientiert – der Politik als Leitsätze dienen. Dieses Kapitel soll sie bestimmen.

Mannigfaltig sind in diesen Tagen die Versuche, die allgemeine wirtschaftliche und finanzielle Lage zu stabilisieren, um vom gesellschaftlichen Wohlstand Schaden abzuwenden. Allen diesen Versuchen ist gemein, dass sie die Lage kurzfristig durchaus stabilisieren können. Langfristig setzen sie jedoch Fehlanreize, die auf Dauer die Grundlagen unseres gesellschaftlichen Wohlstands untergraben.

Gemeinsame Haftung: Fehlanreize mit Langzeitfolgen

Ein erstes Beispiel für derartige Fehlentwicklungen ist die wechselseitige Haftungsübernahme, die mit den verzweifelten Rettungsaktionen für Staaten im Jahr 2010 ihren Anfang nahm. Das Patentrezept der Politik lautete hier: Wir bürgen für einzelstaatliche Risiken nach dem Prinzip *Gemeinsam sind wir stark*. Die Solidarität der Rettungsschirme war zwar in dem Sinne erfolgreich, dass sie die Lage im Euroraum kurzfristig stabilisieren konnte. Doch ebendiese Absicherung hat Begehrlichkeiten geweckt. Dies gilt zunächst für Investoren, die eine Teilabsicherung einzelstaatlicher Risiken über die Rettungsschirme als Provisorium ansahen und sich deshalb vorübergehend mit Investitionen in Staatsanleihen von Krisenländern zurückhielten. Dieser Käuferstreik gefährdete die Systemstabilität und sorgte letztlich dafür, dass Haftungssummen weiter ausgeweitet wurden, um die Systemsicherheit zu erhöhen. Aber auch Staaten, die das Vertrauen der Märkte verspielt hatten, nahmen deren Ungeduld als Grund und Anlass, ihren Partnern unter dem Vorwand der Systemstabilität immer höhere Garantien und sonstige Zugeständnisse abzuringen. Auch wenn sich die Turbulenzen an den Staatsanleihemärkten dank der EZB zuletzt abgeschwächt haben, wird bei hohen Schuldenständen und niedrigem Investorenvertrauen solange keine Ruhe in den Markt kommen, wie die Euroländer nicht vollständig füreinander haften. Es entsteht ein Schwebezustand der Unsicherheit, den Ökonomen auch als *instabiles Gleichgewicht* bezeichnen.

Diese Instabilität öffnet somit Einfallstore für eine ständige Ausweitung der wechselseitigen Garantien – bis hin zu einer vollumfänglichen Haftungsunion. In diesem Fall könnten dann sogenannte *Eurobonds* ausgegeben werden: Hierbei handelt es sich um gemeinsame Staatsanleihen aller Euroländer, im Rahmen derer alle Euroländer gesamtschuldnerisch füreinander einstehen. Jeder haftet dann für jeden – und am Ende vor allem die Starken für die Schwachen. Befürworter von Eurobonds argumentieren gerne, dass eine gemeinsame Haftung den als destruktiv angenommenen Druck der Kapitalmärkte auf schwache Länder senke. Es würde dann der Vergangenheit angehören, dass die Investoren im Zuge der Eurokrise hohe Risikoaufschläge verlangen und damit für einige Länder die Finanzierung erschweren: Jene Länder, die wegen ihrer Überschuldung das Vertrauen der Kapitalmärkte als Finanzierungsgeber verloren hätten, würden den Zugang zur Finanzierung mit Hilfe starker Länder zurückgewinnen. Dies, so die Annahme, würde ihnen als eine Art Dauerschutzschirm Zeit geben, sich losgelöst vom Druck des Marktes neu zu erfinden und in leistungsfähige Volkswirtschaften zu verwandeln. Das niedrige Zinsniveau würde Krisenstaaten zugleich einen größeren finanziellen Spielraum für wachstumsfördernde Investitionen geben. Weiterhin könnten sich Krisenländer auf langfristige Aufgaben konzentrieren, da sie nicht immer kurzfristige Erfolge vorweisen müssten, um kritische Anleger zu beruhigen. Die neue Systemstabilität würde nach Annahme der Befürworter im nächsten Schritt wiederum die Zinslast für alle teilnehmenden Staaten im Aggregat senken, da Investoren die neue Sicherheit mit niedrigeren Risikoaufschlägen belohnen würden. Hinzu käme, dass insbesondere kleinere Länder von dem gigantischen Markt für Eurobonds als hochliquider Anlageklasse profitieren würden. Diese wäre nicht so schwergängig handelbar, wie dies bei dem engen Marktvolumen von Staatsanleihen kleinerer Länder aktuell der Fall ist. Die gemeinsamen Schuldscheine hätten eine geringere Geld-Brief-Spanne – der Abstand zwischen Ankaufs- und Verkaufspreis wäre kleiner als bei niedrigvolumigen Anleihen. In diesem Zusammenhang spricht man auch von einer niedrigeren *Liquiditätsprämie*. Eurobonds, so die Überlegung, würden für notleidende Staaten zum Zugewinngeschäft, da Risikoprämien sinken würden, während sie für starke Länder dank niedrigerer Liquiditätsprämien ein Nullsummenspiel blieben.

Dies ist aber nur ein Teil der Wahrheit. Wo ein Haftungsverbund die Einzelhaftung von Staaten nimmt, geht für die teilnehmenden Länder nämlich bald jeglicher Anreiz zu eigenverantwortlichem Handeln verloren. Das allgemein niedrige Zinsniveau bei mangelndem konstruktivem Außendruck der Kapitalmärkte würde Länder dazu animieren, weiterhin Defizite anzuhäufen und von weiteren Reformbemühungen Abstand zu nehmen. Sie würden schlicht das Interesse verlieren zu sparen. Auch der Wille zu Strukturreformen ließe nach. Volkswirte sprechen dann von einem moralischen Risiko, auch *Moral Hazard* genannt: Wenn wir wissen, dass wir den Schaden für unser eigenes Fehlverhalten nicht ausschließlich selbst zu tragen haben, werden Menschen risikobereiter und nachlässiger. Mit Sturzhelm fährt es sich gern riskanter. Das gilt allzumal für die Politik, die gerne Wahlgeschenke verteilt und deren Verantwortung je nach Wahlzyklus ohnehin ein absehbares Verfallsdatum hat.

Manche Befürworter einer solchen Schuldenunion versuchen diesen berechtigten Einwänden zu begegnen, indem sie befürworten, den Marktdruck mit enger Kontrolle innerhalb des Eurobondschemas zu ersetzen. In diesem Falle würden die gemeinsam aufgenommenen Mittel dann zu unterschiedlichen Konditionen an die Länder im Binnenverhältnis weitergereicht. Denkbar wären beispielsweise Strafzinsen, falls wirtschaftspolitische Empfehlungen nicht befolgt werden. Es würde sich also um eine künstliche Diskriminierung über unterschiedliche Zinsniveaus zwischen den Haftungspartnern handeln. Die Motive dieser Regelung mögen edel sein – doch praktikabel sind sie nicht. Denn wann immer Zinsniveaus politisch festgelegt werden, besteht Anlass zur Sorge, dass auch sie schon bald Gegenstand politischer Verteilungskämpfe werden. Das zeigen die erfolgreichen Bemühungen von Griechenland, Irland und Portugal, die ursprünglich vorgesehenen Strafaufschläge für die Zinsen auf ihre Hilfskredite nach unten zu revidieren.

Verständlicherweise sind Eurobonds in den Ländern Europas je nach Bonität und Wirtschaftslage mehr oder minder beliebt. Die Krisenländer in der Peripherie lieben sie, die stabilen Länder im Zentrum scheuen sie. Dies hat zuletzt zu zahlreichen Kompromissvorschlägen geführt, die sowohl die Begehrlichkeiten der Krisenländer als auch die Bedenken der stabilen Staaten zu entschärfen suchten. Eine Idee ist es beispielsweise, nur einen Teil der Staatsschuld zu vergemeinschaften: Vorschläge reichen von einer gemeinsamen Haftung für den Anteil der Staatsschuld unterhalb[34] oder alternativ nur oberhalb[35] der Maastricht-Schuldengrenze von 60 Prozent der Wirtschaftsleistung, bis hin zur Ausgabe kurzfristiger Anleihen mit einer Laufzeit von einem Jahr im Umfang von 10 Prozent der Gesamtverschuldung – sogenannten *Eurobills*.[36] In jedem Falle würden die Gemeinschaftsanleihen dann neben nationalen Anleihen existieren. Doch genau dieser Unterschied würde das ursprüngliche Problem des Marktdrucks für Anleihen von Ländern mit schlechter Bonität nicht lösen: Denn während jener Teil der Verschuldung, der gemeinschaftlich abgesichert wäre, zu einer sicheren und begehrten Anlageklasse würde, würden Investoren nicht abgesicherte Anleihen mit horrenden Zinsforderungen abstrafen. Das *instabile Gleichgewicht* wäre solange nicht aufgelöst, wie nicht der Weg in die Vollvergemeinschaftung beschritten würde.

Zahlreiche Beobachter bewerten in diesem Zusammenhang positiv, dass die EZB mit ihrer pragmatischen Geldpolitik die Staatsanleihemärkte beruhigen konnte. Sie hoffen, dass dies den Weg in die zwangsläufige Schuldenunion umkehren könne. Vordergründig mag das zwar zutreffen. Doch auch die Interventionen der EZB kaufen nur Zeit und lösen die zu Grunde liegende Problematik der Überschuldung nicht im Geringsten. Unabhängig davon ist den Wenigsten bewusst, dass aus der expliziten Zusage der EZB, im Falle eines erneuten Aufflammens der Eurokrise unbegrenzt Staatsanleihen aufzukaufen, ebenfalls Haftungen für das potenzielle Fehlverhalten Anderer erwachsen. So könnten Anleihen von Krisenstaaten im Portfolio der

EZB zu einem veritablen Risiko für die Gemeinschaft der Euroländer werden, falls es zu einem Schuldenschnitt kommen sollte. In diesem Falle müsste die EZB Abschreibungen vornehmen, die über geminderte Zentralbankgewinne oder gar Zuschüsse den anderen Euroländern in Rechnung gestellt würden. Eine gemeinsame Haftung entstünde somit auch über das Engagement der EZB. Dies wiederum hat zuletzt auch Stimmen auf den Plan gerufen, die fordern, dass die EZB systematisch Staatsanleihen nach einem BIP-Schlüssel der Eurozone an den Kapitalmärkten aufkaufen sollte – um somit Eurobonds durch die Hintertür einzuführen.[37] Seit die EZB über ihre unkonventionelle Geldpolitik den Druck an den Staatsanleihemärkten lindern konnte, herrscht Ruhe an den Märkten. Deshalb hat auch die Debatte über eine stärkere gemeinsame Haftung in der Eurozone nachgelassen. Das bedeutet jedoch nicht, dass das Thema vom Tisch wäre – Frankreich und die südlichen Länder der Eurozone verfolgen das Ziel gemeinsamer Staatsanleihen weiterhin mit Nachdruck.[38]

All dies lässt befürchten, dass die staatliche Schuldensucht weiterhin überhandnehmen wird, solange Haftung und Risiko auseinanderfallen. Doch das ist nicht alles: Das Gefährliche an allen Mechanismen der Haftungsvergemeinschaftung ist, dass sie bereits moralischen Schaden anrichten, bevor sie überhaupt eingeführt sind. Denn allein die Erwartung einer Übernahme von Verbindlichkeiten und Risiken könnte einige Staaten zu einer Hochrisikopolitik veranlassen: Schwache Staaten lehnen sich in Erwartung finanzieller Hilfe zurück. Und auch starke Staaten strengen sich weniger an, solide Haushaltspolitik zu betreiben, wenn sie wissen, dass sie das Schicksal ihrer Mittel ohnehin nicht mehr kontrollieren können. Aus alledem folgt: Wer sich im Wettbewerb zurückfallen lässt, wird nicht in dem Maße bestraft, wie er bei Erfolg belohnt würde. Das ist Gift für den Willen zur Selbstständigkeit. Sobald die Transferunion in der Luft liegt, gewinnt organisierte Verantwortungslosigkeit die Oberhand. Eigeninitiative lässt nach, die Muskeln werden schwach.

Dies hat langfristig entscheidende Auswirkungen auf die materielle Sicherheit einer Gesellschaft. Wenn beispielsweise Länder mit einer guten Bonitätseinstufung für die Risiken anderer Länder einstehen, steigen die impliziten finanziellen Risiken für den Fiskus. Werden Garantien fällig, muss die Refinanzierung der nun höheren Staatsschuld über höhere Steuern erfolgen. Dies wiederum beeinflusst beispielsweise die Finanzierungslage der Unternehmen, die dann einen geringeren finanziellen Spielraum für Investitionen haben. Auch die öffentliche Hand müsste auf Grund höherer Rückstellungen ihre Investitionen etwa in Bildung und Infrastruktur verschieben oder ganz abblasen. Doch das ist nicht alles: Wo Risiken nicht abgebaut, sondern nur transformiert und in die Zukunft geschoben werden, rechnen Unternehmen und Konsumenten bereits im Vorfeld mit derartigen Entwicklungen. Folglich sorgen sie lieber für schlechtere Zeiten vor und halten sich mit ihren Investitionen und ihrem Konsum schon in Vorwegnahme kritischer Ereignisse zurück. Und so erodieren langsam, aber sicher die Grundlagen unseres Wohlstands. Diese Entwicklung wird sich so lange nicht umkehren, wie bestehende Schulden mit neuen Verbindlichkeiten bekämpft werden. Solange Kredite nicht mehr bezahlt, sondern nur noch refinanziert werden, wird Europa langfristig nicht nur unter einem Liquiditätsproblem zu leiden haben, sondern unter einem Solvenzproblem.

Vielversprechende Perspektiven sehen anders aus. Was ist zu tun?

Klare Verhältnisse schaffen: Haftung zurück zum Risiko

Der Weg in die Haftungsunion hat sich als Sackgasse erwiesen. Und aus Sackgassen kommt nur der heraus, der sich neu orientiert und umkehrt: Allein die absehbare, eindeutige und nachvollziehbare Zuweisung von Haftungen zu Risiken setzt die richtigen Anreize zu eigenverantwortlichem, vorausschauendem Handeln auf eigene Rechnung. Wo Haftung und Risiko wieder zusammengeführt werden, kann Eigenverantwortlichkeit wachsen und bewirken, dass die Euroländer – ganz im Sinne nachhaltiger Haushaltsführung – mehr Risikovorsorge betreiben. Allein dies kann langfristig Fehlanreize verhindern und die materielle Sicherheit und den Wohlstand in der Eurozone langfristig sichern.

Haftungen wieder an Risiken zu koppeln würde auf europäischer Ebene bedeuten, die zunehmende Vergemeinschaftung von Haftungen über laufende Rettungsmechanismen zu beenden und zugleich der EZB einen Exit aus ihrer derzeitigen unkonventionellen Geldpolitik zu ermöglichen. Dies würde zunächst implizieren, dass Eurokrisenländer nach Ende der Hilfsprogramme bald den behaglichen Schutz des Rettungsschirms verlassen und an die Kapitalmärkte zurückkehren müssten, um sich dort eigenverantwortlich zu finanzieren. Neue Hilfsprogramme würde es nicht geben, und laufende Hilfsprogramme würden nach Ablauf nicht mehr verlängert. Von diesem Zustand sind wir heute noch weit entfernt. Irland hat zwar bereits sein Rettungsprogramm verlassen – ein Sonderfall, denn die Probleme Irlands waren in erster Linie auf den Finanzsektor beschränkt und damit schnell zu lösen. Ähnliches gilt für das Hilfsprogramm für spanische Banken, das seit Anfang 2014 beendet ist. Bei anderen Ländern wie Griechenland, Portugal oder Zypern, die ihr Wirtschaftsmodell komplett überarbeiten und sich als Wirtschaftsstandort neu erfinden müssen, ist ein Ende der Hilfen noch lange nicht in Sicht. Und auch Belgien, Frankreich und Italien würde es derzeit ohne die stützende Geldpolitik der EZB schwer fallen, sich an den freien Kapitalmärkten zu refinanzieren. Zu hoch sind ihre Schuldenstände, als dass sie dauerhaft das Vertrauen von Investoren wiedergewinnen könnten. Gleichwohl ist es nicht erstrebenswert, schwache Staaten dauerhaft zu alimentieren. Eine Alternative muss her, die vor allem drei Anforderungen erfüllen muss:

- Sie muss sicherstellen, dass Haftung und Risiko für Staaten und Investoren wieder zusammenfallen und damit das enorme Konfliktpotenzial entschärfen, das aus den wechselseitigen Abhängigkeiten gemeinsamer Haftung entstanden ist.
- Sie müsste langfristig sicherstellen, dass nationale Schuldenstände wieder zu nachhaltigen Niveaus zurückkehren.
- Und sie muss es der EZB ermöglichen, sich aus den faktischen Zwängen zu befreien, in die sie geraten ist.

Eine Insolvenzordnung für Staaten kann das leisten.

Nahziel: Mit Insolvenzordnung für Staaten Unsicherheit beenden

Die Idee einer Insolvenzordnung für Staaten ist nicht neu.[39] Bereits nach dem verheerenden Staatsbankrott Argentiniens zu Beginn des letzten Jahrzehnts machten sich Weltbank und IWF Gedanken darüber, welche Anforderungen eine weltweit gültige Insolvenzordnung für Staaten erfüllen müsste. Angesichts hoher Wachstumsraten in der Weltwirtschaft und des allgemein niedrigen Zinsniveaus war die Finanzierung von Staaten in den Folgejahren jedoch nicht weiter problematisch – im Gegenteil: Staatsanleihen waren eine gefragte Vermögensklasse. Daher war das Vorhaben unter den Regierungen schon bald politisch nicht mehr opportun – wer gesteht sich schon selbst gerne ein, dass er eines Tages möglicherweise an Bonität verlieren könnte? Und so erachtete die Weltgemeinschaft der Staaten das Projekt schon im Jahr 2004 als nicht mehr relevant. Es wurde eingestellt. Das Chaos der Umschuldung Griechenlands mit all seinen monatelangen Marktunsicherheiten und die unkoordinierte Enteignung von Sparern in Zypern im Jahr 2013 zeigten dann, dass dies ein fatales Versäumnis war. In den Jahren 2010 und 2011 erlebte die Diskussion über eine Insolvenzordnung für Länder der Eurozone einen zweiten Frühling – allerdings nur für kurze Zeit: Spätestens seit der Gründung der europäischen Rettungsmechanismen und dem aktiven Eingriff der EZB in die europäischen Staatsanleihemärkte erwecken Fachdiskussionen den Eindruck, als ob der Zug für eine europäische Insolvenzordnung für Staaten und den dazugehörigen Abwicklungsmechanismus abgefahren sei. Diese Ansicht sollte gründlich überdacht werden: Die Eurokrise hat nämlich zahlreiche Ansatzpunkte entstehen lassen, die es heute einfacher machen würden, eine europäische Insolvenzordnung für Staaten durchzusetzen. Und gerade deshalb lohnt eine Auseinandersetzung mit ihr mehr denn je.

Worum handelt es sich genau? Eine Insolvenzordnung für Staaten legt fest, wann ein Staat als insolvent gilt und welche Gläubigergruppen im Falle einer Staatsinsolvenz zu welchen Konditionen abgefunden werden. Weiterhin regelt eine Insolvenzordnung auch die Tragweite der Insolvenz – also welche

Verbindlichkeiten und welche Sektoren des Staates betroffen sind. Handelt es sich nur um die oberste Verwaltungsebene oder auch um nachgelagerte Gebietskörperschaften? Wie werden Staatsunternehmen behandelt? Welche Rolle spielen öffentliche Banken, die zugleich wiederum dem Staat als Anleihegläubiger Geld geliehen haben und in dieser Funktion eine Art Doppelrolle als Schuldner und Gläubiger spielen? Und was bedeutet eine Insolvenz für Renten, Sozialleistungen, Rechnungen, die dem Staat als öffentlichem Auftraggeber gestellt werden und Ansprüche des Bürgers auf Steuerrückzahlungen? Auf all diese Fragen gibt eine Insolvenzordnung für Staaten Antworten und ermöglicht es somit Ländern mit einem übermäßigen Schuldenstand als *ultima ratio*, diesen unter Einbeziehung der Gläubiger zu senken.

All dies erhöht auch die Prozesssicherheit für Investoren. Wenn sie Staaten Geld leihen, wissen sie genau, worauf sie sich einlassen, denn die Insolvenzordnung bestimmt die Spielregeln. Phasen längerer Unsicherheit, so wie wir sie im Falle der Umschuldung Griechenlands erleben konnten, gehören dann endgültig der Vergangenheit an. Unsicherheit wird jedoch nicht nur im Verhältnis zwischen Gläubigern und Schuldnern abgebaut. Innerhalb dieser beiden Gruppen können so auch Interessenkonflikte minimiert werden: So könnte eine Insolvenzordnung bestimmen, dass Gläubiger sich bei drohender Zahlungsunfähigkeit auch per Mehrheitsentscheid auf eine gemeinsame Verhandlungsposition einigen müssten. Sie würde Abstimmungs- und Prozessregeln definieren und über Mehrheitsentscheidungen verhindern, dass kleine Gläubigergruppen – wie in der Vergangenheit – Entscheidungen mutwillig blockieren, um Sonderkonditionen und Vorteile für sich herauszuhandeln (sog. *Hold-out*). Und auch für zwischen den Schuldnern – also den Staaten der Eurozone – wäre eine Insolvenzordnung hilfreich: So wäre es annähernd ausgeschlossen, dass einzelne Länder ihren Europartnern im Krisenfall über das Argument systemischer Stabilität finanzielle Zugeständnisse abringen können. Das Erpressungspotenzial von Staaten, die kurz vor der Insolvenz stehen, wäre dank vorab definierter Verantwortlichkeiten und Verfahrensweisen erheblich geschwächt.

Die Aufgaben einer Insolvenzordnung für Staaten auf diese Ziele allein zu reduzieren, wäre jedoch falsch. Ihr Hauptnutzen ergibt sich nämlich bereits *vor* ihrer Anwendung: Denn wenn Anleger wissen, dass im Falle der Zahlungsunfähigkeit eines Landes mit an der Umschuldung beteiligt werden, beobachten sie als Gläubiger die Finanz- und Wirtschaftspolitik des Schuldnerlandes besonders kritisch. Sind sie nicht von ihr überzeugt, halten sie sich als Käufer von Staatsanleihen zurück. Alternativ verlangen sie höhere Zinsen, um ihr Risiko abzusichern. Dadurch schränken sie den Staat in seinen Möglichkeiten ein, Schulden zu machen – und schützen ihn damit in gewisser Weise vor sich selbst. Mehr noch: Sie motivieren das Land dazu, Sparkurs und Reformen eigenverantwortlich zu verfolgen, um Gläubiger von ihrer eigenen Bonität im Sinne niedrigerer Zinsen zu überzeugen. Eine staatliche Insolvenzordnung wirkt damit wie eine Therapie zur Eigenverantwortung für Schuldner und Gläubiger. Dies ist der eigentliche Nutzen, der entsteht, wenn Risiko zu Haftung zurückfindet.

Damit eine Insolvenzordnung für Staaten wirklich Nutzen stiften kann, müssen zwei wichtige Rahmenbedingungen erfüllt sein.

- Zunächst müssen die Bestimmungen einer Insolvenzordnung über einen *Insolvenzmechanismus* umgesetzt werden.

Eine derartige Institution gibt es in der Eurozone jedoch nicht. Die Rolle des Insolvenzmechanismus wäre es, als Abwicklungsknotenpunkt bei Staatsinsolvenzen den Schuldenschnitt oder alternativ eine Verlängerung von Laufzeiten oder einen Verzicht auf Zinszahlungen zu organisieren. In den letzten beiden Fällen wäre zumindest Kapitalschutz gewährleistet. Alle Gläubiger wären dann aufgefordert, ihre Anleihen einzureichen. Im Gegenzug würden sie neue Anleihen mit einem niedrigeren Nominalwert, einer längeren Laufzeit oder einem entsprechend niedrigeren Zinscoupon erhalten. Dies würde bedeuten, dass Länder nach einem Schuldenschnitt, der auch private Gläubiger miteinbeziehen würde, wieder genügend Luft zum Atmen hätten und damit wieder eigenverantwortliche Finanzpolitik betreiben könnten. Finanziell starke Länder, die ein Interesse daran haben, dass keine blinde Haftungsvergemeinschaftung eintritt, müssen hier im fiskalischen Gesamtinteresse der Euro-Staatengemeinschaft durchsetzen, dass der Insolvenzmechanismus jene Unabhängigkeit erhält, die der EZB vor der Eurokrise politisch zuerkannt wurde. Während des Umschuldungsprozesses könnte der ESM, obwohl er von seiner klassischen Aufgabe der Hilfsprogramme entbunden wäre, kurzfristige Liquiditätshilfe leisten. Er müsste nicht abgeschafft werden.

▸ Weiterhin sollten alle Mitgliedstaaten der Eurozone an dem Schema teilnehmen und alle ihre Staatsanleihen dem Insolvenzregime unterziehen. Mit der Einführung sogenannter *Kollektiver Haftungsklauseln* (*Collective Action Clauses)* – das sind Passagen in Staatsanleiheverträgen, die die Beteiligung privater Gläubiger bei einer Staatsinsolvenz vorab festlegen – wurde in der Eurozone im Jahr 2013 schon ein erster Schritt in die richtige Richtung unternommen.

Von einer Insolvenzordnung sind wir gleichwohl noch weit entfernt. Um sie umzusetzen, wird der Druck der starken, bislang haftenden Staaten sicherlich nicht ausreichen. Vielmehr müssen langfristige Anreize gesetzt werden, um souveräne Staaten von einer Teilnahme zu überzeugen.

Fernziel: Mit europäischer Schuldenkonferenz den Neuanfang wagen

Ein langfristiger Anreiz für die Teilnahme an einer Insolvenzordnung wäre gegeben, wenn diese einen institutionellen Rahmen für eine zwischenstaatliche Schuldenkonferenz setzen würde. Sinn dieser Konferenz wäre es, Gläubiger und Schuldner an einen gemeinsamen Tisch bringen, um Wege zu finden, die Schuldentragfähigkeit wiederherzustellen. Das Ziel wäre sicher nicht der Totalverzicht aller Gläubiger auf sämtliche Forderungen. Dieser hätte nämlich umfangreiche Abschreibungen im Finanzsektor, Bankenpleiten, Privatinsolvenzen und damit weitere Verluste für die öffentliche Hand zur Folge. Vielmehr wäre das Ziel, Schuldenfragen gesammelt und losgelöst von anderen Verteilungskonflikten innerhalb einer einzigen Verhandlungsrunde abzuhandeln. Freilich wäre auch in dieser Runde das Verhalten aller Beteiligten von taktischem Kalkül geprägt. Doch die Gefahr einer Dauerlähmung durch endlose Verzögerungsschleifen oder erneute Rettungspakete als inkonsistentes Stückwerk, wie wir sie von den bisherigen Verhandlungen unter dem Rettungsschirm kennen, wäre gebannt. Es fände vielmehr ein konzentrierter Interessenausgleich statt. Am Ende stünde dann ein Teilforderungsverzicht von Gläubigern, etwa in Form eines zwischenstaatlichen Vertrages, in dem auf Kapitalforderungen verzichtet, Anleihelaufzeiten verlängert oder Zinsen gesenkt werden könnten. Investoren könnten sich so Prozess- und Kapitalsicherheit erkaufen, anstatt durch die Unsicherheit immer neuer Verhandlungsrunden zermürbt zu werden.

Von diesem Interessenausgleich wäre auch die EZB nicht ausgenommen, die im Zuge ihrer umfangreichen Assetkäufe einen nennenswerten Teil staatlicher Verbindlichkeiten von Krisenländern übernommen hat. Für ihre Verluste müsste sie kompensiert werden. Einen interessanten Ansatz verfolgt in diesem Zusammenhang der US-amerikanische Wirtschaftswissenschaftler Charles Wyplosz.[40] Er schlägt vor, dass die EZB künftig ihre Gewinne, die aus der Herstellung von Papiergeld entstehen (also der Nominalwert von Banknoten abzüglich ihrer Herstellungskosten, die sog. *Seigniorage*), nicht mehr an die Euroländer auszahlt. Vielmehr sollen diese Gewinne auf ein Treuhandkonto umgeleitet werden. Auf Jahrzehnte gerechnet, könnte sich hieraus ein beträchtlicher Betrag von bis zu einem Viertel der Staatsschuld ergeben. Der besondere Charme dieser Lösung besteht darin, dass sie der EZB ermöglichen würde, aus ihren faktischen Zwängen auszubrechen und gleichzeitig das Heft in der Hand zu behalten. Zwar wäre dies ein weiterer geldpolitischer Grenzgang. Allerdings würde dieser Grenzgang als Befreiungsschlag weitere EZB-Interventionen überflüssig machen und die EZB aus ihren derzeitigen faktischen Zwängen befreien. Es wäre ihr dann möglich, zu konventioneller Geldpolitik zurückzukehren, die langfristig auch von ihrem Mandat gedeckt wäre.

Freilich kann eine Schuldenkonferenz ihre Wirkung für mehr Eigenverantwortung nur dann entfalten, wenn sie ein Fernziel bleibt. Sie kann nur am Ende eines langwährenden

Reformprozesses der Euroländer stehen. Würde sie an dessen Beginn stehen, käme sie in ihrer Wirkung jenen misslungenen Hilfspaketen gleich, die zunächst finanzielle Hilfe leisteten, auf Reformbemühungen jedoch vergeblich warten ließen. So zeigt das Beispiel der letzten Umschuldung Griechenlands exemplarisch, wie es nicht laufen sollte: Die Zugeständnisse privater Gläubiger im Jahr 2012 nahm das Land zwar gerne in Anspruch – gleichzeitig reichte der Schuldennachlass jedoch nicht aus, um ein nachhaltiges Schuldenniveau zu erreichen, und das Hilfsprogramm wurde fortgeführt. Gerade weil die Hilfen nun jedoch weiterhin flossen, wurden Sparkurs und Strukturreformen weiterhin nur halbherzig verfolgt. Dies wiederum hatte zur Folge, dass die Staatsverschuldung nur zwei Jahre nach dem Schuldenschnitt schon wieder über dem alten Niveau liegt und das Land reformpolitisch weiterhin auf der Stelle tritt. Zuträglich ist es auch hier, wenn der Schuldenschnitt ausreicht, dass Staaten sich nach der Umschuldung wieder eigenverantwortlich an den Kapitalmärkten finanzieren und dort um Vertrauen werben können. Dies würde einer möglichen Wiederkehr ihrer Schuldensucht natürliche Grenzen setzen. Doch nicht nur das: Es würde einen strukturellen Neuanfang ermöglichen und Privathaushalten wie Unternehmen verlässliche Perspektiven geben. Und dies wiederum wäre eine gute Voraussetzung dafür, dass die Investitionstätigkeit des Privatsektors wieder ansteigt. Wir kommen in Kapitel VII noch einmal ausführlich darauf zu sprechen.

Etliche Länder der Eurozone werden Umschuldungen nicht vermeiden können, falls sie nicht dauerhaft unter den Nachteilen ihrer hohen Schuldenstände leiden möchten. Nicht nur Griechenland und Portugal, sondern auch andere Staaten der Eurozone haben Schuldenstände, aus denen sie unmöglich aus eigener Kraft wieder herauswachsen können. Nur das aktuell niedrige Zinsniveau und die impliziten Marktgarantien der EZB entspannen die Lage. Sollten diese Volkswirtschaften keine Erleichterung ihrer Schuldenlast erfahren, werden hohe Zinszahlungen ihr Wachstumspotenzial dauerhaft niedrig halten und so den Schuldenstand noch stärker ansteigen lassen. Ihr Zug ist bereits abgefahren.

In jedem Fall wäre eine paneuropäische Schuldenkonferenz mit Einbußen für den Privatsektor verbunden. Lebensversicherer müssten beispielsweise Teile ihrer Abschreibungen auf Staatsanleihen in ihren Portfolien an ihre Versicherungsnehmer weitergeben. Nicht fern werden Regierungen auch Überlegungen liegen, Teile ihrer Anpassungslasten über eine Vermögensabgabe wohlhabenden Privathaushalten aufzubürden. Eine sinnvolle und gangbare Alternative hierzu wird es in vielen Ländern jedoch nicht geben: Zu groß sind die Verbindlichkeiten zahlreicher Euroländer, als dass sie mit Sparbemühungen der öffentlichen Hand allein auf ein nachhaltiges Niveau gebracht werden könnten.

Während Verluste für private Haushalte bedauerlich wären, verbleiben hohe Unsicherheiten für das Finanzsystem. Banken und Versicherungen müssten enorme Abschreibungen vornehmen – an den Kapitalmärkten könnte dies Unruhe und Panik hervorrufen. Daher muss bei einem fairen Lastenausgleich auch immer die Reaktion der Kapitalmärkte bedacht werden. Dies gilt insbesondere, wenn eine Umschuldung größerer Länder ins Auge gefasst würde: Italien ist als drittgrößte Wirtschaftsnation der EU beispielsweise so bedeutend, dass eine unkontrollierte Umschuldung durchaus größere Schockwellen im globalen Finanzsystem auslösen könnte. Und auch die Ankündigung einer Umschuldungsrunde könnte bei Investoren schon für große Unsicherheiten sorgen und zu Kapitalflucht führen. Daher müssen die richtigen institutionellen Lösungen gefunden werden, um mögliche Turbulenzen durch hohe systemische Risiken im Finanzsystem zu vermeiden und zugleich institutionelle Anleger angemessen in die Pflicht zu nehmen.

Voraussetzung: Nexus zwischen Finanzstabilität und Staatsfinanzen entschärfen

Oft wird in diesem Zusammenhang auch von *Systemstabilität* gesprochen. Relevant sind in diesem Zusammenhang sowohl die Stabilität von Staatsfinanzen als auch die Stabilität des Finanzsystems sowie deren Wechselwirkungen. Dieser Nexus ist vielschichtig.

Beginnen wir mit der Perspektive des Finanzsystems: Im Gegensatz zu Unternehmen der Realwirtschaft – wie etwa Bäckereien oder Maschinenbauunternehmen – sind Banken untereinander eng vernetzt. Sie stehen über wechselseitige Ausleihungen am Interbankenmarkt in einer engen wechselseitigen Abhängigkeit. Der Lehman-Schock vom Oktober 2008 hat deutlich gezeigt, welch fatale Konsequenzen es haben kann, wenn eine große Bank unvermittelt in Schieflage gerät. Banken vertrauen sich dann nicht mehr, der Interbankenmarkt trocknet aus, und weitere Kreditinstitute geraten unter Druck. Bald befürchten auch die Kunden anderer Banken, dass ihre Einlagen nicht sicher sind – es kommt zum *Bank Run.* In der Vergangenheit haben sich Regierungen daher oft genötigt gesehen, Banken zu retten, die sie als systemrelevant erachten. Sie befürchteten Ansteckungseffekte im Finanzsystem. Doch was ist systemrelevant? Eine einheitliche Definition gibt es nicht, doch der Blick auf die Bankenrettung in Deutschland offenbart, dass der Begriff „systemrelevant“ bisweilen sehr weit ausgelegt werden kann: Zweifel sind durchaus berechtigt, ob die umfangreiche Rettung von Banken – insbesondere kleinerer Landesbanken – in den letzten Jahren ausschließlich ökonomischem Kalkül geschuldet war oder ob nicht auch politische Gründe eine Rolle gespielt haben mögen. In jedem Falle erhöhen solche Maßnahmen den öffentlichen Schuldenstand, denn der Staat übernimmt im Rahmen der Bankenrettung die Verbindlichkeiten notleidender Kreditinstitute. So kann die Finanzkrise zur Staatschuldenkrise werden.

Die Reaktionskette kann jedoch auch andersherum wirken: Hat sich ein Staat zu stark verschuldet, so besteht auch die Gefahr, dass Banken nicht mehr solide wirtschaften können und in Schieflage geraten. Banken halten hohe Beträge an Staatsanleihen in ihren Portfolien. Sie nutzen diese, um sie bei der EZB als Pfand für Kredite zu hinterlegen. Sinkt die Bonität eines Schuldnerstaates, so droht eine Herabstufung seines Ratings. Unterschreitet das Rating jedoch eine bestimmte Marke, können Banken diese Staatsanleihen nur mit Abschlag oder überhaupt nicht mehr hinterlegen. Eine pragmatische Lösung wäre es freilich, Risiken zu diversifizieren und die Zusammensetzung des Staatsanleiheportfolios breit zu streuen. Doch das Gegenteil war in den letzten Jahren der Fall: So hat der Anteil nationaler Staatsanleihen in den Portfolien der Banken wieder zugenommen. Während nationale Staatsanleihen in Bankportfolien vor der Eurokrise nur rund 50 Prozent ausmachten, stieg dieser Anteil im Jahr 2013 auf 78 Prozent – dies entspricht dem Wert des Jahres 1999, dem Jahr, in dem die Eurozone gegründet wurde. Ökonomen sprechen in diesem Zusammenhang auch von einem *Home Bias.* Im Falle einer massiven Herabstufung nationaler Staatspapiere würde dieser *Home Bias* Banken eines Landes von Refinanzierungsgeschäften mit der EZB weitgehend ausschließen. Eine tolerantere Ausgestaltung der Ratinganforderungen könnte dieses Problem zwar kurzfristig entschärfen, jedoch nicht grundsätzlich lösen. Auch in diesem Falle hätten Sparer Angst, potenziell notleidenden Banken noch ihre Spareinlagen anzuvertrauen. Im Extremfall drohte dann wiederum ein Sturm der Sparer auf die Banken. Aus der Schuldenkrise würde eine handfeste Finanzkrise.

Wechselwirkungen zwischen Staatsfinanzen und Finanzsektor machen die Angelegenheit nicht einfacher. Sobald Investoren begreifen, dass das Finanzsystem eines Landes auf der Kippe steht, nehmen sie an, dass für den Staatshaushalt große finanzielle Risiken entstehen. Sie halten sich dann auch von den Staatsanleihen fern. Werden diese herabgestuft, droht auch den Banken eine Schieflage, und die Finanzkrise tritt als selbsterfüllende Prophezeiung ein.

All dies zeigt, dass die Stabilität der Staatsfinanzen und des Finanzsystems eng voneinander abhängen. Es sollte daher künftig eine richtige Balance gefunden werden zwischen absichernden Maßnahmen einerseits, die Systemstabilität im Finanzsystem als Ganzes sicherstellen, und klaren Anreizen zur Risikovorsorge für Finanzinstitute andererseits, damit diese ihre systemrelevante Position nicht weiter ausnutzen können. Diese Überlegungen werden natürlich dann besonders relevant, wenn es größere Schuldenschnitte in Europa geben soll. Nur wenn der Nexus zwischen Staatsfinanzen und Finanzsystem entschärft wird, können Verwerfungen an den Finanzmärkten verhindert werden.

Falsche Ansätze: Trennbankensystem und 30 Prozent Eigenkapitalquote

Zahlreiche Vertreter aus Wissenschaft und Politik haben zuletzt Vorschläge entwickelt, um diese wechselseitigen Abhängigkeiten abzubauen. So fordern einige Finanzwissenschaftler beispielsweise, die *Eigenkapitalanforderungen* für Geschäftsbanken massiv anzuheben, um diese Institute sicher zu machen. Sie monieren, dass insbesondere große Banken, die als systemrelevant gelten, unter verzerrten Risikoanreizen leiden würden, da die Risiken von Geschäftsentscheidungen im Krisenfall von Dritten – also den Steuerzahlern – übernommen werden. Daher neigten sie zur Verschuldung, um ihre Eigenkapitalrendite mit riskanten Investitionen auf Pump nach oben zu treiben. Eigenkapitalquoten von bis zu 30 Prozent im Verhältnis zur Bilanzsumme[41] sollen dies verhindern und Eigenverantwortlichkeit bei Finanzinstituten erzwingen.

Es ist allerdings mehr als zweifelhaft, ob dieser Vorstoß wirklich zielführend ist. Vor allem die Anpassungslasten werden groß sein, denn für Banken ist Eigenkapital teuer. Wenn nämlich der Eigenkapitalanteil steigt, erlangen Fremdkapitalgeber eine größere Sicherheit bei ihrer Anlage. Bei vielen Schuldtiteln können die Konditionen jedoch nicht neu verhandelt werden. Die bestehenden Fremdkapitalgeber erhalten dadurch einen Vermögenstransfer von den bestehenden Eigenkapitalgebern. Das frische Eigenkapital kann hingegen nur mit einem Abschlag platziert werden. Hierzu wird es jedoch nicht kommen: Vielmehr werden Banken nur zu einem Teil bereit und in der Lage sein, frisches Eigenkapital aufzunehmen und eher geneigt sein, ihre Bilanzaktiva zu reduzieren. Daraus folgt dann eine geringere Bereitschaft für die Kreditvergabe – und für die Unternehmen der Realwirtschaft eine handfeste Kreditklemme.[42] Auch längere Übergangsfristen würden das Grundproblem nicht lösen, sondern allenfalls zeitlich strecken. Nicht zuletzt würden stark erhöhte Eigenkapitalanforderungen auch zu Nachteilen im internationalen Standortwettbewerb, in dem große, überregional agierende Banken stehen: Im Unterschied zu Industrieunternehmen haben sie nur beschränkt die Möglichkeit, sich über den Produktionsprozess oder ihre Produktgestaltung zu differenzieren. Schon kleine Veränderungen in den Kapitalkosten haben große Auswirkungen auf ihre relative Wettbewerbsposition im internationalen Umfeld. Kleinere Banken könnten hingegen gut mit hohen Eigenkapitalanforderungen leben, da sie eher in einem regionalen Wettbewerbsumfeld wirken. Doch gerade für sie würde das Argument der Systemstabilität nicht mehr gelten und höhere Eigenkapitalforderungen wären überflüssig.[43]

Eine andere Idee ist, das bislang vorherrschende Universalbankensystem in Europa in ein sogenanntes *Trennbankensystem* umzuwandeln: Bei Geschäftsbanken würde dann die Investmentbanksparte vom klassischen Einlagengeschäft abgetrennt. Alternativ könnten beide Sparten unter einer gemeinsamen Holding-Struktur verbleiben, müssten jedoch mit vollständig getrenntem Eigenkapital und separaten Geschäftsaktivitäten wirtschaften. Auch diese Initiative scheint weniger von ökonomischer Ratio als von politischer Motivation geprägt zu sein. Ihre Befürworter übersehen vor allem, dass die Finanzkrise ebenso wie die Eurokrise auch unter einem reinen Trennbankensystem entstanden wäre. Sowohl die US-Subprime-Krise, die dem niedrigen Zinsniveau, der verantwortungslosen Vertriebspraxis privater Kreditvermittler und unzuverlässigen Ratings geschuldet war, als auch die Eurokrise, die in erster Linie auf ein Versagen politischer Steuerungsmechanismen zurückzuführen ist, hätte ein Trennbankensystem nicht verhindern können. Zudem übersieht die Debatte, dass Universalbanken eine Menge Vorteile bieten. So sind insbesondere Unternehmen mit globalen Geschäftsaktivitäten auf maßgefertigte Finanzinstrumente angewiesen, die Elemente aus dem klassischem Finanzierungsgeschäft und einer Investmentbank umfassen können – also etwa klassische Schuldverschreibungen und Kredite, aber auch Derivate und Verbriefungen. Ein Trennbankensystem würde verhindern, dass Unternehmen aus dieser breiten Palette von Finanzierungsmöglichkeiten schnell und flexibel auswählen können. Unabhängig davon sind Finanzinstitute stabiler, wenn sie auf mehreren Beinen stehen und ihre Erträge, Aktiva und Passiva hinreichend diversifizieren können. Nicht zuletzt gibt es Skalen- und Verbundeffekte und Wissenssynergien aus verschiedenen Geschäftsbereichen. Dies senkt auch die gesamtwirtschaftlichen Finanzierungskosten. Gerade die Bankenkrise der Jahre 2007 bis 2009 zeigt, dass Universalbanken in der Tendenz weniger betroffen waren als Spezialbanken. Freilich gibt es auch Beispiele, die beweisen, dass Universalbanken stark unter Druck gerieten. Diese waren jedoch in erster Linie auf Missmanagement und unzureichende Risikosteuerung zurückzuführen – Probleme, die zuallererst über eine wirksame Finanzmarktregulierung entschärft werden können. Hieran sollte künftig verstärkt gearbeitet werden.[44]

Die Befürworter eines Trennbankensystems und extrem hoher Eigenkapitalanforderungen für Banken verfolgen sicherlich ehrenwerte Ziele. Ihre Ansätze haben jedoch allein die Finanzbranche im Blick – nicht jedoch die zuvor skizzierte wechselseitige Abhängigkeit mit der Stabilität der öffentlichen Finanzen. Ansätze, die nachhaltig stabilisieren sollen, müssen jedoch beide Seiten des Nexūs hinreichend berücksichtigen. Sie müssen die Stabilität im Finanzsystem und bei den Staatsfinanzen stets zusammendenken.

Bankenunion: Ansätze bei Bankenaufsicht und Abwicklung ausbaufähig

Vielen Verantwortlichen in der Politik ist die Problematik dieser Wechselwirkungen durchaus bekannt. Gerade das Schicksal der Länder Irland und Spanien hat verdeutlicht, wie schnell sich eine Schieflage im Finanzsystem auf den Staat übertragen kann. Unter diesem Eindruck stehen die Bemühungen der europäischen Staats- und Regierungschefs seit Mitte 2012, den Nexus über das Projekt der *Europäischen Bankenunion* zu durchbrechen, das aus drei Säulen bestehen soll.

- *Gemeinsame Bankenaufsicht*: Sie soll die Stabilität großer, systemrelevanter Banken überwachen.
- *Gemeinsamer Bankenabwicklungsmechanismus*: Er soll sicherstellen, dass notleidende Banken reibungslos abgewickelt oder umstrukturiert werden können.
- *Gemeinsame Finanzmarktregulierung*: Sie soll einen gemeinsamen Maßstab für die geschäftlichen Aktivitäten von Finanzinstituten im Europäischen Binnenmarkt setzen.

Richten wir unser Auge zunächst auf die *gemeinsame Bankenaufsicht*. Ihre Aufgabe ist es, mit einem unmittelbaren Durchgriff auf Finanzinstitute Fehlverhalten und unsolide Geschäftspolitik im Falle einer Schieflage zu korrigieren – etwa, indem sie Vorstände abberuft. Unabhängig von nationalen Präferenzen und Befindlichkeiten muss sie die Rolle eines glaubwürdigen Buhmanns und Warners haben. Das gilt vor allen Dingen für Zeiten spekulativer Blasen, wenn die allgemein gute Laune den Blick auf die eigentlichen Risiken verstellt.

Frühere Versuche, eine gemeinsame Bankenaufsicht in der Eurozone zu schaffen, waren halbherzig: Der *Europäische Ausschuss für Systemrisiken* (*European Systemic Risk Board*, ESRB), der bald nach der Weltfinanzkrise der Jahre 2008 und 2009 in Frankfurt gegründet wurde, hat sich bislang vor allem durch Zurückhaltung ausgezeichnet. Und selbst wenn er willens wäre, tätig zu werden, könnte er allenfalls öffentliche Empfehlungen an einen Mitgliedstaat richten. Bindend sind sie nicht. Der Ausschuss ist ein zahnloser Papiertiger. Nicht anders sieht es bei der Überwachung einzelner Finanzinstitute aus. Diese wird seit 2011 von der *Europäischen Bankenaufsichtsbehörde* (*European Banking Authority*, EBA) mit Sitz in London durchgeführt.[45] Allerdings hat auch die EBA nur geringe Kompetenzen. Noch immer kann sie nationale Kreditinstitute nicht unmittelbar überwachen. Ihr bleibt nichts anderes übrig, als auf die Einschätzungen der nationalen Regulierer zu vertrauen.[46] Ihr Personalkörper ist dünn. Ihre nur rund 150 Mitarbeiter reichen nicht aus, um die komplexen europäischen Finanzmärkte auch nur im Ansatz ausreichend überwachen zu können. Führen kann sie nicht. Sie ist gezwungen zu folgen. Um diese Missstände abzustellen, einigten sich die Staats- und Regierungschefs der Eurozone im Herbst 2013 darauf, eine gemeinsame Bankenaufsicht bei der EZB anzusiedeln. Die Idee ist im Kern richtig. Doch leider wurden einige faule Kompromisse getroffen, die die Bankenaufsicht löchrig und inkonsistent machen.

Zunächst ist das Anwendungsfeld beschränkt. Die erfolgreiche Lobbyarbeit kleinerer Geldinstitute – allen voran deutscher

Sparkassen – führte dazu, dass die Bankenaufsicht gleich mehrfach beschränkt ist: Sie wird erstens nur auf Banken angewandt, die eine Bilanzsumme von mehr als 30 Milliarden Euro aufweisen oder deren Gesamtaktiva 20 Prozent der Wirtschaftsleistung des Landes ihres jeweiligen Geschäftssitzes übersteigt. Alternativ müssen sie zu den drei größten Instituten des Landes gehören. Und so werden voraussichtlich nur rund 130 Banken überwacht – die anderen Banken verbleiben unter nationaler Aufsicht.[47]

Ein weiterer Problempunkt ist die organisatorische Verankerung bei der EZB. Hier besteht durchaus die Gefahr eines dreifachen Interessenkonfliktes, wenn die Zentralbank einerseits die Geldpolitik frei von Einflüssen durchführen möchte, zugleich jedoch einzelne Banken beaufsichtigen soll und drittens über den *Europäischen Ausschuss für Systemrisiken* auch noch Risiken für das gesamte Finanzsystem und damit das Ergebnis ihrer eigenen Arbeit beurteilen muss. Gleichwohl blieben alle Versuche der Politik, die EZB trotz Einbindung unabhängig zu halten, halbherzig und haben bisher ein noch größeres organisatorisches Chaos geschaffen. Ein Beispiel: Um Geldpolitik und Bankenaufsicht zu trennen, sind im neuen Aufsichtsgremium die Vertreter der nationalen Aufsichtsbehörden aller 18 Euroländer und vier weitere Vertreter der EZB sowie der EZB-Präsident vertreten. Die nationalen Aufsichtsbehörden haben somit bei den Entscheidungen große Mitspracherechte. Diese wurden ihnen gegeben, weil sie potenziell notleidenden Instituten am nächsten sind. Allerdings ist diese Nähe nicht eine strukturell-geographische, sondern oft auch eine politische Nähe im Geiste: Es liegt nicht fern, anzunehmen, dass die nationalen Aufseher über ihre Gutachten ihre nationalen Finanzindustrie schützen – und dass die Politik hier gezielt versuchen wird, Einfluss auf die EZB auszuüben.[48] Dies gilt vor allem in Ländern, in denen seit jeher eine enge Verflechtung zwischen Finanzindustrie, Politik und Bankenaufsicht vorherrscht.

Trotz dieser Einschränkungen könnte die gemeinsame Bankenaufsicht bereits zu einem ersten Ausleseprozess unter Banken führen. Denn bevor die EZB im Herbst dieses Jahres ihre Aufgabe übernimmt, wird es eine Art Eintrittsprüfung geben – eine Überprüfung der Bilanzen auf faule Vermögenswerte. Und da sich Vermögenswerte dynamisch verändern können, wird im nächsten Schritt noch ein Stresstest durchgeführt, der verschiedene Marktszenarien dynamisch durchrechnet. Es ist damit zu rechnen, dass einzelne Banken die Aufnahmeprüfung nicht bestehen. In diesem Falle müssen die Mitgliedstaaten sie dann abwickeln oder hinreichend mit Kapital auszustatten. So hat die EZB eine große Chance, einen nachhaltigen Konsolidierungsprozess im europäischen Finanzsystem in Gang zu setzen. Vor allem dürfte all dies Banken dazu motivieren, im Vorfeld ihre Bilanzen zu durchkämmen und genügend Kapital bereitzuhalten. Damit das gelingen kann, müssen jedoch zwei Voraussetzungen erfüllt sein. Zunächst müssen die Stresstests hart und glaubwürdig sein und nicht – wie in der Vergangenheit – Banken aus Angst vor schlechten Schlagzeilen unter zu moderaten Maßstäben bewerten. Weiterhin darf es im Hinblick auf die Ausstattung mit Eigenkapital keine Ausnahmeregelungen geben. Jeder Versuch der *kreativen Eigenkapitalerhöhung*, so wie etwa jüngste Vorstoß Spaniens, steuerliche Verlustvorträge als hartes Kernkapital auszuweisen,[49] muss auf politischer Ebene sanktioniert werden. Alles andere würde den dringend notwendigen Bereinigungsprozess in der europäischen Bankenlandschaft nur aufhalten.

Aussichtsreicher ist der aktuelle Stand der Dinge bei der zweiten Säule der Bankenunion, dem gemeinsamen *Bankenabwicklungsmechanismus*, der havarierte Banken abwickeln oder restrukturieren soll. Die Initiative verfolgt mehrere Zielsetzungen. Sie legt zunächst ein einheitliches Prozedere fest, wann und unter welchen Bedingungen Banken gerettet oder abgewickelt werden können. Im Krisenfall soll das endlose Verzögerungsschleifen verhindern. Gleichzeitig soll die Gefahr eines *Bank Runs* verringert werden. Nicht zuletzt soll erreicht werden, dass die Finanzmärkte durchlässig bleiben und der Zugang für neue Mitbewerber gesichert ist – und sich allein auf Grund von Qualitätswettbewerb eine höhere Stabilität im Finanzsystem einstellt.

Die gute Nachricht ist, dass das Haftungsprinzip bislang in keinem Bereich der Eurorettungspolitik so nachdrücklich verfolgt wurde wie beim Bankenabwicklungsmechanismus. Zusammengefasst möchte man für den Fall einer Bankenschieflage eine sogenannte *Haftungskaskade* einrichten, die ab dem Jahr 2016 gelten wird. Wenn Banken in existentielle Nöte geraten, sollen zunächst Aktionäre, sodann Gläubiger und danach Großsparer bis zu acht Prozent der Gesamtverbindlichkeiten übernehmen. Ist dieses Maß ausgeschöpft, soll ein europäischer Abwicklungsfonds mit einer Interventionskraft von insgesamt 55 Milliarden Euro einspringen, den Finanzinstitute mit Einzahlungen selbst aufbauen. Erst wenn diese Mittel nicht ausreichen, soll der Eurorettungsschirm ESM Banken direkt rekapitalisieren dürfen. Auf die Weise konnte eine vernünftige Balance zwischen nationaler Vorsorge und zwischenstaatlicher Lastenverteilung gefunden werden. Auch bei der gemeinsamen Absicherung der Spareinlagen zeichnet sich eine Lösung ab – auch hier sind Banken aufgefordert, ihre nationalen Spareinlagenschutzfonds dahingehend aufzustocken, dass Spareinlagen von bis zu 100.000 Euro abgesichert werden können. Auch hier liegt die Verantwortung zunächst bei den Mitgliedstaaten.

Allerdings gibt es auch hier einige Wermutstropfen. So wird der gemeinsame Abwicklungsfonds erst schrittweise aufgebaut. Seine volle Schlagkraft von 55 Milliarden Euro wird er erst im Jahr 2022 entfalten können. Und auch die nationalen Ressourcen innerhalb des Fonds werden erst nach und nach in einem gemeinsamen Topf gebündelt. Dies könnte dazu führen, dass der ESM als eigentlich letzte Haftungsinstanz schon viel früher angerufen wird. Und so drohen auch hier Interessenkonflikte, denn die wichtigsten Entscheidungen in der Bankenrekapitalisierung hängen noch immer von den EU-Finanzministern ab, und auch die nationalen Bankenaufsichtsbehörden werden weiterhin auch ein Wort mitzureden haben. Diese haben naturgemäß kein Interesse daran, eine Abwicklung der Institute zu empfehlen, die sie beaufsichtigen. Sie werden im Zweifel eher den Präferenzen der nationalen Politik das Wort reden und nicht der europäischen Systemstabilität und Marktpflege. Der Abwicklungsmechanismus ist somit keine neutrale Instanz. Er muss seinen ersten Praxistest – die Abwicklung einer Großbank in einem großen Land – erst noch bestehen.

Auch wenn die Politik letztlich nicht das Heft aus der Hand gegeben hat und eine unabhängige Bankenaufsicht und Bankenabwicklung wünschenswerter gewesen wäre, zeigen die jüngsten Vorstöße, dass dem *Prinzip Eigenverantwortung* zumindest in der Finanzmarktregulierung wieder ein höherer Stellenwert beigemessen wird. Es wäre wünschenswert, wenn dieser konsequente Umgang mit dem *Prinzip Eigenverantwortung* bei Banken nicht Halt machen, sondern konsequenterweise auch auf die künftige Rettungspolitik gegenüber Krisenstaaten ausstrahlen würde.

Bankenunion mit einheitlichem Regelwerk vervollständigen

Um schädlichen Entwicklungen im Finanzsystem vorzubeugen, müssen die gemeinsame Bankenaufsicht und der Abwicklungsmechanismus jedoch um eine einheitliche Finanzmarktregulierung ergänzt werden. Sie ist die dritte Säule der Bankenunion. Hier gilt es, über gemeinsame Eigenkapitalanforderungen an Banken zu vermeiden, dass einige Länder über laxe Finanzgesetzgebung Wettbewerbsvorteile erzielen und dadurch Banken wieder motivieren, leichtsinnig mit Risiken umzugehen – und damit systemische Risiken für ihre Nachbarländer schaffen. Ohne gemeinsames Regelwerk werden die Länder immer versucht sein, die Regelungen der Aufsicht selektiv zu ihren Gunsten auszulegen.

Über Jahre hinweg haben manche Länder nämlich versucht, sich über eine laxe Finanzmarktgesetzgebung von anderen Ländern abzuheben. Dadurch konnten Investoren leicht sogenannte *regulatorische Arbitrage* betreiben: Sie verlagerten dann ihre Mittel in jenes Land mit den geringsten regulatorischen Anforderungen, um ihre Rendite zu erhöhen. Dies führte dann zu verzerrten Preisen, die nun nicht mehr Knappheitsindikator waren, sondern einzig und allein kurzfristige regulatorische Opportunität widerspiegelten. So entstand ein gefährliches Wechselspiel, eine destruktive Abwärtsspirale zwischen Investoren, die auf der Suche nach Rendite waren und Staaten, die immer niedrigere Standards in der Finanzregulierung zum kurzfristigen Standortvorteil ausbauen – bis andere nachzogen. Gleichzeitig gab es bald eine Häufung schlechter Risiken in den Finanzsystemen jener Länder, die dieses Rattenrennen mitmachten. Das zeigen Irland und Spanien exemplarisch.

Leider sind auf diesem Feld jedoch bislang keine großen Fortschritte zu verzeichnen. So war bei den jüngsten Verhandlungen über eine gemeinsame Finanzmarktregulierung[50] allenfalls der kleinste gemeinsame Nenner verhandelbar. Trotz aller negativen Erfahrungen ziehen es die Länder vor, weiterhin Spielräume in der nationalen Umsetzung zu bewahren. Zu verführerisch ist es, in einem gemeinsamen Finanzmarkt ohne Kapitalverkehrskontrollen über nationale Sonderwege Standortvorteile zu erzielen. Nicht zuletzt wird Europa auf absehbare Zeit auch deshalb ein finanzregulatorischer Flickenteppich bleiben, weil sich die Dinge mit Blick auf das Verhältnis der 18 Euroländer zu den 28 EU-Mitgliedstaaten verkompliziert haben. Länder außerhalb der Eurozone wie etwa das Vereinigte Königreich befürchten, über die gemeinsamen Risiken der Euroländer bei Entscheidungen überstimmt zu werden. Daher haben sie sich ein Veto-Recht gesichert. Nicht ausgeschlossen ist, dass diese Länder, die nicht Mitglied der Eurozone sind, wohl aber von der Kapitalverkehrsfreiheit in der EU profitieren, auch in Zukunft die Standards der Bankenaufsicht niedrig halten möchten. Wie unter solchen Bedingungen eine gemeinsame Finanzmarktregulierung entstehen kann, die mehr als nur ein schwaches Kompromisswerk wäre, ist schleierhaft.[51] Europa scheint von einem gemeinsamen Regelwerk, das weitere Bereiche als nur die Eigenkapitalquoten reguliert, noch Lichtjahre entfernt.

Sollte es gelingen, über eine gemeinsame Bankenaufsicht, einen Abwicklungsmechanismus und ein einheitliches Regelwerk den schädlichen Unterbietungswettbewerb der Finanzstandorte in Europa zu stoppen, wird dies sicherlich zu einem Konsolidierungsprozess in der Finanzbranche führen. Jene Banken, die übrigbleiben, werden in jedem Fall auf eine konservativere Risikopolitik und höhere Eigenkapitalquoten bauen sowie einen stärkeren Schwerpunkt auf das klassische Einlagengeschäft einer Geschäftsbank legen. Die erhöhte Durchlässigkeit würde am Ende zu einer besseren Auslese an Instituten im Markt führen. Und ganz nebenbei würden auf Grund niedrigerer Gewinnspannen in den meisten Finanzhäusern sicherlich auch die Gehaltsexzesse der Vergangenheit angehören, die die Integrität einer ganzen Branche in Verruf gebracht haben. Richtig umgesetzt könnte eine vollumfassende Bankenunion über die gemeinsame Regulierung und Aufsicht schon präventiv Finanzstabilität gewähren und dadurch verhindern, dass Übertreibungen an den Finanzmärkten die Saat für eine neue Krise legen.

Die letzten Seiten haben gezeigt, wie die Rückkehr zum Haftungsprinzip die Grundlagen unseres Wohlstands nachhaltig sichern kann. Wichtig ist in diesem Zusammenhang, dass mögliche Wechselwirkungen mit dem Finanzsystem bedacht werden und dass das Haftungsprinzip künftig auch dort befolgt wird. Wahr ist aber auch, dass eine Rückkehr zum Haftungsprinzip allein nicht ausreichen wird, wenn gleichzeitig die Politik weiterhin geneigt ist, über exzessives Schuldenmachen die Sparerfolge mutwillig zu konterkarieren. Gerade hier besteht die Gefahr, dass die Politik auf nationaler Ebene weiterhin versucht sein wird, über kurzfristig orientierte Entscheidungen die Konjunktur zu beleben. Doch auch hier handelt es sich nur um eine weitere holprige Einbahnstraße in Richtung Schuldenstaat.

Konjunkturprogramme und milder Sparkurs: Der falsche Ansatz

Immer wieder machen in diesen Tagen Forderungen die Runde, dass das Wirtschaftswachstum in der Eurozone über ein gigantisches Konjunkturprogramm angekurbelt werden solle. Die Argumentation hinter dieser Idee klingt bestechend einfach: Vorübergehende staatliche Mehrausgaben könnten die Bürger eines Landes dazu veranlassen, mehr zu konsumieren. Zusätzliches Geld würde so in den Wirtschaftskreislauf gepumpt und würde Investitionen anfachen. Weitere Nachfrage entstünde dann, die Arbeitslosigkeit würde sinken und zusätzlicher Konsum und weitere Investitionen würden folgen – die sogenannten Zweit- und Drittrundeneffekte könnten sich entfalten. Die Volkswirtschaft, so die Annahme, zöge sich dann am eigenen Schopfe aus dem Sumpf heraus, ganz so wie Lügenbaron Münchhausen in seinen fabelhaften Erzählungen. In diesem Gedankenspiel wäre neues Wachstum käuflich, und ganz nebenbei würden steigende Steuereinnahmen auch die Schuldenproblematik endgültig besiegeln. Eine überzeugende Alternative zum schmerzhaften Sparkurs? Mitnichten. In der Tat können zusätzliche Mittel in einer Volkswirtschaft Investitionen und Konsum stimulieren. Dies gilt jedoch nur unter ganz bestimmten Bedingungen, etwa, wenn Institutionen perfekt funktionieren, Menschen auf Märkten rational handeln oder, wenn ausschließlich Inlandsartikel konsumiert werden, die Mittel des Konjunkturstimulus also nicht ins Ausland fließen. Auch Laien begreifen, dass dies Lehrbuchbedingungen sind, die mit der Realität nichts zu tun haben.

Ebendies haben jene Politiker und Ökonomen nicht im Blick, die in regelmäßigen Abständen nach Konjunkturprogrammen für die Länder unseres Kontinents rufen. Die Vorbedingungen, dass Konjunkturpakete einen sinnvollen Wachstumsimpuls geben könnten, sind in den meisten Ländern nicht annähernd erfüllt. Denn dafür notwendige Strukturreformen, die Güter- oder Dienstleistungsmärkte effizienter machen, sind in den meisten

Krisenländern mangels politischer Einigkeit oder wegen operativer Fehler oft nur ansatzweise oder unvollständig umgesetzt worden. Privatisierungsbemühungen hinken hinterher; die privatwirtschaftliche Aktivität kann sich deshalb nicht entfalten. Verwaltungsapparat, Gewerkschaften und Arbeitsmärkte sind nicht flexibel genug, um sich auf kurzfristige Anpassungserfordernisse einzustellen. Und selbst wenn die Konjunktur brummen sollte, könnten höhere Staatseinnahmen nur mit einer effizienten Steuer- und Finanzverwaltung geschöpft werden. Auch hier: Fehlanzeige. Jedes Jahr entgehen den Steuer- und Finanzverwaltungen unseres Kontinents Milliarden, weil diese ineffizient aufgestellt sind oder zu ungenau arbeiten. Und dies ist wahrlich nicht nur ein Problem der Krisenstaaten Südeuropas.

Konjunkturprogramme können nur wirken, wenn glaubwürdige Strukturreformen und umfassende Sparmaßnahmen zuvor den Humus für neues Investoren- und Konsumentenvertrauen geschaffen haben. Nur dann werden zusätzliche Mittel tatsächlich investiert. Ohne vorangegangene Reformen besteht jedoch die Gefahr, dass sie gehortet oder direkt verkonsumiert werden. Langfristiges Wachstum kann so nicht entstehen – allenfalls wird die Konjunktur kurzfristig stimuliert. Das Spiel bleibt in der ersten Runde hängen, und die schuldenfinanzierte Ausgabenpolitik lässt die öffentliche Hand mit umso größeren Haushaltslöchern zurück. Auf der Strecke bleibt der Wohlstand des Kontinents. Zuversicht kann das allein in der gegenwärtigen Lage nicht schaffen.

Weitaus konkreter ist man in Europa auf einem anderen Feld, das eine ähnlich fatale Wirkungsverfehlung haben könnte wie Konjunkturpakete: Seit Januar 2013 befürworten die Staats- und Regierungschefs der Eurozone zusammen mit der Kommission, den Sparkurs der Euroländer aufzuweichen. Im

Mittelpunkt derartiger Überlegungen steht die Annahme, dass Haushaltskonsolidierung *per se* wachstumsschädlich sei – und dass bei einem ambitionierten Sparkurs ganzen Volkswirtschaften ein *Kaputtsparen* drohe. Die empirische Literatur konnte die These des Kaputtsparens bisher kaum belegen.

Dies hat die Staats- und Regierungschefs der Eurozone jedoch nicht davon abgehalten, zuletzt unter dem Verweis auf angeblich schädliche Sparmaßnahmen die haushaltspolitische Koordinierung der Euroländer *en passant* gleich an mehreren Stellen abzuändern. Im ersten Schritt gab die Europäische Kommission zahlreichen Euroländern mehr Zeit, ihre Defizite wieder unter die vertraglich festgeschriebene Marke von drei Prozent der Wirtschaftsleistung zu senken. An sich keine falsche Maßnahme, wenn die Wachstumsaussichten schlecht sind und gleichzeitig strukturell erfolgreich konsolidiert würde. Aktuelle Statistiken der Eurozone zeigen jedoch, dass vor allem die strukturelle Konsolidierung problematisch bleibt – und damit die Sparleistung unabhängig vom Konjunkturzyklus hinter den Erwartungen hinterherhinkt. Das Teuflische daran ist: In der Tat kann eine derartige Verwässerung des Sparkurses kurzfristig dafür sorgen, dass die Konjunktur sich im Schein eines Strohfeuers aufhellt und damit den Blick auf die tatsächlichen Konsolidierungserfordernisse verstellt. Die Wirkung käme einem Konjunkturpaket gleich. Die eigentliche Problematik jedoch, nämlich die akute Wachstumsschwäche durch institutionelle Verkrustungen, würde indes nicht gelöst, sondern allenfalls mit öffentlichen Geldern und Aktionismus übertüncht. Von Umdenken und Neuanfang keine Spur.

Auch der Stabilitäts- und Wachstumspakt wurde gleich an drei Stellen aufgeweicht, obwohl er noch zu Beginn der Eurokrise einer ehrgeizigen Reform unterzogen worden war.

- So ist es den Euroländern seit Sommer 2013 gestattet, einen Teil ihrer öffentlichen Investitionen bei den Sparvorgaben der Europäischen Kommission gegenzurechnen. Immer dann, wenn ein Mitgliedstaat mit EU-Mitteln etwa eine Schule oder eine Autobahn baut, muss er einen Teil des Finanzaufwandes aus Eigenmitteln bereitstellen, die meist über Kredite finanziert werden. Dieser nationale Anteil der Kofinanzierung kann künftig bei den Defiziten herausgerechnet werden, die nach Brüssel zu melden sind. In der Summe macht dies zunächst nicht viel aus. Allerdings wurde hierdurch ein wichtiges Einfallstor geöffnet, denn es wird nun nicht mehr der tatsächliche Finanzierungssaldo dargestellt. Schon hat Italien Forderungen angemeldet, sämtliche öffentliche Investitionen aus der Erfassung struktureller Defizite auszuklammern.[52] Zwar hatte Italien mit dieser Forderung keinen Erfolg. Doch wie lange wird das noch so bleiben?
- Ein weiteres Beispiel: Beinahe unbemerkt änderte die Europäische Kommission im Herbst des letzten Jahres die Berechnung der Defizite. Länder mit einer höheren Arbeitslosenrate – so die Argumentation – hätten höhere Fixkosten für ihre Arbeitslosenfürsorge zu tragen. Sie genießen daher seit neuestem eine höhere Defizittoleranz.
- Und auch, wenn Mitgliedstaaten einige Finanzinstitute im Zuge strengerer Eigenkapitalanforderungen im Vorfeld der Bankenunion rekapitalisieren müssen, wird ihnen eine höhere Neuverschuldung problemlos zugestanden.

Die ursprünglich zulässigen Grenzen der Neuverschuldung können so leicht umgangen werden. Immerhin: Sorgen um mangelnde Kreativität der politisch Verantwortlichen brauchen wir uns nicht zu machen.

Die Konsequenzen werden weitreichend sein. Erst im Jahr 2013 haben die Euroländer auf Betreiben Deutschlands nationale Schuldenbremsen eingeführt. Das sind Gesetze, die das jährliche Maß der Neuverschuldung deckeln. Diese Obergrenze soll die Vorgaben des Stabilitäts- und Wachstumspaktes in die nationalen Rechtsordnungen der Euroländer übertragen und somit für eine bessere Befolgung der Vorgaben sorgen. Eine vielversprechende Initiative – doch auch die Wirkung dieser Norm wurde durch die zahlreichen Ausnahmetatbestände ausgehöhlt. Unabhängig davon stellt sich das Problem, dass eine derartige Flexibilität einer zunehmend skeptischen Öffentlichkeit nur schwer glaubwürdig zu vermitteln ist. Zu oft wurde in der Vergangenheit der Ermessensspielraum überdehnt. Erst vor kurzem wurde bekannt, dass Deutschland und Finnland in einem Brief an die Kommission die großzügigen Ausnahmen und die zunehmende Intransparenz der Defiziterfassung der haushaltspolitischen Überwachung brandmarken.[53]

Die Wissenschaft leistet den halbherzigen Sparbemühungen jederzeit und gerne moralischen Feuerschutz. Zahlreiche Studien – unter anderem vom traditionell französisch dominierten IWF – versuchen auf Basis älterer Datensätze zu belegen, dass eine Streckung des Sparkurses sinnvoll wäre.[54] In einer Studie kamen sie zu dem Ergebnis, dass die Wirtschaftsleistung von Ländern im Verhältnis zum Sparaufwand überproportional sinke – und sich schnelle Konsolidierung nicht lohne. Die IWF-Volkswirte rechnen richtig. Doch ihre zu Grunde liegenden Annahmen sind ebenso weltfremd und modellartig, wie ihre Menschenkenntnis mangelhaft ist. So blenden sie beispielsweise die menschliche Zuversicht aus, die aus solider Haushaltspolitik entstehen und für neue Investitionen sorgen kann. Mit mathematischen Modellen lässt sie sich nicht verlässlich prognostizieren. Unabhängig davon gilt: Sobald sich Wirtschaftspolitik nämlich an den Ergebnissen makroökonomischer Studien orientiert und ihren Kurs wechselt, verändert sie eben jene Grundlage, auf der die Studien ihre Annahmen treffen. Die Politik sollte sich daher bei der Befolgung allzu eindeutiger Studienergebnisse zurückhalten. Dieser in den 1970er Jahren als *Lucas-Kritik*[55] bekannt gewordene Einwand erhält gerade in Bezug auf die Eurokrise besondere Relevanz.

Ebenso wie für kurzfristig angelegte Konjunkturprogramme gilt für die Streckung des Sparkurses, dass dieser den materiellen Wohlstand der Gesellschaft langfristig nicht sichern kann. Im Gegenteil: Solange, die wirtschaftspolitischen Rahmenbedingungen nicht stimmen, werden zusätzlich freigesetzte Mittel vom Privatsektor in der Regel nicht in produktive Zwecke investiert. Sie werden lediglich verkonsumiert oder in der Hoffnung auf bessere Zeiten gespart. Da Steuereinnahmen dann erst recht ausbleiben, fällt die Sparpolitik umso schwerer. Weiterhin sind die politischen Friktionen und Umverteilungskämpfe umso stärker, je länger man ernsthafte Sparmaßnahmen scheut, jedoch den Sparkurs streckt. So können wir die Abwärtsspirale nicht durchbrechen.

Welche Perspektiven haben Menschen, wenn Konjunkturpolitik unter den gegebenen Einschränkungen letztlich wirkungslos ist und keine Aussicht auf Wohlstand bietet? Wo bleiben die Perspektiven für materielle Sicherheit, für Dynamik, für Wachstum? Wie kann all das die Grundlagen für Selbstsicherheit, Selbstwirksamkeit und neuen gesellschaftlichen Mut legen?

Gibt es keine Alternative?

Besser: Konsolidieren statt konsumieren – und neues Vertrauen schaffen

Wir haben erfahren, dass Konjunkturpakete und eine sinnlose Streckung des Sparkurses das Vertrauen in die Politik untergraben und keine langfristigen Perspektiven aufzeigen. Sinnvolle Sparprogramme und strukturelle Haushaltskonsolidierung hingegen können das Vertrauen in die Politik steigern und verlässliche Grundlagen des Wachstums schaffen.

Oft wird behauptet, dass Sparprogramme seitens des Staates für Ausgabeneinbrüche sorgen und daher *per se* wachstumsfeindlich seien. Und in der Tat: Kurzfristig wirkt fiskalische Konsolidierung *per definitionem* immer kontraktiv. Denn wenn konsolidiert wird, lässt die Nachfrage der öffentlichen Hand nach. Dies hat auch Auswirkungen auf die Privatwirtschaft – Konsum und Investitionen gehen zunächst in den Keller, etwa, weil private Ausgaben sinken, wenn Löhne und Renten gekürzt werden. Viel interessanter sind aber die mittel- und langfristigen Entwicklungen. Wachstumsverträglich wird Konsolidierung nämlich dann, wenn Strukturreformen sie begleiten. Sofern die Sparanstrengungen in Bereichen durchgeführt werden, die der Öffentlichkeit als sinnvoll erscheinen – Beendigung sinnloser Subventionen, Verschlankung des Verwaltungsapparats, Privatisierungen –, merken Bürger und Unternehmen schon bald, dass ihr Eigentum in der Zukunft Bestand haben wird, da der Staat auf Grund eines geringeren Schuldenstandes leistungsfähiger wird. Und wenn Strukturreformen gleichzeitig für mehr Wettbewerb in den Märkten für Arbeit und Kapital, für Güter und Dienstleistungen bei einem effizienten institutionellen Rahmen (Verwaltung, Gerichte) sorgen, dann schöpfen Investoren neues Vertrauen in die allgemeinen Rahmenbedingungen. Sie investieren, Zweit- und Drittrundeneffekte können sich entfalten, und im Normalfall tritt privatwirtschaftliche Aktivität über gesteigerte Nettoexporte dank höherer Wettbewerbsfähigkeit und Folgekonsum an die Stelle geringerer Staatsausgaben. Wenn Menschen ihren Wohlstand gesichert sehen, investieren sie gerne. Sie wissen, dass sie in Zukunft mehr Netto vom Brutto übrig haben werden und schöpfen neues Vertrauen. Wachstum findet statt, und vor allen Dingen weckt die Aussicht auf Erfolge die Überzeugung, dass Leistungsbereitschaft und Kreativität sich auszahlen. Konsolidierung ist folglich nur dann ein Wachstumshemmer, wenn privatwirtschaftliche Aktivität durch inflexible Faktormärkte, aufgeblasene und intransparente Sozialsysteme und ineffiziente Verwaltungsstrukturen gelähmt wird. In diesem Falle sinkt der Anteil der öffentlichen Ausgaben an der Wirtschaftsleistung zwar, doch der Privatsektor hält Investitionen zurück. Er wartet auf bessere Zeiten, und nichts geht voran.

Diese differenzierte Argumentation findet jedoch in Brüssel weder Beifall noch überhaupt Beachtung. Vielmehr versteift sich die Debatte zunehmend auf starre Zielwerte wie etwa die Höchstgrenze für die jährliche Neuverschuldung von drei Prozent der Wirtschaftsleistung. Diese mag aus politischer Sicht zwar sinnvoll sein, weil sie für die Öffentlichkeit nachvollziehbar ist und somit Kontrolle durch Transparenz ermöglicht. Von vordergründigen Zahlen sollte man sich gleichwohl nicht täuschen lassen. Oft ist die Politik nämlich versucht, Defizite nicht allein über geringere Ausgaben zu senken, sondern indem sie Steuern und Abgaben erhöht. Auch in diesem Fall wäre der Zielwert zwar erreicht, doch die Staatsquote würde dabei unnötig nach oben geschraubt: Auch mit einem aufgeblähten Staatsapparat kann man niedrige Defizite fahren. Dies hilft aber nicht, die gesamtwirtschaftliche Aktivität nachhaltig anzufachen. Denn wo die Staatsquote hoch ist, sinkt das verfügbare Einkommen des Privatsektors. Immer mehr Menschen verlieren die Lust zu arbeiten, wenn sie wissen, dass ein immer größerer Teil ihres Einkommens vom Staat einbehalten wird. Privatwirtschaftliche Aktivität stirbt ab.

Wie lässt sich ein nachhaltiger Konsolidierungskurs aber festlegen und durchsetzen? Angesichts der Herausforderungen gibt es ordnungspolitische Hardliner, die bisweilen vorschlagen, den Steuerungsrahmen der Haushaltspolitik an ein unabhängiges Expertengremium abzugeben.[56] Der Gedanke dahinter ist, dass Experten, die von der Tagespolitik unabhängig sind, sich nicht durch politisch-opportunistische Ideen von einem vorab angekündigten Sparkurs abbringen lassen. Dies ist nicht mit inhaltlicher Starre und Inflexibilität zu verwechseln: Das eigentliche Ziel ist Konsistenz, die stets im Sinne der Sache und nicht im Sinne von Partikularinteressen entscheidet. Gegen die Auslagerung der Haushaltspolitik an ein unabhängiges Expertengremium spricht jedoch zunächst, dass solche Maßnahmen nicht unmittelbar demokratisch legitimiert sind. Außerdem hängt diese Art der Steuerung von der Glaubwürdigkeit und dem Willen jener Gruppen ab, die diese Kompetenzen tatsächlich abgeben. Macht kann niemals final delegiert werden. So zeigt die große Wende in der Geldpolitik der EZB exemplarisch, dass auch eine formal unabhängige Institution durch das Nichtstun anderer Institutionen faktisch dazu bewegt werden kann, ihre Unabhängigkeit selbst aufzugeben. Gegenüber anderen Institutionen mag sie unabhängig sein – gegenüber der Sache, der sie dient, ist sie es aber nicht. Ist diese Sache bedroht, muss auch ein unabhängiges Gremium seine Strategie anpassen. Vor allem aber würde ein unabhängiges Expertengremium nicht zu jenem

Gesinnungswandel in der Verwaltung führen, der zwingend dafür notwendig ist, dass expansive Fiskalpolitik und Steuerverschwendung abnehmen. Umgehungsstrategien, etwa Schattenhaushalte und verdeckte Transaktionen über staatseigene Unternehmen, würden regelrecht provoziert. Konsolidierung darf nicht befohlen werden. Vielmehr müssen Sparanstrengungen im tagespolitischen Prozess kommuniziert werden und sich dann im Diskurs durchsetzen. Das mag schmerzlich sein. Aber gerade diese Reibungen werden am Ende dazu beitragen, dass das Verständnis für die nötige Konsolidierung wächst – aus Eigenverantwortung heraus.

Derartige Überlegungen gelten nicht nur für die Konsolidierung als solche, sondern auch für Reformen der Steuersysteme. In Europa bergen sie noch große Reformpotenziale. Wenn diese Reformpotenziale gehoben und den Bürgern finanzielle Ressourcen zurückgegeben werden, kann das Moment stärkerer Eigenverantwortung zusätzliche Wachstumskräfte freisetzen.

Steuersysteme auf Wachstum trimmen

Debatten über die Neuausrichtung von Steuersystemen werden von Unbeteiligten oft als reine Auseinandersetzungen über die Höhe von Steuersätzen missverstanden. Dies greift jedoch zu kurz. Die Frage, die man sich vielmehr stellen sollte, ist nicht in erster Linie die nach dem optimalen Steuersatz. Vielmehr müssen wir erkunden, wie wir unsere Steuersysteme dahingehend ausgestalten können, dass Privathaushalte und Unternehmen autonom, eigenverantwortlich und unter konsistenten Anreizen entscheiden können, ob sie ihre zusätzlichen Mittel lieber sparen, investieren oder verkonsumieren.

Aus dieser Eigenverantwortung kann Wachstum entstehen. Aber der Reihe nach: Um zu verstehen, wie ein Steuersystem Wachstum fördern kann, müssen wir zunächst einen Schritt zurücktreten und begreifen, wie Wachstum zu Stande kommt. Wachstum ist das Ergebnis eines immer intensiveren und effizienteren Einsatzes sogenannter Produktionsfaktoren. Volkswirte vereinfachen gerne und fassen diese Produktionsfaktoren als Arbeit und Kapital zusammen:

- Unter *Arbeit* verstehen sie alles das, was von Menschenhand gemacht wird.
- Mit *Kapital* meinen sie nicht nur Finanzkapital, sondern auch Sachkapital wie etwa Maschinen und Gebäude.

Wachstum entsteht, wenn diese Produktionsfaktoren intensiver eingesetzt werden – wenn Mitarbeiter beispielsweise Überstunden machen oder Maschinen länger laufen. Wachstum kann aber auch entstehen, wenn beide Produktionsfaktoren über Innovation und technischen Fortschritt effizienter eingesetzt werden. Diese Art von Wachstum haben wir zuvor schon als *Produktivitätswachstum* kennengelernt. Diese Überlegungen muten reichlich theoretisch an. Sie machen jedoch deutlich, dass Wachstum ein generischer Prozess der kleinsten Einheiten des Wirtschaftsgeschehens ist: Menschen und Unternehmen. Die Besteuerung ihrer Arbeit und ihres Kapitals kann beeinflussen, wie diese Akteure ihre Ressourcen einsetzen, und hat damit letztlich auch Einfluss auf das Wachstum.

Werfen wir zunächst also einen Blick auf die Besteuerung des ersten Produktionsfaktors *Arbeit*. Wenn Arbeitseinkommen hoch und mit starker Progression besteuert werden, dann lohnt sich ein Mehreinsatz an Arbeit für den einzelnen Arbeitnehmer nicht mehr: Arbeitsangebot und Angebotsnachfrage lassen nach. Je größer die Spanne zwischen Brutto- und Nettolohn ist, desto weniger Anreiz besteht für Arbeitnehmer, ihre Arbeitskraft auf dem regulären Arbeitsmarkt anzubieten. Schwarzarbeit hingegen hat Hochkonjunktur. Zudem investieren Menschen dann lieber in ihre Freizeit und sehen von persönlichen Fortbildungen ab, da ein höheres Ausbildungsniveau in der Tendenz auch mit einem höheren Einkommen verbunden ist. Aus dem gleichen Grund lässt auch der Anreiz nach, ein Unternehmen zu gründen. Langfristig hemmt dies Wettbewerb und Innovationen.[57]

Nicht weniger problematisch ist es, den zweiten Faktor *Kapital* – und damit Kapitaleinnahmen oder Unternehmensgewinne – zu besteuern. So beeinflusst die Höhe der Körperschaftssteuer die Standortwahl, aber auch die absolute Höhe von Unternehmensinvestitionen und ebenso die Entscheidung, wo diese Gewinne veranlagt werden. Insbesondere das Finanzkapital, der mobilste aller Produktionsfaktoren, fließt rasch von dort ab, wo es besteuert wird. Die Folge sind geringere Investitionen vor Ort und eine niedrigere Produktivität. Noch schädlicher sind in diesem Zusammenhang Überlegungen, über eine Vermögensabgabe die Substanz des Kapitals zu belasten.

Länder, die ihre Steuersysteme wachstumsfreundlich ausgestalten möchten, müssen darauf achten, dass die Produktionsfaktoren Arbeit und Kapital möglichst gering besteuert werden, denn sie sind die Grundlagen unseres gesamtwirtschaftlichen Wachstums. Vielmehr empfiehlt es sich, den Konsum verstärkt zu besteuern.[58] Die Konsumenten haben es dann selbst in der Hand, über ihren Konsum Steuern anfallen zu lassen. Weiterhin lassen sich über Verbrauchssteuern politisch erwünschte Ziele erreichen – so etwa beim Tabak- oder Alkoholkonsum. Als Umweltsteuern ausgestaltet führen sie obendrein oft noch zu verstärkter Innovation, indem Konsumenten verstärkt geringer besteuerte, umweltfreundliche Produkte nachfragen, beispielsweise bei emissionsarme Kraftfahrzeuge. Freilich würde eine stärkere Besteuerung des Konsums in erster Linie Niedrigverdiener und Menschen ohne Einkommen, also Hausfrauen, Rentner, Arbeitslose oder Studenten schädigen, da Konsumausgaben einen höheren Anteil an ihrem Einkommen ausmachen als bei Spitzenverdienern. Eine gesonderte Entlastung dieser Einkommensklassen ließe sich jedoch über großzügige Freibetragsregelungen und nicht zuletzt über Anpassungsklauseln im Steuerrecht ermöglichen, die die inflationsbedingte Erhöhung der Steuerlast im Zeitverlauf (sog. *kalte Progression*) entschärfen. Steuersysteme mit Einheitssteuersatz – sogenannte *Flat-Tax*-Modelle, wie sie beispielsweise der Heidelberger Steuerrechtler Paul Kirchhof vorschlägt[59] – wären hierzu ebenfalls eine geeignete Möglichkeit. Sie stehen zwar oft im Verdacht, Geringverdiener ebenso zu besteuern wie Spitzenverdiener und Vermögende. Allerdings übersieht diese Kritik, dass auch hier Freibeträge eine indirekte Progression garantieren können. Zudem wird das Steuersystem auch für untere Einkommensklassen gerechter – weil leichter nachvollziehbar: Vor allem jene Bürger, die nicht die finanziellen Ressourcen haben um sich bei ihrer Steuererklärung helfen zu lassen, gewinnen bei einer Vereinfachung. Und so ist höhere Steuerverständlichkeit kein Selbstzweck: Sie setzt jene Mittel frei, die ansonsten genutzt würden, um fiskalische Umgehungstatbestände auszuschöpfen. Nicht zuletzt gibt es Befürworter, die argumentieren, dass eine höhere Verständlichkeit von Steuersystemen am Ende auch zu einer erhöhten Steuerehrlichkeit führt.[60]

Einfachere Steuersysteme zu schaffen sollte nicht nur eine Aufgabe für wirtschaftliche Schönwetterperioden sein. Sie ist vielmehr von dauerhafter Relevanz. So senkt eine Vereinfachung von Steuersystemen nicht nur die Transaktionskosten für die Steuer- und Finanzverwaltung, sondern gibt zugleich finanzielle Ressourcen an Bürger und Unternehmen zurück. Unterstützt werden kann dies, wenn die Steuer- und Finanzpolitik nicht nur im quantitativen Sinne (Steuersätze, Bemessungsgrundlagen), sondern auch im qualitativen Sinne (Effizienz und Effektivität der Steuer- und Finanzverwaltung) verbessert wird.[61]

Je mehr Geld in den Händen privater Haushalte liegt, desto leichter wird es ihnen fallen, einen eigenen Kapitalstock aufzubauen. Je größer dieser Kapitalstock ist, desto eher können diese Ressourcen wieder reinvestiert werden und damit das Wachstumspotenzial der Volkswirtschaft insgesamt heben. Haushalten und Unternehmen gelingt dies mit ihren dezentralen Entscheidungen oft besser als selbsternannten staatlichen Wachstumsstrategen. Die enorm positiven Implikationen für die Gesellschaft untermauert auch eine Studie, die die EZB im Frühjahr 2013 veröffentlicht hat.[62] Ein zentrales Ergebnis dieser Umfrage zur persönlichen Vermögenssituation unter 62.000 Haushalten in der Eurozone ist, dass Länder mit niedrigeren Steuer- und Abgabenquoten in der Regel höhere Vermögen in den Privathaushalten aufweisen. In einigen Ländern waren sicherlich nicht nur die Steuersätze niedrig, sondern auch die Steuermoral der Bürger und die Effizienz der Finanzverwaltungen. Dieser letzte Umstand sollte mit Blick auf einen sichereren gesellschaftlichen Wohlstand in Europa freilich nicht mehr verfolgt werden. Das kann jedoch nicht darüber hinwegtäuschen, dass Reformen des Steuersystems eine Gesellschaft über die Rückgabe finanzieller Ressourcen in die Hand privater Haushalte zu mehr Eigenverantwortung bewegen können.

Menschen schöpfen Zuversicht, sie glauben an die Zukunft und beginnen, gehortetes Geld zu investieren: Aus erhöhter wirtschaftlicher Aktivität entsteht dann der Ansporn zu Leistung, die zusätzliche Steuergewinne bei gleichbleibender wirtschaftlicher Aktivität generiert. So können mittel- und langfristig zur Anschubfinanzierung der Steuerreform kurzfristig entgangene Gewinne der öffentlichen Kassen wieder wettgemacht werden.

Allein Nachhaltigkeit sichert langfristig Wohlstand

Wir haben in diesem Kapitel weit ausgeholt, um Perspektiven aufzuzeigen, wie die nachhaltige Sicherung von Eigentum in den Gesellschaften Europas nicht nur die Eurokrise entschärfen, sondern auch die Grundlagen für gesellschaftlichen Mut legen kann. Wir haben erfahren, dass Haftungsvergemeinschaftung in Staatsfinanzen und Finanzsystem und Ausgabenprogramme in der kurzen Frist sicherlich für Stabilität sorgen können. Der Wille zu neuer Verantwortung kann in einer Gesellschaft aber nur dann entstehen, wenn die Gesellschaft weiß, dass ihr Eigentum langfristig auch sicher ist. Wir schaffen das

- im Großen über ein Ende der Trennung von Risiko und Haftung bei Staatsfinanzen; jüngere Initiativen im Finanzsystem machen es vor,
- mit einem strikten Sparkurs, der sich von der Illusion verabschiedet, dass Ausgabenprogramme in wirtschaftlichen Krisenzeiten dauerhaft Abhilfe schaffen können
- und im Kleinen über eine tiefgreifende Reform der Steuersysteme, die Bürgern mehr finanzielle Mittel zurückgibt und sie an ihre Verantwortung für ihr Eigentum erinnert.

Diese drei Punkte nehmen auf der heutigen politischen Agenda nicht die vorderen Plätze ein. Vielmehr stehen gemeinsame Haftung und weiche Haushaltspolitik auf dem Programm. Wo jedoch Risiko und Haftung getrennt sind und versucht wird, auf Pump zu wirtschaften, werden Wachstumseffekte allenfalls von kurzfristiger Natur sein. Was bleibt, sind strukturelle Fehlentwicklungen in unserem Wirtschaftssystem, Fehlallokationen und eine schädliche Orientierung allein am *Status quo*. Freilich wäre es möglich, diesen *Status quo* noch einige Jahre aufrechtzuerhalten. Dies würde eine Fortsetzung der staatlichen Rettungspolitik und der stützenden EZB-Geldpolitik bedeuten. Die wichtigste Ressource, die die Euroländer damit jedoch verlieren würden, wäre Zeit: Zeit zum Wandel und Zeit zum Aufbruch hin zu neuer Dynamik.

Es mag in Zeiten umfangreicher Rettungsschirme mit Vollkaskofunktion unpopulär sein, ein *Ende mit Schrecken* im Rahmen einer multilateralen Umschuldungsinitiative zu fordern. Wie wir erfahren haben, werden die Rückführung von Risiken zu Haftung und die Beseitigung von Altlasten sicherlich auch für private Haushalte mit kurzfristigen Wohlstandseinbußen verbunden sein. Diese werden jedoch ohnehin nicht zu verhindern sein. Besser ist es daher, wenn wir sie vorziehen und zugleich einen strukturellen Neubeginn wagen. Die anderen Maßnahmen – Sparmaßnahmen der öffentlichen Hand, vor allem aber die wachstumsfreundliche Ausgestaltung des Steuersystems – dürften diese Einbußen mittel- und langfristig mehr als aufwiegen und unseren Wohlstand wieder auf eine solidere Basis stellen. In diesem Falle wären diese Strapazen jenem *Schrecken ohne Ende* vorzuziehen, wie wir ihn in der permanenten Insolvenzverschleppung der Krisenpolitik mit all ihren

Verhandlungsrunden, dem ständigen Risiko wechselseitiger Blockaden und der daraus folgenden Perspektivlosigkeit zurzeit erfahren. Damit dies gelingt, ist es ratsam, in langfristigen Zusammenhängen zu denken, wirtschaftspolitische Konzepte nicht an Tageserfolgen zu orientieren und dauerhafte Entwicklungen zu ermöglichen. Der materielle Wohlstand der Gesellschaft kann nur dann langfristig gesichert werden, wenn die Politik sich wieder am Konzept der *Nachhaltigkeit* orientiert. Die bekannteste Definition des Begriffes Nachhaltigkeit stammt aus einem Bericht der Weltkommission für Umwelt und Entwicklung der Vereinigten Nationen aus dem Jahr 1987, der unter dem Vorsitz der damaligen norwegischen Ministerpräsidentin Gro Harlem Brundtland angefertigt wurde. Die sogenannte Brundtland-Kommission definierte Nachhaltigkeit als eine Entwicklung *„die die Bedürfnisse der Gegenwart befriedigt, ohne zu riskieren, dass künftige Generationen ihre eigenen Bedürfnisse nicht befriedigen können.“*[63]

Alle diese skizzierten Maßnahmen sind kein Selbstzweck. Sowohl die Rückkehr zum Haftungsprinzip als auch ein unvermindertes Fortführen des Sparkurses dienen neben den zuvor dargelegten Vorteilen nämlich noch einem weiteren Zweck: Sie versetzen die EZB in die Lage, sich aus ihren faktischen Abhängigkeiten zu befreien und machen den Weg frei für eine Renaissance stabilitätsorientierter Geldpolitik.

Geldpolitik: Letzte Chance für die Glaubwürdigkeit

Im Zuge der Eurokrise ist die EZB als Zentralbank der Eurozone bis an den Rand ihrer geldpolitischen Glaubwürdigkeit gegangen, um das politische Führungsvakuum mit ihren Stützungsaktionen zu füllen. Die drohende Finanzkrise bekämpfte sie erfolgreich mit Niedrigzinsen und unzähligen Liquiditätsspritzen. In Zeiten akuten Koordinationsversagens übernahm sie die Marktpflege mit ihren Aufkaufprogrammen für Staatsanleihen. Und in der derzeitigen Phase der Lethargie versucht sie mit einem Niedrigzinsversprechen und ihrer Blanko-Bestandsgarantie für die Eurozone Konsumenten und Investoren so gut es geht bei Laune zu halten.

In der Tat konnte die EZB die Lage stabilisieren, und es gibt in diesen Tagen nicht wenige, die ihre pragmatische Geldpolitik gutheißen. Der Politik ist die implizite Stützung durch die EZB sehr recht – die Ruhe an den Märkten ist im politischen Tagesgeschäft hilfreich, und das zuletzt aufkeimende Mini-Wachstum lässt sich leicht als Folge erster Reformbemühungen verkaufen. Auch die Unternehmen freuen sich: Denn ungeachtet des krisenbedingten Einbruchs der privaten Nachfrage verleihen die Liquiditätsinjektionen der EZB, das niedrige Zinsniveau, aber auch die implizite Bankenrettung dem europäischen Privatsektor nach wie vor eine enorme Kaufkraft und lassen ihn über Potenzial konsumieren. Anders gewendet: Es werden Waren und Dienstleistungen bezahlt, die viele Länder unter einem frei schwankenden Wechselkurs gar nicht kaufen könnten. Verkürzt könnte man behaupten, dass zahlreiche Exporte über Zentralbankkredite refinanziert werden.[64] In diesem Zusammenhang ist kritisch zu bewerten, dass notwendige Anpassungsprozesse so am allerwenigsten angestoßen werden. Mehr noch: Gerade weil keine solchen stattfinden, steigt die faktische Abhängigkeit vom billigen Zentralbankgeld noch mehr. Alle diese Überlegungen zeigen, dass die positiven Effekte der nachgiebigen EZB-Geldpolitik allenfalls von kurzer Dauer sein werden.

Was sind die Konsequenzen? Zahlreiche Ökonomen weisen in diesen Tagen auf akute Deflationsgefahren hin, die der europäischen Wirtschaft angesichts der letzten Jahre der Stagnation drohen. Und in der Tat: Die Gefahr von Deflation sollte aktuell nicht unterschätzt werden. Eine niedrige gesamtwirtschaftliche Dynamik könnte in der Tat dazu führen, dass Unternehmen in einen ruinösen Preiswettkampf treten und sich gegenseitig unterbieten. Die Nachfrage bricht dann weg, da Konsumenten geneigt sind, noch länger mit ihren Ausgaben zu warten; dies wiederum facht den Unterbietungswettbewerb an. Eine Geldpolitik, die nach der Pfeife der Politik tanzt, könnte hier sicherlich kurzfristig für Abhilfe sorgen – langfristig und ursächlich jedoch kann sie Deflationsgefahren nicht bekämpfen, denn ihre Ursachen sind aktuell zuallererst in der schwachen Industriekonjunktur und der mageren Binnennachfrage zu suchen – und damit in der Perspektivlosigkeit der Unternehmen und der Verunsicherung der Verbraucher. Deflation darf daher niemals Anlass und alleiniger Rechtfertigungsgrund für geldpolitische Allüren sein. Man bekämpft sie nicht mit der Notenpresse, sondern mit guter Politik, die Mut macht und der Realwirtschaft Perspektiven für Investitionen aufzeigt.

Wird die Notenpresse hingegen weiter hemmungslos bedient, so wird uns in der langen Frist das genaue Gegenteil von Deflation drohen: Wenn die Bevölkerung merkt, dass die Zentralbank sich politischen Zielen andient, könnte schon bald ein Teufelskreis entstehen, in dem die EZB entlang eines immer deutlicher vorhersehbaren Reaktionspfades immer stärkere Geschütze auffahren müsste, um Hoffnungen und Erwartungen der Finanzmärkte zu übertrumpfen. Sobald Geldwertstabilität nicht mehr zum Primat der Geldpolitik gehört, könnte das Vertrauen in den Euro als Papier- und Buchgeld wanken. Hohe

Inflation dürfte die Folge dieses Vertrauensverlustes sein, wenn Menschen anzweifeln, dass der bunt bedruckte Papierlappen mit Silberfaden tatsächlich die Kaufkraft seines aufgedruckten Nominalwertes hat. In diesem Fall könnten sie sich bald Währungssurrogate suchen – etwa Währungen, die mit Rohstoffen oder realen Werten unterlegt sind. Die Eigentumsverhältnisse unserer Gesellschaft wären dann noch stärker bedroht. Damit es nicht so weit kommt, muss die Politik mit den zuvor skizzierten Maßnahmen – Ende der Schuldenvergemeinschaftung und sinnvolle Konsolidierung – die Grundlagen dafür schaffen, dass sich die EZB aus ihren faktischen Zwängen lösen kann. Diese letzte Ausfahrt vor dem totalen Vertrauensverlust in die Geldordnung muss dringend genutzt werden.

Wir haben auf den letzten Seiten klare Eigentumsverhältnisse und gesellschaftlichen Wohlstand als erste Voraussetzung für eine mutigere Gesellschaft kennengelernt. Das allein ist sicher notwendig, um einer Gesellschaft ein Gefühl materieller Sicherheit zu verleihen. Wohlstand ist jedoch nicht allein eine Angelegenheit absoluter Größen. Relative Abstände zählen ebenfalls. Wachstumsmärkte in anderen Erdteilen holen auf, und wer stillsteht, fällt im globalen Wettbewerb zurück. Für uns Europäer bedeutet das: Wir müssen nicht nur sicherstellen, dass unser Wohlstand gesichert bleibt. Vielmehr müssen wir auch dafür sorgen, dass er erweitert wird. Dies erreichen wir, indem wir die Wachstumspotenziale der europäischen Volkswirtschaften neu entdecken und konsequent heben.

Wirtschaftliche Teilhabe ist hierzu der geeignete Schlüssel.

VI Mut mit wirtschaftlicher Teilhabe stärken

Neuer Mut benötigt mehr als nur gesellschaftlichen Wohlstand, denn Menschen geben sich mit ihrem erreichten Besitzstand nur selten zufrieden. Sie möchten ihr persönliches wie gesellschaftliches Eigentum nicht nur wahren, sondern vergrößern. Das hängt maßgeblich mit dem menschlichen Wesen zusammen: Der Mensch weiß, dass sein Leben endlich ist. Folglich möchte er innerhalb seiner begrenzten Lebenszeit etwas bewirken, das seinem *Dasein* Bedeutsamkeit verleiht. Er strebt nach *mehr*. Dieses *Mehr* ist ein zentrales Ziel des menschlichen *Daseins*. Wirtschaftliche Teilhabe kann die Chancen auf dieses *Mehr* vergrößern. Sie steht für die Möglichkeit von Menschen, ihr Eigentum und ihre Talente unter annähernd gleichen Ausgangsbedingungen einzusetzen und damit ihren Einfluss und Wohlstand zu mehren. Das geht beispielsweise über Arbeit und Bildung. All dies stärkt die materielle Sicherheit und legt damit die zweite Stufe für gesellschaftlichen Mut.

Sind die Chancen auf wirtschaftliche Teilhabe nicht gegeben, kann der Mensch das Streben nach Mehr – und damit das zentrale Ziel seines Daseins – nicht mehr bzw. nur über andere Kanäle erreichen. Er fühlt sich eingeengt und abgehängt. Die Folge ist nicht nur ein gesellschaftliches Klima des Neides und der Missgunst. Vielmehr stellen die Menschen den Sinn marktwirtschaftlicher Wirtschaftssysteme bald ganz grundsätzlich in Frage, wenn diese ihr Aufstiegsversprechen nicht halten können. Dies gibt dann bald selbsternannten Heilsbringern

Auftrieb, die unter dem Vorwand der Gerechtigkeit oder mit rechter Polemik den gesellschaftlichen Neidkomplex weiter bedienen.

Wer wirtschaftliche Teilhabe richtig ausgestalten möchte, muss daher zunächst innehalten und sich ausführlich mit Neid und den unterschiedlichen Formen von Gerechtigkeit auseinandersetzen.

Neid und Missgunst: Fortschrittstreiber und Fortschrittsbremser

Neid ist etwas zutiefst Menschliches. Zwischen Instinkt und bewusst erlebtem Gefühl veranlasst er uns Menschen dazu, etwas besitzen zu wollen, was andere haben. Dadurch wird Neid zum Treibstoff von Konkurrenz und Wettbewerb und zum relativen – nicht absoluten – Beweggrund des menschlichen Strebens nach Fortschritt. In der gesellschaftlichen Perspektive wird Neid zugleich zum Band der Kohäsion: Niemand wird gerne und dauerhaft beneidet. Daher verhalten sich Menschen oft konform, um den Neid der Anderen nicht auf sich zu ziehen.[65]

Neid wird jedoch dort destruktiv, wo er sich mit Schadenfreude und Missgunst vereint. So zeigt die wirtschaftswissenschaftliche Verhaltensforschung,[66] dass viele Menschen lieber auf einen Gewinn für sich und andere verzichten, als ertragen zu müssen, dass andere Menschen noch höhere Gewinne als sie selbst erwirtschaften. Wenn dies im sozialen Leben überhandnimmt, kann Missgunst eine ganze Gesellschaft blockieren. Die Augen richten sich auf das Gegenüber, Umverteilungskämpfe verstellen den Blick auf die Zukunft, und man orientiert sich allein am Besitzstand.

Neid und Missgunst sind uns moralisch unangenehm. Daher tarnen wir sie gerne – bewusst oder unbewusst – hinter anderen, oft vordergründig höheren Motiven. Und so neigen Menschen im Hinblick auf dieses Thema oft und gerne zu Moralismus. Die Politik greift das gerne auf. Managergehälter werden gegeißelt, Reichensteuern und Vermögensabgaben das Wort geredet. Und nicht selten werden gesellschaftlicher Neid und Missgunst mit unqualifizierten und unreflektierten Forderungen nach „Gerechtigkeit" für die eigenen politischen Ziele instrumentalisiert. Bei allem berechtigten Unbehagen über die offenkundigen Ungleichheiten in westlichen Gesellschaften wird allzu oft übersehen, dass die bedauernswerte Ungleichheit in der Gesellschaft nicht nur über eine Enteignung der Starken, sondern auch über eine Stärkung der Mittelschicht und der Schwachen abgebaut werden könnte.

Das Empfinden von Gleichheit und Gerechtigkeit ist immer subjektiv. Gerade im wirtschaftlichen Kontext stellt sich aber die besondere Herausforderung, dass Gerechtigkeit zugleich ein normativer Maßstab ist, der sich gleichzeitig an Effizienzkriterien messen lassen muss.[67] Diesem Anspruch zu genügen ist alles andere als einfach, denn Gerechtigkeit hat viele Gesichter.

Gerechtigkeit ja – aber welche?

Die Diskussion um das, was gerecht ist und was nicht, wird in der Regel kontrovers geführt, da der Begriff Gerechtigkeit einen gewaltigen Interpretationsspielraum bietet. Daher müssen wir zunächst die unterschiedlichen Dimensionen von Gerechtigkeit verstehen. Eine klassische und kulturell wirkmächtige

Unterscheidung hat Aristoteles in seiner *Nikomachischen Ethik* getroffen. Er unterscheidet zwischen

- *ausgleichender Gerechtigkeit*
- und *austeilender Gerechtigkeit.*

Die *ausgleichende Gerechtigkeit* wird auch *Tauschgerechtigkeit* genannt. Gemäß dem Wahlspruch „*Jedem das Seine*" steht sie für die Gleichwertigkeit von Leistung und Gegenleistung, die einzig und allein die miteinander Tausch betreibenden Akteure im Einverständnis festlegen. Ausgleichend gerecht ist der, der Verträge einhält und fair im menschlichen Miteinander ist. Im Mittelpunkt steht das horizontale Verhältnis zwischen Menschen und Institutionen. In modernen Gesellschafts- und Wirtschaftssystemen sind die Messgrößen für die ausgleichende Gerechtigkeit Preise, Löhne und Knappheit. Politik, die ausgleichende Gerechtigkeit sicherstellen möchte, muss gewährleisten, dass die Rechtsordnung und vor allem die Eigentumsrechte der Bürger im geschäftlichen Miteinander gewahrt bleiben. Dieser Gerechtigkeitsbegriff soll im weiteren Verlauf dieses Buchs nicht im Mittelpunkt stehen.

Die *austeilende Gerechtigkeit* zielt im Sinne eines „*Jedem das Gleiche*" darauf ab, dass Lasten und Pflichten so verteilt sind, dass sie den Fähigkeiten, den Kräften und damit der allgemeinen Belastbarkeit der Menschen entsprechen. Hier ist das vertikale Verhältnis von Staat und Gesellschaft von Interesse, das Auswirkungen auf die Lebensumstände von Individuen hat. In ebendiesem Verhältnis können auch Möglichkeiten der wirtschaftlichen Teilhabe ausgestaltet werden. Die *austeilende Gerechtigkeit* hat immer eine umverteilende Wirkung. Die Frage ist jedoch, nach welchen Maßstäben umverteilt wird. In diesem Zusammenhang spricht man von unterschiedlichen Ausrichtungen, unter denen *austeilende Gerechtigkeit* realisiert werden kann:

- *Bedarfsgerechtigkeit* geht von der Einkommensstruktur und der materiellen Lage einer Gesellschaft aus und versucht, die Mitglieder am unteren Ende der Gesellschaft gemäß ihren Bedürfnissen besserzustellen. Bedarfsgerechtigkeit zielt immer auf ein Mindestmaß an Grundsicherung für alle Menschen ab – den Bedürftigen soll gegeben werden. Elemente der Bedarfsgerechtigkeit finden wir in einem Sozialstaat, der Menschen über Sozialtransfers ein materielles Minimum zur Verfügung stellt. Dabei stellt sich jedoch die besondere Herausforderung, ebendieses materielle Minimum hinreichend zu definieren. Objektive Maßstäbe, um individuelle Bedürftigkeit und Bedarf zu messen, gibt es nicht. Die Bedarfsgerechtigkeit ist folglich immer nur der Ausfluss einer institutionellen Einschätzung. Dies birgt natürlich die Gefahr einer politischen Instrumentalisierung in sich. Schnell übernehmen dann Interessenvertreter die Meinungsführerschaft. Jene, die vorschlagen, Transfers auf ein Minimum zu reduzieren, sehen sich dann bald dem Vorwurf der Herzlosigkeit ausgesetzt – ein idealer Nährboden für Neid und Missgunst.
- Anders verhält es sich bei dem Konzept der *Chancengerechtigkeit*. Sie herrscht vor, wenn allen Menschen die gleichen Chancen eingeräumt werden, am materiellen Austausch teilzunehmen, Eigentum zu erwerben und Fremdeingriffe und Schaden von diesem Eigentum abzuwenden. Politik im Sinne der Chancengerechtigkeit muss gleiche Ausgangs- und Rahmenbedingungen schaffen, innerhalb derer Menschen in einen fairen Wettbewerb treten und sich darüber weiterentwickeln können. Hierbei spielt auch die sog. *Regelgerechtigkeit* eine Rolle, die sicherstellt, dass die Spielregeln im gesellschaftlichen Zusammenleben eine Ausgangslage im Sinne der Chancengerechtig-

keit wahren. Sowohl Chancen- als auch Regelgerechtigkeit setzen bei den Ausgangsbedingungen an. Sie geben jedoch nicht das Ergebnis einer gewünschten Umverteilung vor.

- *Leistungsgerechtigkeit* zielt darauf ab, dass Menschen gemäß ihrer persönlichen Leistung entlohnt werden. Das Entgelt ist vom Inhalt und Umfang des persönlichen Einsatzes abhängig. Umgekehrt und negativ könnte man auch von Diskriminierung sprechen, gemäß dem Wahlspruch „*Wer mehr leistet, soll mehr erhalten*". Die Höhe der Zuteilung – also etwa des Einkommens – bemisst sich an der Leistung, sie wird angesichts des Anteils des Einzelnen am Ganzen proportional entlohnt.

Keines dieser Konzepte ist gesellschaftlich allein erstrebenswert. Eine Gesellschaft, die ausschließlich Bedarfsgerechtigkeit anstrebt, würde sich in Verteilungskämpfen aufreiben. Der Neid in der Gesellschaft würde sich verstärken und den Blick auf die wirklich relevanten Fragestellungen der Zukunft verstellen. In einer Gesellschaft hingegen, die sich Chancengerechtigkeit allein als oberstes Ziel setzt, dürfte es dauerhaft erfolgreiche Menschen und Familien nicht geben: Erbschaften würden konfiskativ besteuert und eine Elitenförderung wäre unmöglich, um bloß für alle Menschen gleiche Ausgangsbedingungen zu wahren. Auch hier wäre das Neidpotenzial hoch. Und Gesellschaften, die allein Leistungsgerechtigkeit verfolgen, würden unter einem übermäßigen Verdrängungswettbewerb zerrieben. Soziales Engagement, Fairness und Mitgefühl würden vom Prinzip Leistung verdrängt. All dies sind unbehagliche Vorstellungen. Sie zeigen, dass Reinkulturen dieser drei Gerechtigkeitskonzepte dem Neid in allen Teilen der Gesellschaft Vorschub leisten würden. Wer Maßnahmen wirtschaftlicher Teilhabe richtig ausgestalten möchte, muss dies berücksichtigen.

Teilhabe und Gerechtigkeit als Bindemittel der Gesellschaft

Maßnahmen, die wirtschaftliche Teilhabe fördern sollen, haben besonders dann eine große Chance auf gesellschaftliche Akzeptanz, wenn sie die drei zuvor skizzierten Konzepte der austeilenden Gerechtigkeit virtuos miteinander verbinden. Konkret bedeutet das:

- Ein Minimum an *Bedarfsgerechtigkeit* gibt ein Sicherheitsgefühl, lässt damit allgemeine Zuversicht entstehen und stärkt den Willen zur Partizipation.
- *Chancengerechtigkeit* verstärkt den Willen zur Partizipation weiter, weil sie gleiche Ausgangsbedingungen wirtschaftlichen Handelns fördert und damit die Aussicht auf Partizipation und Aufstieg stärkt.
- Und die Möglichkeit *leistungsgerechter* Entlohnung motiviert schließlich Menschen, diese Chancen auch wahrzunehmen, weil sie die Menschen in ihrem Streben nach mehr dauerhaft belohnt und bestärkt.

Diese drei Punkte legen nahe, dass es für eine Gesellschaft nicht nur aus ethischen, sondern auch aus zweckrationalen Gründen sinnvoll ist, wirtschaftliche Teilhabe zu garantieren. Sie sorgt dafür, dass Menschen sich einbringen, auf die Gemeinschaft vertrauen und dazu beitragen, dass die Gesellschaft nicht aus den Fugen gerät. Wenn die Zukunft sicher ist und die Chance auf wirtschaftliche Teilhabe besteht, kann selbst Ungleichheit munter machen – sie befeuert das menschliche Streben nach mehr. Missgunst tritt in den Hintergrund und macht den Weg frei für eine Kultur des Gönnens. In diesem Sinne ist wirtschaftliche Teilhabe das ideale Gegengift gegen gesellschaftliche Missgunst: Sie beschwichtigt jene, die Gerechtigkeit einfordern. Und sie aktiviert jene, die nach mehr streben.

Gerade in der Eurokrise war wirtschaftliche Teilhabe bis zuletzt das rhetorische Leitmotiv zahlreicher politischer Initiativen. Allerdings bedeutet das Etikett „Teilhabe“ noch lange nicht, dass diese Maßnahmen diesem Ziel auch gerecht werden. Viele Initiativen setzen zwar an jenen Hebeln an, die eigentlich Teilhabe ermöglichen sollen – nämlich Arbeitsmärkte und Bildungssystem. Doch ihre bisherige Umsetzung ist mangelhaft: Eher zementieren sie den *Status quo*, indem sie Absicherungsmechanismen stärken, die einseitig auf Bedarfsgerechtigkeit setzen.

Das zeigt ein erstes Beispiel – die Arbeitsmärkte.

Europäische Arbeitsmärkte heute: Beruhigungspillen statt Muntermacher

Arbeit sorgt für wirtschaftliche Teilhabe über mehrere Kanäle. Zunächst gibt eine faire Entlohnung dem Menschen materielle Sicherheit. Sie ermöglicht es ihm, innerhalb gewisser ökonomischer Grenzen selbstbestimmt zu leben und zu wirtschaften. Teilhabe durch Arbeit entsteht jedoch nicht nur aus einer rein ökonomischen Perspektive. Sie lässt am sozialen Leben teilnehmen; sie bedeutet Austausch und Lernen. Arbeit wirkt dadurch auch sinnstiftend, denn sie lässt Menschen spüren: Ich werde gebraucht. Arbeit strukturiert den Tag und diszipliniert. Das verleiht ein Gefühl der Selbstwirksamkeit und Unabhängigkeit. Feste Arbeitsverhältnisse vermitteln Menschen zudem eine verlässliche Zukunftsperspektive. Sie können planen und schöpfen dadurch Mut. Arbeit ist folglich mehr als nur Beschäftigung: Ihr wohnt stets ein Sinn inne, der auch bei einfachen Tätigkeiten entscheidend ist. Und deshalb ist es wichtig, Menschen regulären Arbeitsverhältnissen zuzuführen.

Dieses Ideal wird in Europa in diesen Tagen jedoch nicht annähernd erreicht. So verhindert die Lage an den Arbeitsmärkten, dass Arbeit ihr Potenzial als Baustein wirtschaftlicher Teilhabe voll entfalten kann. Die Arbeitslosenzahlen sind in den meisten Eurokrisenländern hoch. Dies liegt nicht etwa daran, dass die Nachfrage nach Arbeitnehmern flächendeckend zu gering wäre, im Gegenteil: Viele Unternehmen suchen händeringend qualifizierte Arbeitskräfte. Allerdings können sie diese in überregulierten Arbeitsmärkten nicht immer finden und einstellen. Denn leider zielt die Arbeitsmarktpolitik in der Eurozone – allen voran in den Krisenländern – in erster Linie darauf ab, Beschäftigte zu schützen. Die Gewerkschaften haben eine starke Lobby, leiten daraus jedoch keine Verantwortung für Arbeitsuchende ab. Und so hält ein hoher Kündigungsschutz auch unproduktive Arbeitnehmer in festen Arbeitsverhältnissen, während er Menschen, die Arbeit suchen, keine Chance auf eine Festanstellung gibt. Dies gilt insbesondere dann, wenn der Kündigungsschutz mit Dauer der Betriebszugehörigkeit unverhältnismäßig steigt. Unternehmen mit hohem Kostendruck werden keinen Grund sehen, Arbeitsuchende einzustellen, sofern sie unproduktive Arbeitnehmer nicht entlassen können. Sie arbeiten mit ihrer Stammbelegschaft weiter. Die Folge für Arbeitsuchende ist eine Aneinanderreihung von befristeten Beschäftigungsverhältnissen, die eine verlässliche Lebensplanung und eine langfristige Orientierung an Perspektiven für persönliche Weiterentwicklung und Weiterbildung ausschließen. Arbeitnehmer unter einem starken Kündigungsschutz können hingegen getrost einen Gang zurückschalten.

Auch die Lohnsetzung ist nicht unproblematisch. In den meisten europäischen Ländern gibt es gesetzliche Mindestlöhne, die am unteren Bereich der Lohnspanne einen Boden für Lohn- und Tarifabschlüsse bilden. Ab dem Jahr 2015 gilt der Mindestlohn auch in Deutschland flächendeckend[68] und löst damit die bisherigen Mindestlohnregelungen ab, die bereits im Rahmen der Tarifautonomie in einigen Bereichen geschlossen wurden. Befürworter von Mindestlöhnen unterstreichen gerne, dass diese inländische Arbeitnehmer vor Niedriglohnkonkurrenz aus dem Ausland schützten. Dies gelte besonders dann, wenn es einen Binnenmarkt gebe, in dem sich ausländische Dienstleister frei bewegen können. Ein weiterer Vorteil sei, dass zumindest jene, die Arbeit haben, nicht unter Verarmung leiden. Zumindest die arbeitende Bevölkerung sei in der Lage, ohne zusätzliche Transfers ihren eigenen Lebensunterhalt zu stemmen. Es spricht aber auch einiges dagegen. Mindestlöhne lassen die Kosten von Arbeit steigen. Das hat besonders starke Auswirkungen auf die Beschäftigungschancen jener Niedrigqualifizierter, deren Wertschöpfung je Stunde unter dem Mindestlohn liegt. Diese Arbeitskräfte werden für den Arbeitsmarkt dann uninteressant. Das gilt beispielsweise für Wachleute, aber auch für ungelernte Gastronomiekräfte auf dem Land. Unternehmen könnten unter einem Mindestlohnregime geneigt sein, Arbeitsplätze abzubauen, die in erster Linie von Geringqualifizierten besetzt sind. Es könnte sich infolgedessen auch ein großes Heer von Scheinselbstständigen bilden, die einzig und allein deshalb in die Existenzgründung flüchten müssten, weil ihre Qualifikation für ein reguläres Arbeitsverhältnis unter Mindestlohnbedingungen nicht ausreicht. Schwarzarbeit und

Ausbeutung durch prekäres Lohnunternehmertum wären die Folge. Gerade dies würde jenen schaden, die über Niedriglohnjobs den Wiedereinstieg in den Arbeitsmarkt erreichen möchten. Ein Mindestlohn würde damit die Eigenschaft von Arbeit als Mittel des Aufstiegs und der wirtschaftlichen Teilhabe untergraben.

Weitere Nebenwirkungen sind nicht ausgeschlossen: Einerseits ist es denkbar, dass Unternehmen die erhöhten Löhne ihrer dann hochgestuften Mitarbeiter mit den Löhnen anderer Mitarbeiter quersubventionieren: Arbeitnehmer in höheren Lohngruppen werden dann unter Lohndruck geraten. Andererseits liegt auch die Annahme nicht fern, dass höhere Mindestlöhne als grundsätzliches Lohnsteigerungssignal angesehen werden und damit auch zu Lohnsteigerungen in anderen Lohngruppen führen. Dies dürfte die Preiswettbewerbsfähigkeit des jeweiligen Wirtschaftsstandorts weiter untergraben. Völlig unterschätzt wird zudem die Wirkung auf den Wettbewerb zwischen Unternehmen. Vor allem große, etablierte Unternehmen in personalintensiven Branchen, in denen wenig Wettbewerb herrscht, lieben den Mindestlohn, denn er kann Wettbewerber wirksam ausbremsen. So ist es kein Wunder, dass sich beispielsweise größere Postdienstleister seit Jahr und Tag tatkräftig für Mindestlöhne einsetzen: Unter einem Regime von Mindestlöhnen können Marktneulinge – also neue Konkurrenten – über die Lohnkonkurrenz motivierter Mitarbeiter den Platzhirschen nur noch schwerlich Marktanteile abjagen. Der Konkurrenzdruck wird nachlassen, weil sich der Marktneuzutritt nicht mehr lohnt.

Freilich hängt die Wirkung des Mindestlohns von seiner Höhe ab. Studien gehen allein für Deutschland davon aus, dass bei einem flächendeckenden Mindestlohn von 8,50 Euro über 1,2 Millionen Arbeitsplätze gefährdet sind.[69] In jedem Fall müssten die Löhne für über sechs Millionen Beschäftigte angehoben werden – Abstrahleffekte auf andere Lohngruppen nicht eingerechnet.[70] In diesem Zusammenhang ist es fraglich, ob die zusätzlichen Aufwendungen für Arbeitslosenunterstützung und geringere Unternehmenssteuern nicht weitaus größere Löcher in die öffentlichen Kassen schlagen, als höhere Einkommenssteuergewinne oder Sozialabgaben es allein vermuten ließen.

Jugend unter Druck

Von diesen Einschränkungen in der freien bzw. tariflichen Lohnsetzung und den zuvor skizzierten Rigiditäten im Arbeitsmarkt sind vor allem junge Menschen und schlecht qualifizierte Arbeitnehmer in Krisenländern betroffen.

In vielen Regionen Südeuropas liegt die Arbeitslosenrate unter Jugendlichen bei über 40 Prozent. Ihre gesamte zukünftige Berufsbiographie wird von diesen schwierigen aktuellen Einstiegsbedingungen beeinträchtigt sein. Ohnehin ist der Leistungsdruck für die Jugend hoch, während das materielle Erfolgsversprechen ihrer Zukunft immer unsicherer wird. Sie steht vor einem enormen Schuldenberg öffentlicher Staatsschulden und vor einer großen Tragfähigkeitslücke der öffentlichen Sozialsysteme. Der Berg an Forderungen erscheint riesig und engt gleichzeitig den Handlungsspielraum ein. Ebendies mag viele junge Menschen dazu veranlassen, sich aus Unsicherheit in Konformismus und Anpassung zu üben. Größere soziale Unruhen und Jugendrevolten drohen auch deshalb nicht, weil ein nicht unbedeutender Teil der jugendlichen Arbeitslosen noch im Elternhaus wohnt und nebenbei durch Schwarzarbeit hinzuverdient. Allein für Spanien gehen Studien davon aus, dass mehr als jeder vierte Euro schwarz verdient wird.[71] Schwarzarbeit sorgt zwar für Einkommen, jedoch nicht für nachhaltige Teilhabe. Sie strukturiert nämlich weder den Tag, noch sorgt sie für nachhaltige Weiterbildung. Und überdies können Schwarzarbeiter mit Bargeld allein auch nur schwerlich legal ein Privatvermögen für ihre Altersvorsorge aufbauen – sie sind gehalten, das Geld sofort auszugeben und in den Tag hinein zu leben. Gute Aussichten sehen anders aus.

Auch in den Ländern des Eurozentrums dominiert die Angst vor dem sozialen Abstieg. Immer mehr Jugendliche verlieren den Glauben daran, über Leistung aufsteigen zu können – auch in Deutschland. So kommt eine jüngere Umfrage des Allensbach-Instituts[72] zu dem Ergebnis, dass mehr als die Hälfte der aus einfachen Verhältnissen stammenden Menschen unter 30 Jahren nicht daran glaubt, dass ein Aufstieg in eine höhere soziale Schicht möglich sei. Mehr als ein Drittel der Befragten aus allen Gesellschaftsteilen glaubt, dass Leistung sich nicht auszahle und Aufstieg eher über ein gutes Elternhaus begünstigt werde. Nur jeder Fünfte vertraut darauf, dass man mit Leistung allein den sozialen Aufstieg schaffen könne. Und auch bei Studenten beobachten wir, dass diese zunehmend den Mut verlieren, sich in der entscheidenden Phase ihres Lebens selbst zu verwirklichen. Statt der eigenen Neugier nachzugehen und ein Orchideenfach zu wählen, dessen Studium junge Menschen mit starkem Willen, voller Leidenschaft, Ehrgeiz und Elan vorantreiben würden, wird der Weg in den fachlichen *Mainstream* gewählt – allein weil man sich von einem Studium der Betriebswirtschaftslehre vermeintlich sichere Jobchancen verspricht. Berufliche Zufriedenheit und Lebensfreude bleiben auf der Strecke. Offensichtlich bedarf es nicht nur planwirtschaftlicher Strukturen, um

Lebensläufe und -träume zu zerstören. Allein die latente Unsicherheit gegenüber einer unklaren Zukunft führt dazu, dass Menschen dies auch in freiheitlich angelegten Systemen aus Angst und vorauseilendem Gehorsam selbst tun und Berufe fern ihrer persönlichen Berufung und Neigung wählen.

Wer jedoch annimmt, dass dies Grund und Anlass für die Politik wäre, den Arbeitsmarkt grundlegend zu reformieren, um die Lage zu ändern, der irrt. Selbsterkenntnis ist Mangelware. Noch immer wird für die Schieflage an den Arbeitsmärkten des Kontinents und vor allen Dingen die Misere der Jugendarbeitslosigkeit die schlechte Konjunkturlage verantwortlich gemacht, nicht jedoch die mangelnde Flexibilität an den Arbeitsmärkten.[73] Und noch immer scheint es so, als ob die Politik in den Krisenländern sich schlicht und einfach nicht traut, einschneidende Reformen durchzuführen, die die missliche Lage beenden könnten. Aus wahltaktischen Gesichtspunkten ist dies sicher nachvollziehbar: Eine Besserung der Lage am Arbeitsmarkt nach einer Lockerung des Kündigungsschutzes und einer Qualifizierungsoffensive tritt erst nach mehreren Jahren ein, nämlich dann, wenn die Produktivität der Volkswirtschaft sich erhöht hat. Daher bleibt es oft beim regulatorischen *Status quo*.

Gleichzeitig entsteht der Eindruck, dass seitens der Politik blinder Aktionismus vorherrscht, teils aus dem irrigen Glauben, tatsächlich etwas erreichen zu können, teils um vom eigenen Fehlverhalten abzulenken und Missstände zu kaschieren. So wird – öffentlich sichtbar und politisch vermarktbar – an den Symptomen herumgedoktert: So einigten sich die europäischen Staats- und Regierungschefs erst vor kurzem auf ein Beschäftigungsversprechen für Jugendliche. Im Rahmen der sogenannten „Jugendgarantie“ sollen junge Menschen in Regionen, die eine Jugendarbeitslosigkeit von über 25 Prozent aufweisen, in Zukunft nach vier Monaten Arbeitslosigkeit einen Arbeitsplatz, eine Ausbildung oder ein Praktikum erhalten – notfalls in Beschäftigungsgesellschaften.[74] Mit Sicherheit wird diese kosmetische Maßnahme die Jugendarbeitslosigkeit in vielen Regionen senken, und die Politik wird dies als Erfolg verbuchen. Die jungen Menschen selbst werden davon jedoch am allerwenigsten profitieren: Sie brauchen Herausforderungen und keine Betreuung. Sie brauchen Anreize zur Eigenverantwortung. Die zuvor geschilderte Selbstwirksamkeit als Voraussetzung für persönlichen Erfolg können Jugendliche in Auffanggesellschaften nicht erfahren. Sie erhalten zudem noch eine falsche Vorstellung vom Erwerbsleben. Es erscheint mehr als fraglich, ob derartige Auffangangebote sie wirklich dauerhaft motivieren können, morgens pünktlich aufzustehen und zur Arbeit zu erscheinen. Gut möglich, dass sie sich mit diesen Positionen arrangieren. Vor allem aber dürfte der Stillstand bei jungen Menschen für Perspektiv- und Mutlosigkeit sorgen und am Ende auch für Neid und Gegnerschaft gegenüber dem Aufstieg der anderen. Mehr noch: Die Aversion verstärkt sich, wenn Jugendliche begreifen, dass ihnen einerseits goldene Brücken gebaut werden, andererseits jedoch die katastrophale Lage an den Arbeitsmärkten nichts anderes zulässt als Beschäftigung auf Staatskosten. Die Politik scheint hier mit ihrer Vollkaskomentalität einen falschen Dienst zu leisten.

Europäische Arbeitslosenversicherung würde Fehlanreize potenzieren

Das ist jedoch nicht alles. Mittlerweile machen in Brüssel Vorschläge die Runde, Transfers an Bedürftige weiter auszubauen und über zwischenstaatliche Ausgleichsmechanismen noch zu verstärken. Ein typisches Beispiel dafür sind Pläne für eine europäische Arbeitslosenversicherung. Die Grundidee dahinter ist nicht falsch: Europaweit hat es in Krisenländern schwere Anpassungsrezessionen gegeben. Menschen sind dort besonders von Arbeitslosigkeit betroffen; insbesondere Alleinerziehende, Jugendliche und Personen mit Migrationshintergrund sind von Armut akut bedroht. Eine europäische Arbeitslosenversicherung soll hier Abhilfe schaffen, indem sie Risiken nationaler Arbeitslosenversicherungen auf europäischer Ebene bündelt: Wenn die Konjunktur brummt, sinkt die Arbeitslosigkeit und Länder haben weniger Aufwendungen für Arbeitslosenunterstützung. Taucht die Konjunktur hingegen ab, steigt der finanzielle Aufwand. In diesem Falle könnten Länder zusätzliche Unterstützungen ihrer Europartnerländer erhalten. Dies – so die Argumentation – ließe dann mehr Spielraum im eigenen Haushalt, um weitere Maßnahmen zum Abbau der Arbeitslosigkeit zu finanzieren.[75] Die europäische Arbeitslosenversicherung wäre damit ein automatischer Stabilisator für die nationalen Systeme der Arbeitslosenversicherung und gleichzeitig ein weiterer Transfermechanismus zwischen den europäischen Staaten.

Zunächst ist einzuwenden, dass Mechanismen der Konjunkturstabilisierung stets mit Ungleichzeitigkeiten zu kämpfen haben. Wenn Transfers nämlich eine antizyklische Wirkung entfalten sollen, muss der Konjunkturverlauf im Voraus geschätzt werden, damit die Finanzmittel auch zeitgerecht zugeführt werden können. Im Falle einer Fehlschätzung – und diese ist bei Konjunkturprognosen nicht unwahrscheinlich – könnte sich daraus dann eine prozyklische Wirkung ergeben. Gewichtiger als dieser technische Einwand ist jedoch, dass eine europäische Arbeitslosenversicherung entgegen der weit verbreiteten

Annahme nicht allein an die konjunkturabhängige Lage am Arbeitsmarkt gebunden wäre. Denn es gibt einige Staaten, die im Vergleich zum europäischen Mittelwert eine höhere strukturelle Arbeitslosigkeit haben und damit auf Dauer überproportional mehr Geld erhalten würden.[76] In der Regel würden Mittel von Ländern mit niedriger Arbeitslosigkeit in Länder mit hoher Arbeitslosigkeit fließen – und von effizienten Arbeitsmärkten in ineffiziente. Die Systeme anschlussfähig zu machen, wäre indes eine Aufgabe mehrerer Jahre, wenn nicht Jahrzehnte. Da jedoch insbesondere Länder mit hohem Finanzbedarf von Transfers aus der Gemeinschaftskasse profitieren würden, hätten gerade sie keinen Anreiz, Reformen voranzutreiben. Fehlanreize wären indes nicht nur auf die Systemebene beschränkt. Die unverminderten Transfers würden auch die Anreize für Arbeitslose senken, sich einen Job, auch grenzüberschreitend, zu suchen. Der Anpassungsmechanismus über den gemeinsamen europäischen Arbeitsmarkt wird seine Kräfte so nicht voll entfalten können. Anreize zur wirtschaftlichen Teilhabe würden so nicht gesetzt. Transferelemente hingegen, die in erster Linie den Bestand wahren, würden weiterhin Vorfahrt haben.

Die bisherige europäische Antwort auf die Misere an den Arbeitsmärkten zeigt halbgare Lösungsansätze, die sich in erster Linie an althergebrachten Vorstellungen der *Bedarfsgerechtigkeit* orientieren, nicht jedoch an *Chancen-* und *Leistungsgerechtigkeit*. So wichtig Bedarfsgerechtigkeit bei der Absicherung eines sozialen Minimums ist, so entscheidend ist in der Arbeitsmarktpolitik auch eine Orientierung an Chancen- und Leistungsgerechtigkeit. Bei aller erforderlichen Bedarfsgerechtigkeit müssen wir erkennen, dass diese am Ende doch nur zur Passivität erzieht, anstatt zu aktivieren. Die derzeitigen Bemühungen, die Lage an den Arbeitsmärkten zu beruhigen, nähren und schüren Empfängermentalitäten. Sie deaktivieren, schüchtern ein und würgen jegliche Eigenverantwortung bei Bürgern und Staaten im Kleinen wie im Großen ab. Sie ersticken den Willen zur Selbstständigkeit und jede Aufbruchsstimmung im Keim. Neid und Missgunst lassen Spannungen entstehen zwischen jenen Glücklichen auf der Seite der Erwerbstätigen und jenen Abgehängten, die keine Stelle finden. Zukunftsorientierung, die den Menschen Zuversicht und Mut gibt, können Chancen- und Leistungsgerechtigkeit besser geben: Allein sie legen die Grundlage für eine gesellschaftliche Wette auf individuellen und gemeinsamen Erfolg in der Zukunft.

Welche Alternativen gibt es?

Qualifizierung, Liberalisierung, Mobilisierung: Dreiklang der Teilhabe auf Arbeitsmärkten

Statt immer neue Kunstgriffe anzuwenden, die am Ende doch nur der Tarnung von Missständen dienen, ist es notwendig, an den Ursachen der Schieflage an den Arbeitsmärkten anzusetzen und die Voraussetzungen dafür zu schaffen, dass Langzeitarbeitslosigkeit sinkt. Gelingen kann dies über einen Dreiklang aus

- einer Qualifizierung für Arbeitnehmer,
- einer Liberalisierung der Arbeitsmärkte und
- einer Mobilisierung des Arbeitskräftepotenzials.

Dieser Dreiklang kann Bedarfsgerechtigkeit mit Chancen- und Leistungsgerechtigkeit sinnvoll verbinden.

Beginnen wir mit der Wirkung der *Qualifizierung* auf die Beschäftigungslage und den Arbeitsmarkt. Besonders hart von der Langzeitarbeitslosigkeit betroffen sind Menschen ohne abgeschlossene Berufsausbildung und mit Qualifikationsprofilen, die den heutigen Anforderungen des Arbeitsmarktes nicht mehr voll entsprechen. Zusätzliche Transfers helfen hier in der Regel jedoch nicht. Daher sollten simple Transfers zu Investitionen in berufliche Fähigkeiten und Talente weiterentwickelt werden. So wäre es etwa empfehlenswert, Personen, die auf Grund falsch gewählter Ausbildungswege von der Arbeitslosigkeit betroffen sind, betriebsnah zu qualifizieren. Statt auf dem Abstellgleis einer Transfergesellschaft perspektivlos in den Tag hinein zu leben, würde es für die eigene Lebensplanung allemal mehr bringen, über eine direkte Einbindung in Unternehmen praktische Erfahrungen zu sammeln.

Besonders vielversprechend sind in diesem Zusammenhang Kombilohnmodelle. Gehälter von Arbeitnehmern mit niedriger Qualifikation werden teilweise subventioniert, um sie für Arbeitgeber attraktiver zu machen. Mit der Hartz-IV-Aufstockung und einigen regionalen Kombilohnmodellen gibt es in Deutschland erste vernünftige Ansätze. Verbunden mit Auflagen zur persönlichen Weiterbildung sind derartige Zuschusslohnmodelle durchaus geeignet, Transferempfänger dauerhaft zu aktivieren und über ein dauerhaftes *Training on the Job* qualifiziert zu halten. Zudem fallen die Kosten für die öffentliche Hand geringer aus, da der staatliche Lohnzuschuss niedriger ist als die Transfers, die bei Arbeitslosigkeit anfallen würden. Sicherlich könnten Unternehmen geneigt sein, Arbeitnehmer aus dem Bestand mit Kombilohnempfängern zu ersetzen. Dies würde insbesondere für gering qualifizierte Arbeitnehmer gelten. Diesen Fehlanreiz könnte man jedoch entschärfen, indem die Beschäftigten unter Kombilohn einerseits befristet und andererseits mit der Auflage eingestellt würden, an Qualifizierungsprogrammen und Fortbildungen teilzunehmen. So würden sie zwar dem Unternehmen nutzen, wären jedoch kein vollwertiger Ersatz für Bestandsarbeitnehmer. Fände die Qualifizierung zudem noch betriebsnah statt, wäre bereits eine Einbindung in das Unternehmen gegeben. Dies würde die Chancen auf eine Festanstellung erhöhen. Im Gegensatz zu Mindestlöhnen, die Niedriglohnempfänger von der wirtschaftlichen Teilhabe ausschließen und in erster Linie Arbeitnehmern in festen Arbeitsverhältnissen dienen, wirkt der Kombilohn integrativ und aktivierend. Wenn Menschen dank des Kombilohns am normalen Arbeitsleben teilnehmen können, besteht die Perspektive, dass sie ihre Chance wahrnehmen und es schaffen, in ein reguläres Arbeitsverhältnis zu wechseln. Die Flexibilität der Einsatz-, Fortbildungs- und Fördermöglichkeiten würde es zulassen, sowohl arbeitslose Jugendliche als auch Langzeitarbeitslose und Niedrigqualifizierte zu aktivieren. Und so verbinden Kombilohnmodelle Unterstützung und Herausforderung in idealer Weise: Sie sind eine effektive Verbindung von Bedarfsgerechtigkeit, da sie absichern, mit Chancengerechtigkeit, da sie an den Arbeitsmarkt zurückführen und mit Leistungsgerechtigkeit, da sie nach oben keine Grenzen kennen. Diese Überlegungen sind nicht nur graue Theorie – sie lassen sich mit harten Zahlen belegen. So belegt eine Studie des arbeitgebernahen Instituts der Deutschen Wirtschaft, dass jährlich über ein Viertel aller Niedriglohnempfänger in den Status eines Normalverdieners aufsteigt. Nur fünf Prozent steigen ab.[77]

Eben dieses Beispiel aus Deutschland verdeutlicht aber auch, dass bestimmte Voraussetzungen am Arbeitsmarkt erfüllt sein müssen, damit aus Niedriglohnstellen erste Karriereschritte werden. Qualifizierung allein reicht nicht aus – sie muss auf *liberalisierte Arbeitsmärkte* treffen. Damit Menschen mit guter Ausbildung einen Job finden, muss der Zugang zu neuen Arbeitsstellen strukturell erleichtert werden. Das bedeutet insbesondere für die Krisenländer Südeuropas, dass das rigide Arbeitsrecht reformiert und starre Bestandsverträge über die Möglichkeit zur Änderungskündigung abgelöst werden müssen. Die Chancen jüngerer Arbeitnehmer auf eine Festanstellung könnten so erhöht werden. Weiterhin liegt nahe, dass Unternehmen angesichts der neuen Flexibilität einen größeren Anreiz hätten, zusätzliche Arbeitsplätze zu schaffen. Eine weitere Möglichkeit ist es, die Lohnsetzung vom Flächentarifvertrag auf die Betriebsebene zu ziehen, damit die Arbeitnehmerlöhne stärker die individuelle Situation der Unternehmen widerspiegeln können. Sicherlich ist nicht ausgeschlossen, dass die Arbeitslosigkeit während einer Übergangsphase der Anpassung steigt. Sobald in der Folge jedoch die Produktivität der Unternehmen steigt, folgen Investitionen und neue Arbeitsplätze auf dem Fuße. Zudem zeigen die Kurzarbeitsregelungen, die in Deutschland in den Jahren 2009 und 2010 zum Tragen kamen, dass Unternehmen nicht – wie oft unterstellt wird – von sich aus auf die Möglichkeit warten, Arbeitnehmer zu entlassen. Im Gegenteil: Unternehmen sind oft darauf bedacht, das aufgebaute Arbeitskräftepotential zu erhalten und zu stärken, sofern die Rahmenbedingungen es ihnen erlauben.

Eine höhere Dynamik im Arbeitsmarkt kann zudem über eine stärkere *Mobilisierung* von Arbeitskräften erreicht werden. Es muss gelingen, weitere Teile der Bevölkerung dem Arbeitsmarkt zuzuführen. Zu denken ist dabei besonders an ältere Arbeitnehmer – etwa durch die Erhöhung des Renteneintrittsalters – aber auch an berufstätige Eltern, die über den Ausbau von Angeboten der Kinderbetreuung, mehr Möglichkeiten zur Teilzeitarbeit und durch flexiblere Arbeitszeitgestaltung besser eingebunden werden können. Dies mag zunächst kontraintuitiv erscheinen: Ist die hohe Arbeitslosigkeit in einigen Ländern nicht ein klares Zeichen dafür, dass zu viele Menschen am Arbeitsmarkt sind? Diese Überlegung ist in der kurzen Frist nicht von der Hand zu weisen. Doch bei vorangegangener Liberalisierung steigt die Aufnahmefähigkeit der Arbeitsmärkte. Dies wiederum dürfte die Grundlagen dafür legen, dass die gesamtwirtschaftliche Aktivität als Ganzes anzieht und das zusätzliche Angebot an Arbeitskräften weitere Nachfrage schafft. Unabhängig davon wird auch der allgemeine Fachkräftemangel, der sich durch den demographischen Wandel spätestens nach dem Abtreten der *Baby-Boomer* noch einmal verstärken dürfte, eine Ausweitung des Arbeitskräftepotenzials unabdingbar machen. Im Übrigen kann der Begriff *Mobilisierung* auch im grenzüberschreitenden Sinne verstanden werden: Eine leichtere grenzüberschreitende Anerkennung von Qualifikationen und ein einfacherer Zugang zu Informationen über mögliche Vakanzen können die Mobilisierung von Arbeitnehmern im Europäischen Binnenmarkt als Ventil für konjunkturelle und strukturelle Arbeitslosigkeit europaweit stärken.

Unternehmensgründungen fördern

Eine Qualifizierungsoffensive, Liberalisierung und eine Erhöhung des Arbeitskräftepotenzials können an den Arbeitsmärkten sicherlich bereits einiges zum Guten wenden. Sie können Selbstwirksamkeit, Eigenantrieb, Leistungsbereitschaft und Kreativität von Gesellschaften wahren, nutzen und ausbauen. Aber das reicht jedoch nicht: Denn während die zuvor beschriebenen Maßnahmen einzig und allein darauf abzielen, bestehende Strukturen zu reformieren und effizienter zu gestalten, wird in der aktuellen Debatte ein weiterer sinnvoller Gesichtspunkt oft und gerne übersehen: Unternehmensgründungen und die Frage, wie sie erleichtert werden können. Als Weg aus der Arbeitslosigkeit des Einzelnen, aber auch als Quelle zusätzlicher Arbeitsplätze sind sie besonders vielversprechend und effektiv. Und wer, wenn nicht die Unternehmer selbst, wären als Teil der Gesellschaft daran interessiert, dass Verantwortungsübernahme, Mut und Wagnis sich in der langen Frist auszahlen? Wer könnte unserer Gesellschaft besser für moderne Heldengeschichten des wirtschaftlichen Aufstiegs dienen?

Ein Blick auf die europäische Gründerszene von heute zeigt jedoch ein gemischtes Bild. Auf der einen Seite sehen wir in wenigen Städten – etwa Barcelona, Berlin oder Paris – durchaus aktive Gründerkommunen junger Menschen, die erfolgreich Geschäftsmodelle für die digitale Welt umsetzen. Gefördert werden sie in der Regel von privaten Risikokapitalgebern, die ihre Kontaktbüros und Talentspürhunde ebenfalls in diesen Städten angesiedelt haben. Sie stehen auf der Sonnenseite der europäischen Gründerszene. Den Sprung in die Selbstständigkeit unternehmen jedoch nicht nur erfolgreiche Kreative. Oft sind es auch diejenigen, die auf Grund von Langzeitarbeitslosigkeit keine andere Wahl mehr haben. Ihr Motiv für die Gründung ist die Not. Gerade in den Krisenländern Südeuropas beschränken sich Existenzgründungen in erster Linie auf den kleinen Einzelhandel oder die Gastronomie. Daher verwundert es nicht, dass sich nur wenig junge Menschen vorstellen können, ihr eigenes Unternehmen zu gründen. Dieses doch sehr heterogene Bild verlangt nach einem differenzierten Ansatz, der Maßnahmen sowohl im handwerklichen als auch im wissensintensiven Bereich umfasst.

Für den Bereich des Handwerks und die einfachen Dienstleistungen wäre es überlegenswert, Zugangsschranken für bestimmte Wirtschaftssektoren in Frage zu stellen, die Existenzgründungen behindern. So gibt es in zahlreichen Euroländern noch immer geschlossene Berufsstände – etwa im Transportgewerbe – die einen Neuzugang junger Unternehmensgründer bislang über wirksames Lobbying zu verhindern wussten. Deutschland beweist, wie hilfreich eine Marktöffnung geschlossener Bereiche für Existenzgründungen sein kann. So führte die Abschaffung des Meisterzwangs in zahlreichen Handwerksberufen zu einem wahren Gründerboom. So verdoppelte sich die Zahl der Fliesenlegerbetriebe von 2005 bis 2010 auf über 62.000, während sie in den Jahren zuvor nahezu gleich geblieben war. Allein dieses Beispiel lässt erahnen, wie eine gründliche Durchforstung bestehender Regelwerke zu mehr Existenzgründungen bedingen könnte. Eine höhere Konkurrenz führt ein differenzierteres Angebot herbei, das mehr Nachfrage schafft und letztendlich neue Arbeitsplätze entstehen lässt.

Existenzgründungen dürfen sich freilich nicht nur auf das Handwerk oder einfache Dienstleistungen beschränken. Zwar schaden Existenzgründungen im Handwerksbereich dem Wirtschaftsstandort Europa nicht – sie stärken den Mittelstand. Kreative Ideen und Neuerfindungen, die es den Ökonomien unseres Kontinents erlauben würden, langfristig über Innovationen an Wettbewerbsfähigkeit zu gewinnen, garantieren Tischlereibetriebe und Friseursalons aber auch nicht. Wichtiger ist es daher, auch Gründungen im Hochtechnologiesektor und im Feld anspruchsvoller, industrienaher Dienstleistungen zu fördern. Sie sind erfahrungsgemäß hochinnovativ.

Es gibt zahlreiche Mittel und Wege, Existenzgründungen auch in technisch und inhaltlich anspruchsvollen Umfeldern zu fördern. Die öffentliche Hand kann hier in der Tat einiges leisten. Denkbar sind zunächst Hochschulkooperationen mit Wirtschaftsförderungsgesellschaften und Kammern, in denen potenzielle Gründer das notwendige Handwerkszeug vermittelt bekommen können. Betriebswirtschaftliche Grundlagenkurse über Buchhaltung und Rechnungswesen, Mitarbeiterführung und Marketing, aber auch Sprachkurse zur besseren internationalen Vermarktung von Produkten sind sinnvolle Leistungen, die durchaus von der öffentlichen Hand angeboten werden sollten. Dies allein reicht jedoch nicht, denn den inneren Mut und Willen zur Selbstständigkeit können Gründerkurse kaum beeinflussen. Auf genau diese intrinsische Motivation kommt es jedoch bei der Unternehmensgründung an, denn es sind in erster Linie die Gründerpersönlichkeiten, ihre Professionalität und ihre Ideen, die den Erfolg eines Unternehmens ausmachen. Erfolgversprechend erscheinen in diesem Zusammenhang vor allem direkte Kontakte zu erfolgreichen Unternehmern, die Ängste und Vorurteile abbauen oder auch zu der Einsicht führen können, dass eine Existenzgründung nicht der richtige Weg in die persönliche Zukunft ist. So könnten Kontaktbörsen Gründern mit guten Ideen und wenig Startkapital auch Verbindungen zu Altunternehmern vermitteln, die für ihr Unternehmen einen Nachfolger suchen. Die Existenzgründung innerhalb eines etablierten Unternehmens mit einer eingespielten Mannschaft und mit einer Perspektive auf Übernahme dürfte weitaus leichter fallen als der rein kreditfinanzierte Weg in die Selbstständigkeit mit allen seinen Unwägbarkeiten und Untiefen. Auch hierbei können öffentliche Stellen behilflich sein.

Fernhalten sollte sich die öffentliche Hand indes von Fragen der direkten Unternehmensfinanzierung. Sicherlich wird oft angenommen, dass günstige Starthilfekredite der entscheidende Erfolgsfaktor für eine Unternehmensgründung wären. Diese Argumentation übersieht jedoch, dass gute Finanzierungsbedingungen allein keine erfolgreicheren Geschäftsideen schaffen können. Im Gegenteil: Sie veranlassen vielmehr zum unbedachten Umgang mit Geld oder führen im schlimmsten Fall sogar dazu, dass Unternehmen allein gegründet werden, um in den Genuss der Förderung zu kommen. Vor allem aber würde eine Kreditvergabe durch die öffentliche Hand einen Wissensstand der Vergabepraxis anmaßen, den die öffentliche Hand in der Regel nicht hat. Welches Projekt wäre zukunftsträchtig, welches nicht? Hierüber müssten wiederum Mitarbeiter öffentlich-rechtlicher Strukturen entscheiden, die selbst nie in ihrem Leben ein Unternehmen gegründet haben und sich bislang nie veranlasst gesehen haben, unternehmerisch zu denken. Das Risiko für etwaige Fehlentscheidungen hätte indes der Steuerzahler zu tragen. Zudem stünde gerade in Ländern mit einer engen Verquickung politischer und wirtschaftlicher Eliten zu befürchten, dass Fördermittel der öffentlichen Hand bevorzugt an bekannte Klientel ausgeschüttet würde.

Sinnvoller wäre es stattdessen, privates Wagniskapital zur Förderung des Gründerwesens zu aktivieren. Denkbar wäre es beispielsweise, Steuerfreibeträge auf Schenkungen zu erhöhen, wenn die Mittel der Schenkung für eine Existenzgründung eingesetzt würden. Dies hätte zur Folge, dass Eltern Teile ihres Vermögens ihrem Nachwuchs „mit warmer Hand“ vermachen würden und die Mittel dem Nachwuchs in einem Alter zukämen, in dem sich eine Existenzgründung noch besonders lohnt.[78] Unabhängig davon könnte die steuerliche Abzugsfähigkeit von Investitionen in Jungunternehmen eine größere Investitionsfreude bewirken. Kritische Investoren, die auf eigene Rechnung handeln, dürften bei der Bestenauswahl und Förderung vielversprechender Projekte eine weitaus glücklichere Hand haben als staatliche Institutionen. Völlig unterschätzt wird in diesem Zusammenhang, dass Wagniskapitalgeber selbst ein Interesse am Erfolg der geförderten Unternehmen haben und ihnen oft und gerne mit Rat und Tat, vor allem aber mit nützlichen Geschäftskontakten zur Seite stehen. Dies erhöht die Erfolgschancen junger Unternehmen ungemein, denen es selten an kreativen Ideen fehlt, wohl aber an Erfahrung und Professionalität. Neben kleineren Privatinvestoren gibt es auf diesem Feld zwei größere Quellen, die von Bedeutung sind.

Die erste Quelle sind die globalen Finanzmärkte: Gigantische Mengen an Kapital kursieren um den Globus und möchten in renditeträchtige Geschäftsmodelle investiert werden. Finanzierungsbörsen für Junggründer könnten etwa bewirken, dass überzeugende Geschäftsmodelle schnell an internationales Wagniskapital herangeführt werden. Natürlich wäre es naiv, anzunehmen, dass asiatische oder amerikanische Pensionsfonds sich unmittelbar an Kleinstunternehmen beteiligen würden. Lokale Beteiligungsgesellschaften könnten dieses Losgrößenproblem jedoch als Intermediäre lösen, indem sie globalen Investoren eine Beteiligung im Bündel ermöglichen würden. Eine Voraussetzung ist freilich, dass die wirtschaftspolitischen Rahmenbedingungen für Unternehmensgründungen attraktiver werden, damit die Nachfrage nach Wagniskapital insgesamt zunimmt und auch das Angebot stimmt, wenn Voraussetzungen für ausländische Direktinvestitionen geschaffen werden sollen.

Die zweite Quelle findet sich in unserer Gesellschaft selbst. Sie ergibt sich aus der Überlastung unserer Alterssicherungssysteme durch den demographischen Wandel. Hier müssen die alternden Europäer alternative Wege finden, zusätzlich für ihren Lebensabend privat vorzusorgen. Ein Teil dieser privaten Altersvorsorge könnte in Form von Wagniskapital jungen Gründern zur Verfügung gestellt werden. Selbstverständlich sind die Ausfallrisiken einzelner Unternehmensgründungen zu stark konzentriert, als dass Unternehmensbeteiligungen eine bedenkenswerte Alternative für die Altersvorsorge von Durchschnittshaushalten wäre. Allerdings könnte auch hier eine Bündelung der zahlreichen Einzelrisiken in Zweckgesellschaften ein ausgewogenes, aggregiertes Chance-Risiko-Verhältnis ermöglichen und so auch privaten Sparern eine mittelbare Beteiligung an diesen Unternehmensgründungen schmackhaft machen. Dies gilt allzumal angesichts der Tatsache, dass Spareinlagen inflationsbereinigt nur noch Negativrenditen einfahren, Investitionen in Staatspapiere ebenfalls nur niedrige Renditen abwerfen und in Anbetracht des angestrebten Insolvenzmechanismus zudem auch dort vor Ausfallrisiken nicht mehr sicher sind. Es bleibt jedoch abzuwarten, ob der Gesetzgeber wirklich daran interessiert ist, insbesondere dem zweiten Schritt zur Förderung von Wagniskapital den Weg zu ebnen – zwangsläufig würde dies nämlich die Nachfrage nach Staatspapieren verringern: Jeder Euro, der zur privaten Altersvorsorge in junge Unternehmen investiert würde, würde von Sparern eben nicht mehr in Staatsanleihen investiert. Er stünde damit auch nicht mehr zur Finanzierung öffentlicher Ausgaben zur Verfügung. Öffentlichen Stellen dürfte dies nicht gefallen.

Diese Beispiele zeigen, dass es mit wenig Aufwand möglich wäre, Elemente der Chancen- und Leistungsgerechtigkeit auf europäischen Arbeitsmärkten umzusetzen und diesen dadurch zu neuer Dynamik zu verhelfen. Allerdings: Flexible Arbeitsmärkte allein helfen jungen arbeitsuchenden Menschen nicht weiter. Denn spätestens dann, wenn sich die Auftragslage eintrübt, werden jüngere Arbeitnehmer auf Grund ihrer kürzeren

Betriebszugehörigkeit und der gesetzlich vorgeschriebenen Sozialauswahl als erste entlassen.[79] Langfristig verbessern werden junge Menschen ihre Chancen auf dem Arbeitsmarkt nur, wenn sie exzellent ausgebildet sind. Dies führt uns zu dem zweiten Feld, auf dem wirtschaftliche Teilhabe geschaffen werden kann.

Bildung: Nicht jeder ist Gewinner

Der zweite Faktor für wirtschaftliche Teilhabe ist Bildung. Sie befähigt Menschen, einer qualifizierten Tätigkeit nachzugehen. Diese findet sich schnell, denn qualifizierte Mitarbeiter werden in zunehmend wissensbasierten Marktwirtschaften dringend benötigt. Daraus folgt in der Regel auch eine angemessene Bezahlung – und langfristig ein gewisser Wohlstand. Dieser Wohlstand resultiert auch daraus, dass Bildung den Arbeitsplatz sicherer macht: Gut ausgebildete Mitarbeiter sind für den Arbeitgeber nur schwer zu ersetzen. Die Gefahr, arbeitslos zu werden oder zu bleiben, sinkt für Arbeitnehmer, je höher der Ausbildungsgrad ist. Freilich kann nicht ausgeschlossen werden, dass Menschen mit höherem Bildungsstand bestimmte Arbeiten nicht ausführen wollen und daher arbeitslos bleiben. Ungeachtet dessen gilt jedoch: Bildung ist ein idealer Motor des sozialen Aufstiegs. Im globalen Kontext trifft das auch für ganze Volkswirtschaften und Gesellschaften zu: Neben wettbewerbsfähigen gesamtwirtschaftlichen Rahmenbedingungen sind gut ausgebildete Arbeitnehmer ein entscheidender Baustein dafür, dass Volkswirtschaften in der Lage sind, hochwertige Güter und wissensintensive Dienstleistungen auf internationalen Märkten anzubieten und sich im Preis- und Standortwettbewerb zu behaupten.

Die beiden Felder wirtschaftlicher Teilhabe – Arbeit und Bildung – sind eng miteinander verknüpft. Das zeigt die Misere der Jugendarbeitslosigkeit. Diese lässt sich nämlich nicht nur mit inflexiblen Arbeitsmärkten erklären, sondern auch mit den bisweilen mangelhaften Ausbildungssystemen zahlreicher Euroländer. Diese unterscheiden sich in beträchtlichem Ausmaß: Deutschland, Dänemark und Österreich haben ein sogenanntes *duales Ausbildungssystem.* Jungen Menschen wird in zertifizierten Ausbildungsbetrieben das praktische Handwerkszeug beigebracht, während längere Phasen in Berufsschulen sie gleichzeitig in Theorie und Allgemeinwissen schulen. Das duale System hat den Vorteil, dass die Menschen schon früh relevante Praxiserfahrung sammeln können und idealerweise von ihren Ausbildungsbetrieben übernommen werden. Die Betriebe sind hierzu eher bereit, weil sie die Bewerber schon kennen und weil diese schon betriebsspezifische Kenntnisse mitbringen. So ist allen geholfen. In den Ländern Südeuropas finden wir nichts dergleichen: Vielmehr findet – wenn überhaupt – eine Ausbildung in Vollzeitschulen statt, die eine Nähe zur beruflichen Praxis nicht immer gewährleisten können. Auch ein gleitender Übergang in Unternehmen nach der Ausbildung wird dadurch erschwert. So wird der Jugend in den Krisenländern nicht geholfen. Sie droht, vollständig von wirtschaftlicher Teilhabe über Arbeit und Bildung abgehängt zu werden. Ein Ende dieser misslichen Umstände ist nicht in Sicht.

Immerhin: Während man in den Ausbildungs- und Schulsystemen nur geringe Fortschritte verzeichnen konnte, gab es in den letzten Jahren diverse Bemühungen, die Rahmenbedingungen für Hochschulbildung zu verbessern. Allerdings führten diese Versuche nicht immer zu dem gewünschten Erfolg, mit neuen Bildungschancen die Perspektive der Teilhabe zu stärken. Ein bekannter Versuch ist die Vereinheitlichung der Hochschulabschlüsse in Europa nach angelsächsischem Vorbild über den sogenannten *Bologna-Prozess* – eine Initiative aller europäischen Bildungsminister aus dem Jahr 1999. Das Ziel des Bologna-Prozesses war ehrgeizig: Bis zum Jahr 2010 sollten nationale Hochschulabschlüsse – das deutsche *Diplom*, der österreichische *Magister*, die spanische *Licenciatura* – durch Bachelor und Master als konsekutive Abschlüsse ersetzt werden. Die Idee dahinter ist nicht falsch: Im Mittelpunkt des Bologna-Prozesses steht der Wunsch, Studenten ein grenzüberschreitendes Studium zu ermöglichen, das internationale Anschlussmöglichkeiten bietet. Mit dem Master, der auf dem Bachelor aufbaut, sollen Studenten die Möglichkeit erhalten, problemlos nach dem ersten Abschluss ins Ausland wechseln zu können und einen ausländischen Master zu erwerben. Gleichzeitig sollten aber auch die Abschlüsse international vergleichbar gemacht und die grenzüberschreitende Jobmobilität gefördert werden. Hierzu wurde auch ein internationales „Kreditpunktesystem" aufgesetzt, das die wechselseitige Anrechenbarkeit von Prüfungsleistungen gestatten sollte. Die Idee überzeugt auf den ersten Blick. Warum sollte Europa sich keinen gemeinsamen Hochschulraum geben, in dem Studenten länderübergreifend studieren können?

In der Anwendung offenbaren sich freilich zahlreiche Probleme, die so schwerwiegend sind, dass man sie nicht mit Anpassungsschwierigkeiten erklären, geschweige denn rechtfertigen kann. So wurden die Studiengänge in unterschiedlichen Geschwindigkeiten umgestellt: Auch im Jahre 15 der Reform variiert der Umsetzungsstand je Land und Hochschule. Die Übergangsphase ist noch nicht abgeschlossen, und Planungssicherheit für Studenten ist noch immer nicht vollständig hergestellt. Das alles sorgt bei Studenten für große Verunsicherung und ist am Ende mehr Bremser als Treiber eines internationalen Studiums. Die Bürokratie einzelner Hochschulen versperrt zugleich den Weg ins Ausland. Unabhängig davon ergeben sich Probleme für Absolventen am Arbeitsmarkt. Denn während der Bachelor als grundständiger Studienabschluss eher zum Generalisten ausbildet, ermöglicht erst der Master eine Ausbildung zum Fachspezialisten. In Ländern mit Spezialistenkulturen, wie etwa Deutschland oder Österreich, wurden ganze Kohorten an Bachelorabsolventen mit einem Generalistenprofil am Arbeitsmarkt vorbei ausgebildet. Die meisten Studenten schließen daher direkt zum Master auf oder legen allenfalls ein Pausenjahr mit Praktika ein. Den Weg in den Beruf wählen indes die wenigsten. Sie befürchten, dass die Wahl eines festen Arbeitsverhältnisses dahingehend missverstanden werden könnte, dass sie keinen Studienplatz in einem Masterprogramm gefunden hätten. Paradoxerweise wird der Wunsch zu arbeiten so zum Stigma. In den meisten Ländern Europas ist der Mehrwert der neuen Abschlüsse äußerst begrenzt. Hinzu kommt: Selbst wenn das System Bologna reibungslos funktionieren würde, käme sein Nutzen eben nur bei jenen Menschen an, für die ein Hochschulstudium in Frage kommt. Doch das ist letztlich nur etwas mehr als ein Drittel aller jungen Menschen im Euroraum.[80] Denn der Weg zu einem Hochschulabschluss oder allein schon zur allgemeinen Hochschulreife ist beschwerlich. Er scheitert nicht immer nur an geistigen Fähigkeiten, sondern oft auch an mangelnder finanzieller Förderung und gesellschaftlicher Durchlässigkeit auf dem Weg zur allgemeinen Hochschulreife. Konkret: Die Rate an Schülern, die die allgemeine Hochschulreife erlangen, ist zwischen den Euroländern sehr unterschiedlich. Besonders im Süden Europas brechen viele junge Menschen ihre Schullaufbahn ohne Abschluss ab. Während in der Alterskohorte der 15- bis 24-Jährigen in Deutschland laut OECD nur zwölf von einhundert jungen Menschen keinen Schulabschluss haben, liegen die Werte für Griechenland und Italien bei knapp 20 Prozent. In Spanien und Portugal bricht etwas mehr als jeder Vierte seine Schullaufbahn ab. Diesen Menschen sind die Chancen auf eine weitere berufliche Entwicklung genommen. Sie haben erst gar keine Möglichkeit, ein Studium zu beginnen; von einem Auslandsstudium, das der Bologna-Prozess ja eigentlich fördern wollte, ganz zu schweigen.

All dies lässt es nicht weiter verwunderlich erscheinen, dass die Bildungsmobilität in Europa noch immer niedrig ist. Studien der OECD[81] zeigen, dass insbesondere in Griechenland, Irland und Portugal das berufliche Potenzial oft vom sozialen Status der Eltern abhängt. Deutschland steht diesen Ländern in nichts nach: Hierzulande schafft es nur jeder fünfte junge Mensch, einen höheren Bildungsabschluss als seine Eltern zu erreichen. Im OECD-Durchschnitt sind es immerhin doppelt so viele. Das Deutsche Studentenwerk schlug jüngst Alarm, dass 77 Prozent der Nachkommen aus Akademikerfamilien studieren, während es aus Facharbeiterfamilien nur 23 Prozent sind.[82] Freilich ist die Erfassung von Bildungsabschlüssen im internationalen Vergleich nicht unproblematisch: So gelten in manchen Ländern auch Ausbildungen an Fachschulen als Studienabschluss. Die erheblichen Lücken in der Bildungsmobilität lassen sich gleichwohl nicht leugnen. Sie scheitert nicht nur an mangelndem Geld, sondern auch an der Inspiration, die Kinder aus bildungsfernen Schichten nicht immer haben. Sie kommen erst gar nicht auf die Idee, einen höheren Bildungsweg, geschweige denn einen Universitätsabschluss anzustreben.

Wie wir später erfahren werden, gäbe es zahlreiche Mittel und Möglichkeiten, dies zu ändern.

Der Bologna-Prozess geht auf all diese Probleme nicht ein: Er ist ein gutgemeintes Projekt von Eliten für Eliten. Er mag Studenten helfen, die gerne einen Teil ihrer Studienzeit im Ausland verbringen möchten. Er mag es auch jungen Menschen mit Hochschulabschluss ermöglichen, in anderen Ländern des Kontinents zu arbeiten und die Grundsteine für eine erfolgreiche Karriere zu legen. Er eröffnet jedoch jenen abgehängten Jugendlichen keine Perspektive, die darum kämpfen, über einen Schulabschluss am Erwerbsleben teilnehmen zu können. Wer hilft ihnen? Maßnahmen, die die Schulabbrecherquote senken und den Zugang zu Hochschulen finanziell erleichtern würden, stehen nicht auf der Tagesordnung.

Fassen wir zusammen: Ein Blick auf die Ausbildungssysteme Europas zeigt, dass nur einer verschwindend geringen Zahl an Menschen – den Studenten – ein wünschenswertes Mindestmaß an grenzüberschreitender Chancengerechtigkeit eingeräumt wird. Einem Großteil der Bildungsbedürftigen jedoch – den Jugendlichen ohne Hochschulqualifikation – bleibt diese Chancengerechtigkeit vorenthalten. Dies ist bedauerlich, denn es ist doch gerade die Jugend, die mit ihrem natürlich gegebenen Streben nach Zukunft besonders empfänglich ist für Chancen- und Leistungsgerechtigkeit. Andere Maßnahmen, wie die europäische *Jugendgarantie*, die für arbeitslose Jugendliche jüngst beschlossen wurden, zielen eher auf Beschäftigungs- und Betreuungsstellen ab. Sie orientieren sich an Bedarfsgerechtigkeit und schaffen keine langfristige Orientierung.

Die Folgen sind dramatisch: Wenn die Jugend keine Möglichkeiten zum Aufstieg sieht, entsteht schnell Statusfatalismus. Die jungen Menschen finden sich mit ihrer Lage ab und ziehen gar nicht mehr in Erwägung, Möglichkeiten der Teilhabe zu nutzen. Und so läuft Europa Gefahr, nicht nur eine ganze Generation, sondern auch die Folgegeneration zu verlieren, sofern die soziale Mobilität sich nicht bessert. Dies ist bedauerlich, denn gerade mit einfachen Reformen in den Bildungssystemen ließen sich Chancen- und Leistungsgerechtigkeit mit Leichtigkeit stärken.

Die bessere Bildung: Zugänglich, von Beginn an einheitlich und kostenlos

Alle bisherigen Versuche, Teile des europäischen Bildungssystems im Rahmen des Bologna-Prozesses zu harmonisieren, kamen bislang lediglich jenen zu Gute, die über ihre gute Ausbildung ohnehin schon bevorzugt sind: den angehenden Akademikern. Im Sinne besserer Teilhabe wäre es daher vielmehr erstrebenswert, das Thema Bildung umfassend anzugehen, schon in der Vorschulzeit die richtigen Grundlagen zu legen und dies europaweit zu organisieren. So könnte etwa ein europaweit verpflichtendes Vorschuljahr die Sprach- und Verhaltenskompetenz von Kindern aus kritischen Sozialschichten oder Migrantenfamilien verbessern. Als Teil der allgemeinen Schulpflicht wäre es möglich, dieses Vorschuljahr auch in jenen Milieus durchzusetzen, bei denen eine frühere Einbindung in schulische Strukturen aus kulturellen Gründen nicht erwünscht ist. Dies böte die Chance, Kinder auf ein Mindestniveau für das erste Schuljahr zu bringen, um ihnen ein unkompliziertes Folgen am Unterricht zu ermöglichen; gleichzeitig würde das Risiko einer Diskriminierung hinsichtlich der Sprachkompetenz durch Mitschüler und Lehrer verringert. Für eine alternde

Gesellschaft, die ihren künftigen Fachkräftemangel entweder durch qualifizierte oder durch zu qualifizierende Zuwanderung decken muss, gelten diese Überlegungen allemal. Es wäre sträflich, Zuwanderern nur unzureichende Teilhabe an Bildung und Qualifizierung zu ermöglichen, so wie dies in der Vergangenheit nicht selten der Fall gewesen ist.

Die in der Vorschule beginnenden Ansätze müssten bei der Schulbildung fortgesetzt werden. Das europäische Schulsystem ist hoch unterschiedlich. Oft haben die nationalen Schulsysteme verschiedene Stärken und Schwächen. Dies offenbaren staatenübergreifende Untersuchungen des Zahlen- und Leseverständnisses wie etwa PISA und IGLU – Studien, bei denen die Staaten der Europäischen Union recht ungleich abschneiden. Dies liegt an unterschiedlichen Bildungszielen, die historisch gewachsen sind. Denn während wir in den Ländern Mitteleuropas eine starke humanistische Prägung mit einem Schwerpunkt auf Fremdsprachen vorfinden, ist die Ausbildung in den Staaten Süd- und Osteuropas eher mathematisch-naturwissenschaftlich geprägt. Diese unterschiedlichen Prioritäten spiegeln sich auch in der Qualität der Lehrerausbildung in den jeweiligen Fachbereichen. Die Unterschiede muten wie ein Anachronismus an, wenn man bedenkt, dass europäische Arbeitnehmer sich immer höheren Mobilitätsanforderungen und –chancen ausgesetzt sehen. Sie wären flexibler und selbstbestimmter, wenn ihre Qualifikationen auch auf anderen Arbeitsmärkten attraktiver wären. Allerdings: Während Europa in den letzten zehn Jahren alle Mühen darauf verwendete, Hochschulabschlüsse zu vereinheitlichen, wurde die naheliegende Aufgabe – die Schaffung eines europäischen Schulraums – vernachlässigt.

Das sollte schleunigst geändert werden. Es wird höchste Zeit, dass die grundständige Schulausbildung angeglichen wird. Freilich sind die nationalen Qualifikationsanforderungen an Schulabgänger genauso verschieden wie die Kulturen Europas. Das Ziel sollte daher ganz sicher nicht sein, Curricula und Lehrpläne vollständig zu vereinheitlichen – oder gar ein europäisches Zentralabitur einzuführen; eine Aufgabe, an der selbst föderale Staaten wie Deutschland seit Jahrzehnten regelmäßig scheitern. Mindeststandards sind jedoch eine Überlegung wert. Warum sollten Tomaten und Airbags auf europäischer Ebene Mindestanforderungen entsprechen, Bildungseinrichtungen und Ausbildungsgänge jedoch nicht? Das europäische Kreditpunktesystem, das eine internationale Anschlussfähigkeit des Studiums an Hochschulen schon heute halbwegs ermöglicht, zeigt, dass Leistungsanforderungen vereinheitlicht werden könnten, während Lerninhalte noch auf nationale Anforderungen zugeschnitten bleiben. Dies gilt nicht nur für die naturwissenschaftlich-mathematischen Fächer, sondern auch für die Sprachkompetenz, insbesondere das Erlernen einer Fremdsprache. Der Zugang zu Englisch als Weltsprache erhöht die Chancen auf Mobilität innerhalb des internationalen, insbesondere europäischen Arbeitsmarktes. Defizite sind hier häufig auf die eingeschränkte Qualifizierung der Sprachlehrer zurückzuführen. Ihr Ausbildungsniveau sollte über die Möglichkeiten, die das Internet bietet, ausgeglichen werden – etwa durch Fernlehrgänge und Online-Trainings mit Zertifikatsabschluss. All dies würde es ermöglichen, Leistungsfähigkeit zu verbessern, sie zentral zu messen und eine internationale Vergleichbarkeit zu gewährleisten. Mehr noch: Ganz nebenbei würde ein neuer globaler Bildungsstandard geschaffen, an dem sich andere Länder orientieren könnten. Bildung *Made in Europe* ist bereits heute ein Exportschlager. Das zeigen die zahlreichen Auslandsschulen, die Deutschland, Frankreich und das Vereinigte Königreich weltweit mit Erfolg betreiben. Ein gemeinsamer Mindeststandard für Bildung könnte diese komfortable Position weiter ausbauen. Überdies könnten gemeinsame Mindeststandards in Bildung und Ausbildung auch den Zugang qualifizierter Schulabgänger aus anderen Kontinenten zu europäischen Arbeitsmärkten erleichtern. Auch diese Maßnahmen stehen für eine fruchtbare Verbindung von Bedarfs-, Chancen- und Leistungsgerechtigkeit, da sie willigen und fähigen Schülern die Möglichkeit eröffnen, europaweit Chancen wahrzunehmen und damit die Grundlagen für eine erfolgreiche Lebensplanung zu legen.

Was an gemeinsamen Standards an Hochschulen bislang möglich war, sollte auch in der Berufsausbildung kein Tabu sein. In den meisten Krisenländern würde dafür schon die Einrichtung eines dualen Ausbildungssystems ausreichen, das jungen Menschen eine Berufsausbildung in Betrieben und Berufsschulen ermöglichen würde. Doch gerade die duale Ausbildung würde jungen Menschen eben jene Perspektiven für einen erfolgreichen Berufseinstieg geben, welche vom Schulabbruch abhalten. Erste Initiativen Deutschlands, das duale Ausbildungssystem in andere Länder des Kontinents zu exportieren, werden von den Krisenländern jedoch nur zögerlich angenommen. Erste Unternehmen für Pilotprojekte wurden zwar erfolgreich gewonnen und Bildungsinstitute eingerichtet. Der große Durchbruch ist jedoch noch ausgeblieben. Noch fremdelt man. Möglicherweise wäre die Zögerlichkeit geringer, wenn es sich nicht um bilaterale Initiativen eines Landes mit dem schlechten Ruf eines Besserwissers handeln würde.

Es verbleibt ein Blick auf die Hochschulen. In den letzten Jahren haben sich Forderungen gemehrt, dass Studenten ihre Ausbildung über Studiengebühren finanzieren sollten. Diese würden – so die Annahme – ganz nebenbei einen Leistungswettbewerb unter den Hochschulen auslösen, der die Qualität der Lehre sichert und steigert, da Studenten als „Kunden" wahrgenommen würden. Diese Sichtweise ist einseitig und reichlich naiv, denn Studiengebühren sind kein Allheilmittel. Im Gegenteil: Sie sind eine soziale Mobilitätsbremse erster Güte, da sie finanziell eingeschränkten bildungswilligen Menschen schnell ihre Grenzen aufzeigen. Die hohe ausbildungsbedingte Verschuldung junger Berufstätiger in den USA zeigt, wie schnell jungen Menschen jener Optimismus genommen werden kann, den sie für einen erfolgreichen Start ins Berufsleben – und möglicherweise die Gründung eines Unternehmens – benötigen. Auf einem Schuldenberg wachsen die Bäume nicht in den Himmel. Europa sollte daher einen eigenen Weg gehen: Ein grundständiges Studium bis zum ersten berufsqualifizierenden Studienabschluss sollte grundsätzlich ohne Studiengebühren zu leisten sein. Diese sollten allenfalls progressiv und zu einem späteren Zeitpunkt im Studium einsetzen und für die Besten der Besten ganz entfallen. Ebendies wäre ein guter Anreiz, der Studenten sowohl zur Eile als auch zu Höchstleistungen anhalten könnte. Mehr noch: Über ein umfangreiches Stipendienwesen und vergünstigte Studienkredite würde auch Studenten aus bescheidenen Verhältnissen im Sinne besserer Chancengerechtigkeit der Zugang zu Bildung ermöglicht. Für Stipendien sollten aber nicht nur öffentliche Geldgeber unmittelbar bemüht werden. Zu groß ist die Gefahr einer politisch gefärbten und nicht leistungsorientierten Auswahl, wie wir sie seit Jahr und Tag bei der Auswahl von Stipendiaten der Studienförderwerke politischer Parteien in Deutschland sehen: Parteibuch geht hier oft vor Qualifikation. Viel spricht daher für eine private und somit dezentrale Förderung: Sonderabschreibungsmöglichkeiten privater Stifter dürften in Europa eben jenes private Kapital aktivieren, das die Investition in die eigene Ausbildung bei Studenten leichter machen würde. Daraus folgt, dass Wettbewerb im Hochschulsystem nicht allein mit Studiengebühren, sondern auch über Stipendien stattfinden könnte. Würden die Stipendien über die Hochschulen vergeben, entstünde ein dreifacher Wettbewerb:

- Zunächst würden Hochschulen über ihre Bildungsangebote um die besten Studierenden konkurrieren.
- Im nächsten Schritt würden Hochschulen um Stipendienmittel wetteifern.
- Nicht zuletzt könnte eine leistungsorientierte Stipendienvergabe Studenten zusätzlich zu Höchstleistungen anspornen.

Ein kostenfreies Studium sollte daher zu den Top-Prioritäten unseres Wirtschaftsraums gehören, wenn er langfristig als wissensbasierte Volkswirtschaft bestehen möchte. Verknüpft mit einem Stipendiensystem, das auf Leistungsfähigkeit unabhängig von der sozialen Herkunft setzt, könnte so eine ideale Verbindung aus Bedarfs-, Chancen- und Leistungsgerechtigkeit entstehen.

Nicht zuletzt könnte ein Ausbau von Reisekostenzuschüssen eine erhöhte Mobilität von Studierenden und Auszubildenden bewirken und ihnen dadurch mittelbar Fähigkeiten, Kenntnisse und Erfahrungen vermitteln, die sie für eine erfolgreiche Tätigkeit in einem immer stärker internationalen Umfeld benötigen. Dies böte weiterhin die Chance, sich im Hinblick auf ihre spätere berufliche Tätigkeit zu vernetzen. Die bestehenden Angebote in dieser Richtung sind mit Blick auf eine Internationalisierung der Gesellschaft und Volkswirtschaft gänzlich unzureichend. So ist es misslich, dass das *Erasmus-Programm*, das in den letzten 25 Jahren fast vier Millionen Studenten mit Mobilitätszuschüssen ein Auslandsstudium ohne Studiengebühren ermöglichte, aus dem EU-Haushalt nur jährlich 450 Millionen Euro erhält, während z. B. die Landwirtschaft das Einhundertfache verbucht. Bei allen Errungenschaften der europäischen Landwirtschaft der letzten zwei Jahrtausende ist es bedauerlich, dass Europa auch hier lieber den Schutz des Bestandes wählt, als auf interkulturelle Kompetenz und das Erlernen fremder Sprachen zu bauen. Man investiert lieber in Erbhöfe, statt die Entwicklung junger Menschen zu fördern und damit den eigentlichen Zweck des europäischen Gedankens voranzubringen: Die geistige und gesellschaftliche Verständigung. Die Mittel für den Austausch von Jugendlichen müssen daher dringend ausgebaut werden. Sie müssen zugänglicher werden, vor allen Dingen auch für Nicht-Akademiker. Was spräche dagegen, das bislang noch unbedeutende *Leonardo da Vinci Programm* auszubauen, das auch Auszubildende auf Reisen schickt?

Alle diese Maßnahmen betrachten den Menschen als Individuum. Sie eröffnen ihm Chancen, indem sie Hilfe zur Selbsthilfe geben, statt über Rundumbetreuung Fehlanreize zu setzen und über unnötige Bevormundung falsche Vorstellungen vom Leben zu vermitteln. Sie verbinden Bedarfs-, Chancen- und Leistungsgerechtigkeit in effektiver Weise. Und sie wirken fordernd und fördernd zugleich. Ihre Vorteile werden in der aktuellen öffentlichen Debatte jedoch nicht umfassend gewürdigt. Diese steht schon viel zu sehr im Zeichen materiellen Anspruchsdenkens und finanzieller Begehrlichkeiten, die der umfangreiche Staatspaternalismus der letzten Jahre genährt hat. Und so verfällt die Politik auch noch heute, in Zeiten klammer öffentlicher Kassen, gerne in ein altbekanntes Handlungs- und Kommunikationsmuster mit einem falsch verstandenen Fokus auf Bedarfsgerechtigkeit: Die Politik kann dem Bürger damit Fürsorge signalisieren und sich zur Schutzmacht gegenüber großen Bedrohungen aufspielen. Das verunsicherte Wahlvolk nimmt dieses Angebot gerne an. Vielleicht ist es gerade deshalb empfehlenswert, in der politischen Debatte den konkreten Nutzen jener Maßnahmen wirtschaftlicher Teilhabe zu betonen, die Bedarfs-, Chancen- und Leistungsgerechtigkeit zugleich verbinden. Argumente zu finden dürfte nicht allzu schwer sein, denn die zuvor skizzierten Maßnahmen chancen- und leistungsgerechter wirtschaftlicher Teilhabe sind weder Selbstzweck noch dienen sie allein höheren Zielen. Vielmehr können von ihnen konkrete Wachstumsimpulse ausgehen.

Teilhabe und Wachstum: Positive Wechselwirkungen nutzen

Alle Maßnahmen, die wir zuvor bei Arbeitsmärkten und Bildungssystemen kennengelernt haben, legen die Grundlagen für langfristiges Wachstum. Die Wechselwirkungen und Zusammenhänge sind komplex. Und sie verdeutlichen vor allem den zentralen Konflikt, dem Ökonomen ausgesetzt sind, wenn sie Maßnahmen der Wirtschaftspolitik diskutieren: Es ist der Gegensatz zwischen *Distribution* und *Allokation*:

- *Distribution* bezieht sich auf die Verteilung der produzierten Güter und Dienstleistungen innerhalb der Gesellschaft.
- *Allokation* ist die Zuordnung von Ressourcen, mit denen Güter und Dienstleistungen hergestellt werden können.

Alle Maßnahmen der *Distribution* sind politisch sicherlich opportun. Sie verteilen jedoch die Ergebnisse menschlichen Arbeitens, Sparens und Investierens nur um und ermutigen nicht, sich individuell am Wirtschaftskreislauf zu beteiligen. Der fundamentale Irrtum der Befürworter allein bedarfsgerechter Maßnahmen besteht darin, dass sie davon ausgehen, dass die Wirtschaftsleistung eines Landes statisch gegeben ist und ohne weitreichende Folgeeffekte umverteilt werden kann. Das Gegenteil ist jedoch der Fall: Großzügige Transferleistungen, bedingungslose Grundeinkommen oder umfangreiche Quotenregelungen ersticken jeglichen Anreiz im Keim, zu arbeiten, zu sparen und zu investieren. Sie lenken den gesellschaftlichen Blick auf Umverteilungsfragen im Hier und Jetzt und befeuern den menschlichen Neid und die Angst, übervorteilt zu werden. Sie lenken ab von dem gemeinsamen Willen, in der Zukunft mehr zu erreichen und versperren den Weg zur Wette auf gemeinsamen Erfolg. Wie wir gesehen haben, höhlt das die Grundlagen des Wachstums auf mittlere und lange Sicht aus und entzieht unserer Gesellschaft damit ihre Lebens- und Versorgungsgrundlage.[83]

Aus diesem Grund ist es sinnvoll, die Aufmerksamkeit wieder verstärkt auf die *Allokation* zu richten und Maßnahmen zu erörtern, die die Verteilung von Ressourcen als Ziel haben. Dieses Kapitel hat Maßnahmen und Handlungsoptionen aufgezeigt, die *Allokation* und Einbindung in den gesamtwirtschaftlichen Produktionsprozess verfolgen und damit wirtschaftliche Teilhabe in Reinkultur bieten. Was das konkret bedeutet, zeigt ein Blick zurück auf die Arbeit als erstes Feld wirtschaftlicher Teilhabe und die Mobilisierung des Arbeitskräftepotenzials. Diese kann langfristig zusätzliches Wachstum entstehen lassen. Wenn die Wochenarbeitszeit erhöht, die Erwerbsquote von Eltern gesteigert oder das Renteneintrittsalter angehoben wird, dann steigt zunächst das Arbeitsangebot. Auch Steueranreize – etwa im Niedriglohnbereich – können dafür sorgen, dass noch mehr Menschen dem Arbeitsmarkt zugeführt werden: Sie suchen sich eher eine Stelle, als sich mit Transfers zufriedenzugeben. Wenn gleichzeitig Arbeitsmärkte liberalisiert werden, fällt es Unternehmen leichter, neue Mitarbeiter einzustellen. Aus der erhöhten Anzahl an Arbeitsstunden ergibt sich dann ein Wachstumsimpuls, da mehr konsumiert werden kann. Positive Folgeeffekte lassen dann nicht lange auf sich warten: Die Standortattraktivität steigt, da ein höheres Erwerbspersonenpotenzial die Wirtschaft motiviert, zu investieren. Bald siedeln sich weitere Unternehmen an. Die Attraktivität für internationale Investoren nimmt zu. Sie schießen Kapital in Form von Investitionen zu, denn das aktuell allgemein niedrige Zinsniveau lässt Investoren weltweit nach Möglichkeiten Ausschau halten, diese Mittel renditeträchtig zu investieren. In Staaten mit großem Reformeifer sehen sie geeignete Investitionsziele. Das ist eine große Chance für die Krisenstaaten Südeuropas, die dadurch ihre Kapitalbasis erhöhen und erhebliche *Skaleneffekte* generieren könnten.

Voraussetzung dafür, dass internationales Kapital angezogen und investiert wird, ist freilich, dass Länder über konsequente Liberalisierung und Entbürokratisierung zunächst attraktiver werden. Diese Liberalisierung kann mittelfristig die Grundlagen für *strukturelle Wachstumseffekte* entstehen lassen, etwa, wenn Privatisierungskampagnen vorangetrieben werden oder sich verkrustete Strukturen auflösen. Staatliche Flughafenbetreiber entwickeln sich nach ihrer Privatisierung zu flexiblen internationalen Dienstleistern, Telekommunikationsanbieter bauen ihre Netze aus und Hafengesellschaften lösen im Vorfeld ihres Börsengangs ihren Investitionsstau auf. Im Idealfall entstehen so neue Branchen, die einen grundlegenden Strukturwandel anstoßen: Die gesamtwirtschaftliche Aktivität verlagert sich dann von unproduktiven in produktive Sektoren. Dies gilt insbesondere dann, wenn Unternehmensgründungen für einen zusätzlichen Innovationsschub sorgen, die den Strukturwandel beschleunigen und so unproduktive Unternehmen vom Markt verdrängen.[84]

Nicht zuletzt kann höheres *Produktivitätswachstum* auch über die zuvor skizzierten Investitionen in Bildung und Forschung entstehen. Als Beispiele werden oft Arbeitnehmer genannt, die sich weiterbilden und über das zusätzliche Wissen schneller und produktiver werden. Ergänzt würde das dann auf Investorenseite über stärkere Investitionen in den Kapitalstock. So kann die Leistungsfähigkeit der Unternehmen durch Investitionen in neue Maschinenparks, in Forschung und Entwicklung gesteigert werden. Wie eingangs skizziert, ermöglicht dies, sich vom oft ruinösen Preiswettbewerb auf den Weltmärkten abzukoppeln und sich in Richtung Leistungswettbewerb umzuorientieren – ein Weg, den Deutschland in den letzten Jahrzehnten erfolgreich gegangen ist. Europa hat hier indes noch einigen Nachholbedarf. Im Jahr 2000 setzte sich die EU das Ziel, die Ausgaben für Forschung und Entwicklung auf drei Prozent der Wirtschaftsleistung zu steigern. Wir sind noch immer weit von dieser Marke entfernt – allein Dänemark, Finnland und Schweden können sie übertreffen. Aufholen könnte Europa dann, wenn der Privatsektor dazu animiert würde, produktnahe, angewandte Forschung zu betreiben, um die Produktivität direkt nahe am Produktionsprozess zu erhöhen. Das könnte über Steuervorteile geschehen. Zudem ist an eine engere Zusammenarbeit zwischen Mittelstand und Hochschulen zu denken, bis hin zur Einrichtung dualer Studiengange, die ihren Schwerpunkt auf angewandte Forschung und Entwicklung legen. Und nicht zuletzt könnte etwa über die Förderung der Ausgründung von hochschulnahen, forschungsintensiven Jungunternehmen der Unternehmergeist im Kleinen gestärkt werden. Wege zur Umsetzung hat dieses Kapitel aufgezeigt.

Skaleneffekte, strukturelle Wachstumseffekte und *Produktivitätswachstum* stehen für nichts Geringeres als eine Neuausrichtung der europäischen Volkswirtschaften in Richtung Wachstum. Das kostet Geld. Wie eingangs skizziert, ist dieses Geld jedoch durchaus vorhanden. Großes, bislang ungenutztes Finanzierungspotenzial liegt im Haushalt der Europäischen Union. Allein im Jahr 2013 umfasste der EU-Haushalt rund 145 Milliarden Euro – ein Betrag, der immerhin rund 1,2 Prozent der EU-Wirtschaftsleistung ausmacht. Die größte Haushaltsposition ist der Posten *Nachhaltiges Wachstum* (45 Prozent), aus dem sich die Struktur- und Kohäsionsfonds speisen. Dicht dahinter folgt mit 41 Prozent der Posten *Natürliche Ressourcen*, der in erster Linie Ausgaben für die Agrar- und Fischereiwirtschaft enthält.[85] Es ist bedauerlich, dass viele Menschen mit dem EU-Haushalt die leidige Nettozahlerdebatte verbinden. Dabei bleibt die konstruktive Debatte über den bestmöglichen Einsatz der Mittel schnell auf der Strecke. Die Zusammensetzung des EU-Haushalts spiegelt das wider: Sie ist mit bald jedem zweiten Euro für die Landwirtschaft rückwärtsgewandt ausgerichtet. Oft bremsen sich Staaten damit auch selbst aus: Jeder Euro, der Ländern für ihre Landwirtschaft zugewiesen wird, subventioniert unproduktive Strukturen und bremst den Wandel. Im Falle Frankreichs sind das sieben von zehn Euro. Nur zwei von zehn Euro fließen aus den Töpfen der Struktur- und Kohäsionsfonds. Sie sind aber die Mittel, mit denen die Grundlagen für Wachstum gelegt werden können. In Deutschland ist es zwar immerhin das Doppelte. Die Mittel zur Finanzierung zukunftsträchtiger Projekte wären also in der Tat vorhanden. Sie werden jedoch noch immer nicht richtig investiert.

Milliardenbeträge in landwirtschaftliche Betriebe verschönern sicherlich das Landschaftsbild. In Forschung, Entwicklung und modernen Hochschulen angelegt, könnten sie aber das Wachstumspotenzial steigern. Gerade das Beispiel der Forschungsförderung zeigt, wie leicht es wäre, die Verwendung öffentlicher Mittel in der Europäischen Union konsequent auf die Zukunft auszurichten.

Aus all dem folgt, dass zwischen Teilhabe und Wachstum eine produktive Wechselwirkung entstehen kann: Teilhabe aktiviert Arbeitnehmer in der ganzen Breite und kann sie produktiver werden lassen. Dies lässt die Standortattraktivität steigen und zieht Investitionen an. Die beiden Produktionsfaktoren, die eine Volkswirtschaft prägen – *Kapital* und *Arbeit* – werden intensiver eingesetzt. Die Volkswirtschaften wachsen. Dies wiederum zieht weitere Investitionen aus dem Ausland an. Und so bildet sich eine sich selbst verstärkende Dynamik: Wo die Wirtschaft wieder wächst, schöpfen Menschen Zukunftsvertrauen. Wo dieses entsteht, sehen Menschen auch Sinn darin, Leistungs- und Chancengerechtigkeit wahrzunehmen. Wenn der Zugang zu Arbeit und Bildung neue Wachstumsimpulse schafft, setzt sich Zukunftsorientierung durch – und das menschliche Handeln wird zur Wette auf den gemeinsamen Erfolg. Dies wiederum kann dann den Willen der Gesellschaft befeuern, Möglichkeiten der Teilhabe zu nutzen und sich auf die Herausforderungen der Leistungsgerechtigkeit einzulassen. Wachstumsperspektiven führen dazu, dass Zuversicht und Tatkraft die allgemeine Resignation und den lähmenden Fatalismus ersetzen. Schicksalsergebenheit räumt neuer Selbstwirksamkeit den Posten. Vertrauen und der Wille zur Kooperation entstehen. So wird aus Teilhabe Wachstum und aus Wachstum Teilhabe.

Wir haben in diesem Kapitel erfahren, dass diese fruchtbare Symbiose dann funktioniert, wenn Elemente der Bedarfsgerechtigkeit sich mit Chancen- und Leistungsgerechtigkeit verbinden: Wo staatliche Förderung auf die Zukunft gerichtet ist, schafft sie Perspektiven und gibt der Gesellschaft Mut und Selbstvertrauen in die eigenen Fähigkeiten.

Wirtschaftliche Teilhabe ist der zweite Schritt in Richtung gesellschaftlichen Mut. Im dritten Schritt müssen wir nun erreichen, dass die Gesellschaft den Mut, den sie gesammelt hat, mutig übt und ihre Ressourcen einsetzt. Hierzu benötigen wir eine intensive Kultur des Wettbewerbs, der auf allen Ebenen der Gesellschaft neu entfacht werden muss.

VII Mut im Wettbewerb üben

Die beiden letzten Kapitel haben die ersten Schritte hin zu neuem Mut in Europa skizziert: Eigentum und wirtschaftliche Teilhabe schaffen materielle Sicherheit und legen damit die Grundlage für persönliche Zuversicht. Um jedoch eine Gesellschaft aktivieren und mitnehmen zu können, reicht das nicht aus: Damit individueller Mut eine gesellschaftliche Dimension erhält, muss er in konkrete Handlungen gegossen und in zwischenmenschlicher Interaktion geübt werden.

Dies ist allerdings nicht immer einfach. Wo Menschen aufeinandertreffen und miteinander interagieren, gibt es verschiedene Risiken und Unwägbarkeiten. Sie lassen sich in drei Arten von Unsicherheiten einordnen:

- *Koordinierungsunsicherheit:* Das Verhalten unseres Gegenübers, das einen unmittelbaren Einfluss auf unser eigenes Verhalten hat, ist oft nicht vorhersehbar.
- *Umweltunsicherheit:* Die Interaktion von Menschen kann von äußeren Einflüssen bestimmt werden, die sich unserer Kontrolle entziehen: Das kann die Kosten der zwischenmenschlichen Zusammenarbeit erhöhen oder Projekte ganz scheitern lassen.
- *Bewertungsunsicherheit:* Nicht zuletzt besteht das Risiko, dass Menschen Situationen unterschiedlich bewerten und daher verschieden handeln.

Es gibt verschiedene Wege, diese Risiken zwischenmenschlicher Koordination zu entschärfen. Die erste Möglichkeit ist es, diese Unsicherheiten über *Hierarchien* in Bahnen zu lenken.

Menschen geben dann anderen Menschen Befehle und kontrollieren, ob diese Anweisungen befolgt werden. In Hierarchien ist jedoch insbesondere asymmetrische Information eine große Herausforderung: So haben Menschen auf nachgelagerten Ebenen in der Regel mehr Tiefenwissen als die Leitungsebene – sie hat den Überblick. Ohne eingespielte Meldeketten von unten nach oben besteht die Gefahr, dass die Leitungsebene Fehlentscheidungen trifft und hierarchische Strukturen diese weiter potenzieren. Weiterhin kann die nachgelagerte Ebene ihren Informationsvorsprung zum eigenen Vorteil ausnutzen, also beispielsweise bewusst trödeln oder die eigene Leistung künstlich verknappen. Für neuen Mut sind Hierarchien ein denkbar ungünstiges Pflaster, denn sie machen die Übernahme von Verantwortung für den Einzelnen nicht erforderlich. Der Mensch fragt sich: Was wird die Leitungsebene wohl als Nächstes kommunizieren? Und so schüren Hierarchien Passivität und Unsicherheit zugleich. Dies trifft natürlich nicht nur auf Menschen in Organisationen zu, sondern auch auf ganze Gesellschaften und Volkswirtschaften. Gerade die Eurokrise hat gezeigt, dass hierarchisch strukturierte Koordinierungsansätze sich nicht durchsetzen: Die Maßgaben der wirtschaftspolitischen Koordinierung, die zentral aus Brüssel vorgegeben werden, wurden von den Mitgliedstaaten nicht immer befolgt. Hierarchien provozieren Blockadehaltung nationaler Entscheidungsträger aus falsch verstandenem Stolz. Gleichzeitig gibt es auf übergeordneter Ebene Fehleinschätzungen auf Grund mangelnder Nähe zu lokalen Entscheidungsträgern und nachgelagerten Einheiten.

Die zweite Art der Koordinierung menschlichen Handelns sind *Verhandlungen*. Souveräne Akteure versuchen in Gesprächen, gemeinsame Positionen festzulegen. Allerdings sind Verhandlungspartner oft dazu geneigt, ihren Wissensvorsprung strategisch einzusetzen und die Gegenseite zu täuschen. Diese greift dann oft und gerne zu Verzögerungstaktiken, um zusätzliche Informationen zu sammeln oder den Verhandlungspartner mürbe zu machen. Die Verhandlungen ziehen sich in die Länge oder kommen bisweilen zu gar keinem Ergebnis. Mitunter müssen enorme Ressourcen in die Absicherung der eigenen Position investiert werden. Phasen der Unsicherheit führen zu Passivität, zum Ertragen und Abwarten. Auch diese Überlegungen gelten in Bezug auf Staaten und ganze Gesellschaften in besonderem Maße. Und auch hier bestätigt die Eurokrise mit ihren andauernden Verhandlungsmarathons, dass Verzögerungsstrategien ein beliebtes Mittel sind, um den Spar- und Reformkurs in den Krisenstaaten weiter zu strecken. Am Ende ist nichts gewonnen. Das legt nahe, dass Verhandlungslösungen ebenso wenig wie die Hierarchie dazu geeignet sind, für die Gesellschaft die Grundlage von Mut zu bilden. Die Interaktion zwischen Parteien bleibt schwerfällig. Dies ist kein Wunder, denn sowohl *Hierarchie* als auch Verhandlungen sind Ansätze, die auf Planung beruhen. Und spätestens, wenn mittel- und langfristig geplant werden soll, beginnen die ersten Probleme. Je treffgenauer Planung sein möchte, desto schwieriger und aufwändiger ist es nämlich, sie auf die Unsicherheit abzustimmen, die sich aus dem Verhalten anderer Individuen ergibt. Planung steht deshalb gegen Offenheit. Je mehr wir versuchen, uns abzusichern, desto komplexer, aufwändiger und teurer wird es. Sicherheit gibt es nicht zum Nulltarif.

Gerade deshalb lohnt ein Blick auf die dritte Form der Koordinierung, den *Wettbewerb auf freien Märkten*. Deren Ursprünge liegen in der Frühphase der menschlichen Arbeitsteilung. Eigenverantwortlich setzen die Anbieter Preise, die sich an Angebot und Nachfrage orientierten. Diese Preisbildung ermöglicht die horizontale Koordinierung der Marktteilnehmer, ohne dass Herrschaft, Planung oder Hierarchie erforderlich wären.[86] Diese dezentralen Strukturen machen den Markt zu einem der erfolgreichsten Entmachtungsinstrumente der Weltgeschichte.[87] Individuen, Unternehmen, ja ganze Länder buhlen eigenverantwortlich und selbstbestimmt gemeinsam um die Gunst ihrer Geschäftspartner. In diesem Sinne gewährleisten Märkte Freiheit. Es ist die Freiheit der Auswahl, die der Handlung und die der Entscheidung.

Die Kleinteiligkeit des Marktes in ihrer Wirkung einfach auf feindliche Konkurrenz zu reduzieren, würde freilich zu kurz springen. Sie zwingt Menschen auch dazu, zu kooperieren und Wissen miteinander zu teilen, etwa über die Preisbildung, die Wissen über Präferenzen, Warengüte und Knappheit weitergibt. So wird der Markt zum lernoffenen System, das Knappheiten besser und vor allem schneller abstellen kann als dies unter zentraler Planung je möglich wäre. Menschen, die Innovationen schaffen, sichern sich einen Vorsprung. Andere, die imitieren, lernen vom Vorsprung der Besten. Dadurch stehen Märkte für Austausch, und zwar nicht nur von Waren und Dienstleistungen, sondern auch von Gedanken, Inspiration durch *Best Practices* und die Dynamik der Imitation. Im Übrigen ist der Wettbewerb auf freien Märkten nicht nur etwas für Helden. Auch vorsichtige Zeitgenossen können über Absicherungsprodukte von Märkten profitieren. Geschieht dies transparent, sind sie damit zugleich verlässliche Signalgeber und Melder für andere Menschen, denn ihr Verhalten zeigt, wo Gefahren lauern könnten: In diesem Sinne bauen Märkte Informationsasymmetrien und Bewertungsunsicherheit besser ab, als dies über hierarchische Planung oder Verhandlungslösungen jemals möglich wäre.

Die direkte Rückmeldung ermöglicht sofortige und unmittelbare Einflussnahme auf das eigene Schicksal. Das schafft Eigenantrieb und Motivation. Sie, nicht etwa Befehle oder Kontrollen, stehen im Mittelpunkt. Der Echtzeitcharakter und die Interaktion machen den Wettbewerb auf Märkten zu einem Umfeld, in dem Mut schnell entstehen kann. Der direkte und zeitlich unmittelbare Wirkeinfluss des eigenen Handelns schafft Selbstwirksamkeit für jeden Marktteilnehmer. Die Freiwilligkeit der Zusammenarbeit verspricht, dass Investitionen – also Wagnis – bei sorgfältiger Prüfung des Geschäftspartners und nach sorgfältiger Abwägung von Chancen und Risiken – unter einem guten Stern stehen. Dadurch spendet Wettbewerb Vertrauen und übt Mut. Mehr Wettbewerb sorgt für eine höhere Vigilanz – auch, weil er Handlungsdruck aufbaut. Gesellschaftliches Selbstvertrauen entsteht. Je größer die Erfolge, desto höher die Folgeziele, desto mehr Lust auf Anschlusserfolge und desto höher der Mitteleinsatz. Jede Investition ist mit einer Entscheidung verbunden. Jede neue Investition steht für Mut. So entsteht eine spontane Ordnung über die Reibung aneinander und die Auseinandersetzung miteinander. Eine strukturierte Ordnung wie im Falle von Hierarchien oder Verhandlungslösungen ermöglicht das nicht. Wie wir später erfahren werden, gelten auch diese Überlegungen für Staaten und Gesellschaften.

Wettbewerb: Selten effizient, niemals perfekt

Der Wettbewerb auf freien Märkten ist niemals vollkommen effizient, auch wenn viele Ökonomen das gerne behaupten. Sie liegen falsch, denn Märkte können auch versagen – etwa, wenn Marktmacht oder Wissen ungleich verteilt sind. Wenn dieses

Marktversagen nicht verhindert wird, besteht durchaus die Gefahr, dass Wettbewerb auf freien Märkten eben jenem Zerrbild zügelloser Anarchie nahekommt, das Kritiker oft zeichnen. Märkte müssen daher veranstaltet, gepflegt und beaufsichtigt werden. Der einflussreiche deutsche Ordnungsökonom Walter Eucken[88] hat daher vor über 60 Jahren Anforderungen definiert, mit denen der Wettbewerb geordnet werden kann. Seine Ausführungen sind heute aktueller denn je. Rahmenbedingungen wie sichere Eigentumsrechte, Haftungsprinzip und Geldwertstabilität sind uns schon aus den letzten Kapiteln bekannt. Eucken forderte jedoch auch Vertragsfreiheit und Privatautonomie, freie Preisbildung und, dass Märkte nicht abgeschottet sein dürfen. Damit all dies gelingt, muss der Staat als regulierende Größe einen verlässlichen Rahmen schaffen, innerhalb dessen Wettbewerb möglichst unverzerrt, vor allem aber fair abläuft: Funktionierende Märkte benötigen eine Wettbewerbsordnung. Von diesem Idealzustand ist die Realität heute jedoch weit entfernt. So zeigt ein Blick auf die Wirtschaftspolitik der Euroländer, den Binnenmarkt und die nationale Steuerpolitik, dass Wettbewerb entweder stark unterbunden wird oder ausartet.

Wirtschaftsregierung macht Leistungswettbewerb zunichte

Wie wir bereits erfahren haben, ist der Leistungswettbewerb zwischen den Ländern der Eurozone derzeit enorm abgeschwächt. Sein früheres Spielfeld waren die Kapitalmärkte, auf denen die Regierungen der Euroländer um die Gunst von Investoren buhlen mussten: Je vertrauenswürdiger sie als Kreditnehmer waren, desto günstiger wurden die Zinsen, zu denen

Investoren bereit waren, diesen Ländern Geld zu leihen – also Staatsanleihen zu kaufen und zu halten. Die Anleiherendite spiegelte das Vertrauen der Investoren wider und galt somit als verlässliches Signal für Investitionsentscheidungen. Das motivierte Länder im Umkehrschluss dazu, über Sparpolitik oder Strukturreformen zu signalisieren, dass sie ihr Rückzahlungsversprechen halten konnten und damit als Investitionsziel interessanter wurden. Besonders stark war dieser Wettbewerb in den 1990er Jahren nach Inkrafttreten des Vertrages von Maastricht, der den Europäischen Binnenmarkt mit seinen Marktfreiheiten vollendete. Größere Träumereien kamen erst gar nicht zu Stande, weil die Finanzierungsmöglichkeiten nicht gegeben waren. Diese Phase hielt jedoch nicht allzu lange an: Mit der Gründung der Europäischen Währungsunion 1999 verlor der Wettbewerb an Schärfe. Wie bereits geschildert, nahmen die meisten Anleger an, dass die Euroländer sich gegenseitig beistehen würden, falls ein Land in fiskalische Schieflage geraten würde. Die Zinsen auf den Märkten für Staatsanleihen konvergierten, da man sich sicher war, dass das Ausfallrisiko im Falle eines Falles auf mehrere Schultern verteilt wurde. Der Nährboden für die europäische Schuldensucht war bereitet. Die Anleiherenditen korrespondierten nicht mehr mit der tatsächlichen Schuldentragfähigkeit. Mit dem Beginn der Eurorettungspolitik im Jahr 2010 verloren die Anleiherenditen vollends ihre Aussagekraft. Die Eurorettungsschirme versorgen Staaten in Notlage mit Liquidität zu Bedingungen, die günstiger als die der Märkte sind. Weiterhin greift die EZB über ihre neue Geldpolitik ebenfalls massiv in die Preisbildung an den Märkten für Staatsanleihen ein. Im Gegensatz zur weit verbreiteten Annahme gilt das auch für Länder, die nicht unter dem Eurorettungsschirm sind, denn allein die Option auf Hilfen schafft eine Sicherheitsillusion und sorgt für niedrige Zinsen. Die Risiken haben freilich nicht abgenommen. Sie werden jedoch nicht mehr von den Märkten eingepreist. Ein echter Wettbewerb findet zwischen den Euroländern nicht mehr statt.

Um dennoch die Aktion und Koordination zu gewährleisten, präsentiert das politische Brüssel immer neue Ideen, wie Wirtschaftspolitik auch ohne den Druck der Märkte abgestimmt werden soll. Zusammengefasst werden diese Konzepte auch als *Europäische Wirtschaftsregierung* bezeichnet. Allerdings ist der Sammelbegriff *Wirtschaftsregierung* nicht trennscharf definiert: Während einige Länder – etwa Frankreich – darunter eine straffe wirtschaftspolitische Abstimmung verstehen, die die langfristigen Prioritäten der Wirtschaftspolitik festlegt, versteht Deutschland hierunter lediglich eine breite wirtschaftspolitische Überwachung, die bei Fehlverhalten zu Sanktionen führen kann. Dies zeigt, dass die Auffassungen über die Marschrichtung höchst unterschiedlich sind. Wo es jedoch keine einheitlichen Definitionen und kein gemeinsames Verständnis gibt, entstehen schnell gefährliche Interpretationsspielräume, die von Einzelinteressen in Anspruch genommen werden und am Ende zu einer inkonsistenten Strategie führen können. Einzig sicher ist jedoch, dass es in jedem Fall auf ein Weniger an Wettbewerb zwischen den Euroländern hinauslaufen wird: Die *Europäische Wirtschaftsregierung* versucht, staatliches Handeln über hierarchische Vorgaben und Verhandlungslösungen zu koordinieren.

Dies ist bedauerlich, denn eigentlich sollte Brüssel aus den zweifelhaften Erfahrungen der Vergangenheit gelernt haben, dass für einen Kontinent souveräner Staaten Verhandlungslösungen und hierarchische Steuerung keine angemessene Lösung sind. Immer, wenn Euroländer in der Vergangenheit versucht haben, ihre Politik über Regeln zu koordinieren, wurden diese

Abmachungen unterlaufen. Insbesondere die bislang wirkungslose fiskalische Koordinierung der Euroländer über den Stabilitäts- und Wachstumspakt belegt, dass Regeln für souveräne Staaten ohne übergeordnete Steuerungsinstanz letztlich immer nur so viel wert sind wie der Wille von Staaten, sie zu befolgen. Und dieser Wille ist insbesondere in Krisenzeiten schwach: Nur 10 Prozent der Empfehlungen, die Brüssel den Mitgliedstaaten jedes Jahr im Rahmen der turnusgemäßen Koordinierungsrunden der Wirtschaftspolitik macht, werden befolgt – das belegen Untersuchungen der EZB.[89] Offensichtlich scheinen *hierarchische Vorgaben* aus Brüssel es geradezu herauszufordern, Umgehungstatbestände zu erfinden und zu nutzen. Auch die Erfahrungen mit *verhandlungsbasierter Koordinierung* sind nicht gut: Das unrühmliche und bisweilen dreiste Erpressungsverhalten von Empfängerländern unter dem Eurorettungsschirm zeigt, wie schnell finanzielle Nachforderungen aufgestellt werden, sobald Hilfsgelder fließen. Wenn von der Staatengemeinschaft kurzfristig Hilfskredite freigegeben werden, die im Gegenzug ausgehandelten Bedingungen für die Hilfe jedoch langfristig wieder aufgehoben werden können, entstehen Ungleichzeitigkeiten. Viele Krisenländer haben sie in der Vergangenheit genutzt und nachverhandelt.

Dennoch wird das, was sich in der Vergangenheit nicht bewährt hat, bedenkenlos weitergeführt. Das jüngste Zeugnis dieses von Naivität und Ignoranz geprägten Regelverständnisses ist der Brüsseler Vorstoß für sogenannte *Reformverträge*. Geplant sind bilaterale Abkommen, die Euroländer mit europäischen Institutionen schließen sollen, in erster Linie mit der Europäischen Kommission. In diesen Verträgen sollen sich die Euroländer zu Reformen verpflichten, etwa auf den Arbeitsmärkten oder den Märkten für Güter und Dienstleistungen, aber auch im öffentlichen Sektor, den Steuer- und den Ausbildungssystemen. Zusätzlich sollen subventionierte Kredite Länder belohnen, die die Vereinbarungen dieser Reformverträge umsetzen. Auch wenn viele Einzelheiten noch nicht geklärt sind, stellt sich bereits heute die Frage, inwiefern solche vertraglichen Arrangements außerhalb der europäischen Verträge tatsächlich Reformen bedingen können. Die Gefahr, dass Mittel aus den Kreditfazilitäten in Anspruch genommen werden, Reformen jedoch auf sich warten lassen, besteht durchaus. Mehr noch: Staaten könnten versucht sein, sich bewusst zurückfallen zu lassen, um die Anforderungshürden der Reformverträge niedrig zu halten. Nicht zuletzt gilt: Zusätzliche Belohnungen für Reformprogramme atmen wieder das paternalistische Selbstverständnis Brüsseler Politik und ihre Überzeugung, Länder und Gesellschaften mit Belohnungen nach Gutsherrenart wirksam motivieren zu können. Doch die Verhaltensforschung weiß, dass extrinsische Anreize allenfalls von kurzer Dauer sind. Sie animieren nur zum Folgen, nicht jedoch zum Lernen, bergen einen schnellen Gewöhnungseffekt und wecken vor allem neue Begehrlichkeiten: Wo einmal der Wettbewerb als steuerndes Element der Politik verlernt worden ist, steht zu befürchten, dass bald die Rufe nach weiteren Maßnahmen laut werden, um Missstände zu beenden. Noch mehr Koordinierung also, um die Fehlleistungen der bisherigen Koordinierung auszugleichen. Doch die fehlgeschlagenen Versuche, Wirtschaftspolitik in der Vergangenheit zu koordinieren, zeigen, dass die aktuellen Vorstöße nicht nur wirkungslos, sondern auch schädlich sein dürften. Sie lassen befürchten, dass zusätzliche Koordinierungsrunden zu neuem Blockadeverhalten beteiligter Staaten führen. Die offiziellen Verlautbarungen, man wolle über die Reformverträge bewirken, dass die nationalen Legislativen, die diesen Verträgen zustimmen müssen, die in ihnen vereinbarten Reformagenden auch tragen, muten fast schon wie Hohn an. Reformverträge werden zu keinem Umdenken führen. Sie sind konzeptionell verfehlt, weil eine nachträgliche Verwässerung immer möglich ist, ihre langfristige Wirkung jedoch immer davon abhängen wird, ob ihre Maßgaben auch über den Tag hinaus gelebt werden. Und so präsentiert sich die Idee von Reformverträgen als Übung ohne größeren Mehrwert. Die angestrebte Konditionalität der Kredite scheint ohnehin nur Fassade zu sein. Dies belegt exemplarisch das Verhalten Frankreichs. Eben jenes Land, das seit Jahr und Tag eine enge Abstimmung der nationalen Wirtschaftspolitik fordert, gibt sich äußerst verschnupft, wenn vor dem eigenen Haus gekehrt werden soll. Im Mai 2013, als die Europäische Kommission beschloss, die Anpassungsziele für die Haushaltskonsolidierung für Frankreich zu strecken, lehnte Frankreich selbst diesen zuvorkommenden Schritt als „Einmischung in interne Angelegenheiten" schroff ab.[90]

Dirigismus, zweite Auflage

Reformverträge werden nicht das letzte Wort sein. Auch in Zukunft wird es immer neue Initiativen geben, die eine immer engere Koordinierung der Politik zwischen den Staaten Europas zum Ziel haben. Mit ihnen können sich Meinungsführer und karrierebewusste Spitzenbeamte im politischen Brüssel schnell Freunde, vor allem aber einen Namen machen. Jede Initiative, die neue Regulierungskompetenz schafft, wird gern gesehen. Von Selbstkritik keine Spur: Es erscheint nachvollziehbar, dass Stabsmitarbeitern und politischen Entscheidungsträgern am ehesten *Hierarchiedenken* und *Verhandlungslogiken* naheliegen um Ziele zu erreichen. Erfahrungen am *Markt* und im freien *Wettbewerb* der Wirtschaft liegen ihnen fern. Und so werden Fehlschläge und Misserfolge nicht als Anlass zur Selbstreflexion ihres falschen Menschen- und Völkerbildes genommen. In Brüssel gelten sie vielmehr als Beleg dafür, dass man es nur noch nicht richtig versucht habe. Wohin jedoch politische Systeme führen können, die auf falschen Menschenbildern und zentralplanerischen Heilsversprechen aufbauen, zeigt die unheilvolle jüngere Geschichte Osteuropas. Unter einer Wirtschaftsregierung, die wirtschaftspolitische Prioritäten ganz im Sinne des *Rates für gegenseitige Wirtschaftshilfe* im damaligen Ostblock festlegt, geht jegliche Eigenverantwortlichkeit verloren. Selbst die Denkarbeit über mögliche Reformen muss ein Land nicht mehr als Eigenleistung erbringen – Brüsseler Stäbe entwerfen die Reformkonzepte. Wie bei Menschen gilt auch bei Staaten: Zu viel Betreuung macht träge, vor allen Dingen dann, wenn finanzielle Hilfe zum Dauerzustand wird und die wirtschaftspolitischen Bedingungen dafür nach Auszahlung der Hilfen nachverhandelt werden.

Im steten Bemühen um eine engere Koordinierung verblasst der Wettbewerbsgedanke zunehmend, und planwirtschaftliche Elemente gewinnen die Oberhand. Dies gilt allzumal, wenn diese Koordinierung – wie in Europa – zwischen Ländern erfolgen soll, die eine grundlegend unterschiedliche Auffassung von wirtschaftspolitischen Reformkonzepten und Regeltreue haben: Unter einem gemeinsamen Vertragswerk muss dies zwangläufig zu Friktionen führen und zu ebenjener Blockade, die vorherrscht, wenn unterschiedliche Interessen zu dauerhaftem Vertragsbruch und zu Dauerverhandlungsrunden führen. Die einen fühlen sich übervorteilt, die anderen dominiert und eingeengt. Wo ein gemeinsamer Wertekontext im Hinblick auf gemeinsame Wirtschaftspolitik nicht existiert, kann eine europäische Wirtschaftsregierung, die auf Verträge und Verhandlungen setzt, im europäischen Kontext nicht funktionieren. Mehr noch: Das Gefühl der Starken, von den Schwachen übervorteilt zu werden und die unangenehme Demütigung der Schwachen durch das Schulmeistertum der Starken stiftet Unfrieden und nährt Freund-Feind-Denken. Doch dies ist nicht der einzige Kollateralschaden, denn die ständige Kontrolle durch die Kommission nimmt den Krisenländern ihre Selbstwirksamkeit. Das gemeinsame Streben nach Mehr verliert seine Dynamik und wird vom strategischen Dünkel überlagert. Die allgemeine Vorwärtsorientierung weicht einem gegenwartsorientierten, strategischen Abwarten. Doch nicht nur das: Es liegt nahe, dass der Wunsch nach engerer Koordinierung nicht allein dem Ziel der Stabilität, sondern vor allem der Harmonisierung und der Vermeidung des Systemwettbewerbs dient. Unliebsame Konkurrenz hält man sich vom Leibe – oder kann sie alternativ als „unsolidarisch" brandmarken.

Im Zeichen dieses neuen europäischen Dirigismus steht auch die Debatte über die hohen Leistungsbilanzüberschüsse Deutschlands. Vielen Euroländern gefällt es nicht, dass Deutschland dank konsequenter Reformen am Arbeitsmarkt, Kostenkürzungen, aber auch auf Grund eines erfolgreichen Mittelstands sehr erfolgreich an den Exportmärkten ist. Sie verkennen auch, dass es die EZB ist, die mit ihrer ultralockeren Geldpolitik ebendiesen Exportboom noch weiter finanziert, indem sie den Bevölkerungen in Krisenländern mit Niedrigzinsniveau eine Kaufkraft verleiht, die sie ohne ihre Mitgliedschaft in der Eurozone niemals hätten. Seit geraumer Zeit fordern die Europartner und zuletzt auch die Kommission Deutschland dazu auf, sowohl den Binnenkonsum als auch die Investitionen zu steigern.

Bei all dem wird gerne vergessen, dass Leistungsbilanzüberschüsse zuallererst das Ergebnis von Konsum, Sparverhalten und Investitionsentscheidungen sind, die jeder Mensch und jedes Unternehmen für sich selbst trifft. Freilich können diese Entscheidungen von der Politik beeinflusst werden – etwa über Konjunkturprogramme, die den Konsum ankurbeln. Ursächlich verändern kann man menschliches Verhalten jedoch nicht. Doch an Brüsseler Verhandlungstischen dominieren andere Sichtweisen und andere mentale Modelle: Man kann sich offenbar nicht vorstellen, dass die deutschen Exporterfolge nicht den Welteroberungsplänen kühner Strategen im Wirtschaftsministerium entspringen, sondern dass sie das Schaffenswerk bienenfleißiger Sauerländer Mikroelektronikunternehmen, innovativer schwäbischer Maschinenbauer und flexibler ostdeutscher Feinmechanikmanufakturen und Spezialchemiehersteller sind. Überdies dürfte es selbstverständlich sein, dass sich selbst bei größeren Lohnerhöhungen nicht automatisch ein erhöhter Konsum südeuropäischer Waren einstellt. Es ist noch nicht einmal klar, ob Menschen noch mehr konsumieren würden – denkbar wäre auch, dass sie ihre Kaufkraft konsequent in ihre Altersvorsorge umleiten. Und selbst, wenn die Leistungsbilanzüberschüsse durch höhere Investitionen abgebaut würden, würde dies das Problem nicht lösen: Binneninvestitionen würden die Wettbewerbsfähigkeit langfristig ja noch weiter steigern und weitere Erfolge auf den Weltmärkten bedingen – was sicherlich erfreulich wäre, jedoch ganz sicher nicht im Sinne der Brüsseler Saldenprediger.

Der neue europäische Dirigismus neigt zu einer absurden Wissensanmaßung und Steuerungsillusion. Er meint nicht nur, die Ursachen für Fehlentwicklungen zu kennen, sondern auch für jedes Land individuelle Ratschläge zu haben. Gerade das

Beispiel der Leistungsbilanzüberschüsse zeigt, dass dies auch zu widersprüchlichen Empfehlungen führen kann. Denn indem Deutschland mit seinem fast ausgeglichenen Haushalt und dem stetigen Abbau der Staatsverschuldung den fiskalpolitischen Maßgaben durchaus nachkommt, verstößt die Bundesrepublik zugleich gegen jene wirtschaftspolitischen Empfehlungen, die fordern, dass der Staat mehr Geld für Investitionen ausgeben solle oder über finanzielle Anreize Menschen zum Konsumieren verleiten sollte. All dies ist ein Lehrbuchbeispiel dafür, wie gut gemeinte, aber letztlich untaugliche Versuche politischer Steuerung *Koordinierungsunsicherheit, Umweltunsicherheit* und *Bewertungsunsicherheit* – die drei Unsicherheiten menschlicher Zusammenarbeit – forcieren würden. Unter einer europäischen Wirtschaftsregierung wären Reibungsverluste und Verzögerungen vorprogrammiert.

Die Lösung: Den Wettbewerb zwischen den Staaten Europas neu entfachen

Nichts spricht gegen eine engere Abstimmung nationaler Wirtschaftspolitik in einer Währungsunion. Doch wenn sie im politischen Tagesgeschäft nicht zur Bedeutungslosigkeit verkommen soll, muss sie vom wachsamen Auge der Kapitalmärkte begleitet werden. Gerade eine Rückkehr zum fairen Wettbewerb zwischen den Euroländern mit transparenter Preisbildung an den Staatsanleihemärkten wäre die bessere Wahl. Zinsen, die von den Erwartungen der Investoren auf Finanzmärkten geprägt werden, erhöhen den Druck auf jene Länder, die nicht willens sind zu sparen. Führen diese Länder dann Strukturreformen und Sparmaßnahmen durch, können sie das Vertrauen von Investoren zurückgewinnen. Institutionelle Anleger agieren wie Talentscouts und investieren ihre Mittel insbesondere in jene Länder, die vielversprechende Perspektiven der Wirtschaftspolitik aufweisen. Andere Länder strafen sie mit hohen Zinsen ab. Investoren handeln mit Erwartungen, indem sie Entwicklungen in der Zukunft bereits heute einpreisen. Indem sie investieren, signalisieren sie Vertrauen. Indem sie Positionen abbauen oder für Neuinvestitionen höhere Zinsen verlangen, signalisieren sie Misstrauen. Als Finanzierungsgeber können Investoren somit ein gutes Korrektiv für Regierungen sein, denn sie belohnen und bestrafen in Echtzeit. So kann eine Mitteilung über eine Rentenreform eines Landes sich schon nach wenigen Sekunden auf den Wert von Staatsanleihen auswirken: Ihre Kurse steigen und bei anstehenden Neubegebungen von Staatsanleihen müssen Staaten voraussichtlich geringere Zinsen zahlen. Reformen lassen sich so gut vorfinanzieren, denn je ehrgeiziger und erfolgreicher Länder in ihren Reformbestrebungen sind, desto schneller sinken ihre Zinsen. Einwände, dass hier ein Primat des Marktes über die Politik entstünde, können kaum gelten, denn Investoren zeigen allein mit ihrer Finanzierungsbereitschaft der Politik ihre natürlichen Grenzen auf.

Dieses Beispiel zeigt, dass Kapitalmärkte bessere Reformschrittmacher sind als es politische Koordinierungsprozesse auf Ministergipfeln und in den Hinterzimmern der Unterhändler je sein könnten. Diesen konstruktiven Marktmechanismus sollten wir uns zunutze machen, wenn wir verstärkten Wettbewerb zwischen den Euroländern anstreben. Oft werden derartige Marktreaktionen als schädliche Spekulation abgetan. In der Tat: Spekulation ist ärgerlich. Sie ist aber auch nützlich, weil Spekulanten auch darüber Signale senden, wo etwas in der Politik gut oder schlecht läuft. Sie zeigen auf, wo es Handlungsbedarf gibt und sind dadurch gute Frühwarnsysteme. Sie erkennen Missstände besser und schneller, als es eine zentral gesteuerte Wirtschaftspolitik könnte. In diesem Sinne ist Spekulation die Folge von Fehlentwicklungen in der Politik – nicht jedoch ihre Ursache. Bildlich gesprochen: Spekulanten sind wie Fliegen, die sich gerne dorthin setzen, wo es stinkt. Wenn die Politik nun versuchen sollte, über eine Verstetigung der Eurorettungsmechanismen, dauerhafte Transfers oder eine Finanztransaktionssteuer den Marktmechanismus außer Kraft zu setzen, würde sich fundamental nichts ändern. Um beim Bild zu bleiben: Die Fliegen wären zwar vertrieben – doch der Gestank würde bleiben.

Ein verstärkter Wettbewerb kann in der Tat dafür sorgen, dass sich Regierungen und Gesellschaften Reformziele als nationale Aufgaben aneignen. Wo Länder eigenverantwortlich um Mittel auf den Kapitalmärkten konkurrieren müssen, setzen sie Reformen aus Eigeninteresse eigenverantwortlich innerhalb der ihnen gegebenen Grenzen um. Auch wenn die Bewusstseinsbildung im demokratischen Diskurs alles andere als einfach ist, lässt die direkte Rückmeldung über die Zinsen auf den Kapitalmärkten Gesellschaften und Volkswirtschaften erfahren, dass individuelle und kollektive Leistung sich lohnen. Strukturreformen und Sparanstrengungen erfolgen dann aus Eigenantrieb und zahlen sich direkt aus. Der Glaube ans eigene Schicksal wächst, die Selbstwirksamkeit ebenfalls. Wettbewerb aktiviert den Schatz nationaler Kreativität und Flexibilität besser als Vorgaben aus Brüssel. Die Geschichte zeigt, dass dieser Weg möglich ist. Der Wiederaufbau Europas nach dem Zweiten Weltkrieg, aber auch der Wachstumsschub der osteuropäischen Volkswirtschaften nach dem Mauerfall folgte dieser Logik. Menschliche Eitelkeit und das Streben nach Mehr motivieren zu Höchstleistungen. Einfacher wird es für Gesellschaften dadurch sicherlich nicht. Aber vielleicht fallen die Anstrengungen leichter, weil sie sich aus Eigeninteresse bemühen. Und vor allem fällt – ganz im Sinne der horizontalen spontanen Ordnung des Marktes – der Aufwand nicht so schwer, wenn man sieht, dass andere Länder im Wettbewerb sich ebenfalls anstrengen müssen.

Allein: Wie können wir zum Wettbewerb zurückfinden? Jeder moralische Appell starker Länder an ihre Europartner wäre zwecklos, sobald sich die Bequemlichkeit schlechter Koordinierung schon eingeschlichen hat. Der richtige Weg wird eingeschlagen, wenn die starken Länder der Eurozone darauf bestehen, dass Rettungsprogramme auslaufen und keine neuen aufgelegt werden. Die Rückkehr Europas an die Märkte erreichen wir nur, wenn wir das Nichtbeistandsgebot der europäischen Verträge wieder respektieren, das ein wechselseitiges Einstehen für die Verbindlichkeiten anderer Länder ausschließt. Gerade dies würde das Bewusstsein für unterschiedliche Risiken in der Eurozone bei Investoren wieder stärken und dem Preismechanismus an den Kapitalmärkten wieder zu neuer Bedeutung verhelfen. Ein solcher Schritt tut Not, denn die letzten Jahre haben den Willen zum Wettbewerb bereits geschwächt. Länder, die zukünftig in die Bredouille geraten, wissen, dass sie gerettet und entlastet werden.

Ein wichtiger Faktor auf dem Rückweg hin zu funktionierendem Wettbewerb auf Kapitalmärkten fehlt jedoch: Es ist das Vertrauen der Investoren in den tatsächlichen Willen und die Fähigkeit der Euroländer, ihre wirtschaftspolitischen Hausaufgaben zu machen. Sie können sich nicht sicher sein, ob Reformmaßnahmen nicht wieder zurückgedreht werden oder aus einer tagespolitischen Laune hinaus trotz vorab zugesagter Sparmaßnahmen neue Transfermechanismen ins Leben gerufen werden. Sie werden auch in Zukunft skeptisch prüfen, ob sie bestimmte europäische Risiken in ihre Portfolien aufnehmen werden – zu oft sind sie durch fehlerhafte Statistiken oder Launen der Wirtschaftspolitik enttäuscht worden. Die Lösung für dieses Problem ist Transparenz. Ein erster Lichtblick ist bereits, dass seit dem Jahr 2013 die Haushaltsentwürfe der Euroländer für das folgende Haushaltsjahr bis zum 15. Oktober jedes Jahres der Kommission und der Eurogruppe vorzulegen sind. Beigefügt werden müssen die zu Grunde liegenden gesamtwirtschaftlichen Annahmen und Prognosen zu über 100 makroökonomischen Indikatoren. Die Kommission und der Ministerrat überprüfen die Haushaltspläne dann und geben eine Einschätzung ab. Es wäre empfehlenswert, diese Überprüfung nicht verpflichtend vorzuschreiben, sondern freiwillig anzubieten. Sie würde dann wie ein Branchengütesiegel wirken, wie wir es bei Wurst und Käse kennen. Wenn die Länder die Vorgaben erfüllen, können sie sich damit einen gewissen Vertrauensvorschuss erarbeiten. Gerade dies könnte in der langen Frist dazu führen, dass Länder ihr nationales Schicksal wieder als ihr eigenes erkennen. Die quantitative Kontrolle über die Neuverschuldung würden dann wieder die Kapitalmärkte in ihrer Finanzierungsbereitschaft übernehmen. Diese quantitative Begrenzung mit den richtigen Empfehlungen qualitativ auszugestalten, sollte vornehmliche Aufgabe des Systems wirtschaftspolitischer Empfehlungen sein – nicht jedoch eine Wirtschaftsregierung, die Kreativität und Schaffenskraft einengt.

Ebendiese Transparenz könnte auch irrationale Übertreibungen an den Staatsanleihemärkten reduzieren. Denn freilich sind Märkte nicht frei von ihnen. Sie sind menschengemacht. Es gibt Emotionen, Herdenverhalten, Fehleinschätzungen und Verführungen. Die Spekulationsblasen der Vergangenheit (Internetblase, Solarblase, Immobilienblase) belegen das in aller Deutlichkeit. Märkte sind daher nur die zweitbeste Lösung. Die erstbeste Lösung jedoch, den gutmütigen Planer, der allmächtig und allwissend ist, gibt es im realen Leben nicht. Daher sind freie Finanzmärkte – mit allen ihren Fehlern und Einschränkungen – letztlich zentraler, hierarchischer Planung als Korrektiv vorzuziehen.

Kreativer Protektionismus durch die Hintertür?

Wettbewerb ist in diesen Tagen nicht nur an den Märkten für Staatsanleihen in Gefahr. In einem Umfeld niedrigen gesamtwirtschaftlichen Wachstums mit geringer Wettbewerbsfähigkeit ist die Politik der einzelnen Mitgliedsstaaten zunehmend versucht, Unternehmen des eigenen Landes zu schützen. Der Druck von Industrie und Gewerkschaften ist enorm – in Zeiten gesamtwirtschaftlichen Wandels möchten sie Marktanteile nicht verlieren und versuchen daher, mit Einflussnahme auf Entscheidungsträger ihre Positionen zu sichern. Und so drohen im Zuge der Eurokrise auch Wettbewerbsbeschränkungen an den Märkten für Produkte und Dienstleistungen. Dies lassen zumindest jüngste Vorstöße einiger Länder befürchten.

Der Protektionismus kommt heute allerdings auf leisen Sohlen dahergeschlichen. Zu diesem Schluss kommen zumindest die Universität Sankt Gallen und das britische *Centre for Economic Policy Research* in ihrem jährlichen *Global Trade Alert:*[91] Traditionelle Freihandelsabkommen garantieren zwar ein Mindestmaß an Handelsfreiheit. Um diese zu umgehen, greifen Länder jedoch verstärkt auf unkonventionelle Maßnahmen zurück. Zölle sind als protektionistische Maßnahmen leicht durchschaubar, schwerer zu durchschauen sind etwa Exportsubventionen, finanzielle Unterstützungen für Firmen oder eine Bevorzugung nationaler Lieferanten bei öffentlichen Ausschreibungen. Allein für das Jahr 2013 zählt der *Global Trade Alert* über 431 neue Handelsbeschränkungen weltweit gegenüber 141 Maßnahmen, die Freihandel fördern. Auch der Deutsche Industrie- und Handelskammertag sieht eine Zunahme indirekter Handelshemmnisse und summiert die der deutschen Industrie dadurch entgangenen Einnahmen auf 10 Milliarden Euro pro Jahr.[92]

Es sind zumeist kleine Vorfälle, die von nationalen Wettbewerbsbehörden eher stillschweigend geduldet werden. Bittere anekdotische Evidenz lieferte zuletzt die Automobilindustrie. In Europa leidet sie unter Überkapazitäten. Die Lage bei deutschen Automobilherstellern ist zwar noch relativ unproblematisch, weil sie sich mit Design und Technik weltweit erfolgreich profilieren konnten und so ein Marktsegment erkämpft haben. Doch insbesondere die Automobilhersteller Frankreichs haben unter enormer Konkurrenz aus Fernost zu leiden. Dies hat den französischen Staat jüngst dazu motiviert, Subventionen in Form sogenannter Umstrukturierungshilfen zu gewähren. Doch damit nicht genug: Die französischen Behörden untersagten im Jahr 2013 bestimmten Modellen der Marke Mercedes-Benz die Zulassung, da die Klimaanlagen mit einem angeblich klimaschädigenden Kältemittel ausgestattet waren. Das Bestreben hielt mehreren Prozessversuchen des Automobilherstellers stand, es wurde sogar von der Europäischen Kommission unterstützt. Rund 4500 Fahrzeuge konnten nicht ausgeliefert werden. Dem deutschen Automobilhersteller entgingen in einem der größten Automärkte Europas damit nahezu sechs Monate Umsatz. Im August entschied das ranghöchste Verwaltungsgericht Frankreichs schließlich, dass die Wagen doch verkauft werden dürfen. Doch nur wenige Wochen nach dem Richterspruch kündigte die französische Regierung an, die Strafabgabe auf große Automobile mit einem hohen Kohlendioxid-Ausstoß um 30 Prozent aufzustocken. Fahrzeuge französischer Bauart sind zumeist von kleinerer Bauart. Sie werden voraussichtlich nicht betroffen sein. Ein Zufall? Es bleibt abzuwarten, inwiefern solch indirekter Protektionismus auch in Deutschland Schule macht, sobald die bislang gesunden Absatzmärkte deutscher Automobilhersteller kränkeln.

Protektionismus und nationale Vorteilnahme, wenn es um Handel geht, blühen nicht nur innerhalb des Europäischen Binnenmarktes. Europa ist auch im Außenverhältnis nicht sonderlich zimperlich, wenn eigene Interessen gewahrt werden sollen und facht die gefährlichen Tendenzen für globalen Protektionismus weiter an. Ein unrühmliches Beispiel ist das transatlantische Freihandelsabkommen zwischen der Europäischen Union und den Vereinigten Staaten, das aktuell verhandelt wird. Frankreich schaffte es schon im Vorfeld der Verhandlungen, Kulturgüter – allen voran die Filmindustrie – aus dem gemeinsamen Verhandlungsmandat der Europäer von vorneherein auszuklammern. Damit schwächte die *Grande Nation* auch die Verhandlungsposition des europäischen Kontinents: Es wäre naiv anzunehmen, dass die Verhandlungspartei auf der anderen Seite des Atlantiks sich nicht zur Wehr setzen würde oder zumindest andere Sonderwünsche anmelden wird – und das dann ganz sicher nicht bei Kulturgütern.[93]

Der langfristige Flurschaden des Protektionismus droht in wirtschaftlich schlechten Zeiten weitaus größer zu sein, als es die Gefahr abnehmender Handelsströme allein vermuten lässt. Protektionistische Maßnahmen säen Misstrauen und motivieren andere Länder dazu, ebenfalls ihren eigenen Vorteil zu suchen. Die Neigung zu Vergeltungsmaßnahmen oder gar präventiven Zollschranken steigt. An weitere Handelsliberalisierung ist in dieser Spirale aus Schlag und Gegenschlag erst gar nicht zu denken. Wer angefangen hat, ist sekundär: Aus einer Wette auf den gemeinsamen Erfolg wird Spekulation auf den eigenen Vorteil. Aus der Vorteilspartnerschaft wird Übervorteilung und Gegnerschaft. So würde der Rest der Welt erst gar nicht abwarten, bis einzelne Länder vor internationalen Handelsgerichten verklagt würden. Vielmehr würden sie als direkte Reaktion auf europäische Alleingänge ebenfalls ihre Märkte verschließen. Mit Zöllen und anderen kreativen Mitteln des Protektionismus würden sie sofort ähnliche Maßnahmen als Vergeltung einleiten, um Europa die Kraft ihrer Nachfrage spüren zu lassen. Einheimische Unternehmen wären dadurch zunehmend von den Weltmärkten ausgeschlossen. Für sie böten sich nur geringe Möglichkeiten zur Kooperation. So könnte sich unternehmerischer Wagemut etwa nur noch in der nationalen Perspektive auszahlen, nicht jedoch weltweit. Größere Innovationen würden sich nicht mehr lohnen. Sparer und Anleger müssten sich auf Grund niedrigerer gesamtwirtschaftlicher Aktivität mit niedrigen Renditen zufriedengeben. Und vor allem wettbewerbsschwachen Staaten der Union würde ein gemeinsamer Protektionismus im Zeichen einer neuen europäischen Handelswehrhaftigkeit nicht helfen. In Ländern wie Spanien, Portugal oder Griechenland, in denen jahrzehntelange Fehlentwicklungen die industrielle Basis erodiert haben, müsste sich der Privatsektor im Konsum einschränken oder stärker verschulden, um höhere Importpreise zu zahlen. Für Investitionen würde das Geld fehlen. Exportstarke Länder stünden auch unter einem protektionistischem Regime besser da: Sie verfügen noch über intakte Industriestrukturen und könnten sie über konstante Verbesserungen und regulatorische Entschlackung an die neuen Gegebenheiten anpassen. Im Ergebnis würde dies die gesamtwirtschaftlichen Ungleichgewichte zwischen den Ländern Europas noch weiter verstärken. Ebendies würde jedoch dazu führen, dass die Uneinigkeit auch innerhalb des Kontinents noch größer würde, und es wäre nicht ausgeschlossen, dass sich die Länder Europas mit ihrer destruktiven Kraft schon bald gegeneinander richten würden.

Diese Tendenzen verstärken sich, je weiter Protektionismus fortgeschritten ist, da er gleichzeitig die Nachfrage für bedrohte Industrien weiter aushöhlt, ihre Lebensgrundlage austrocknet und die Stimmen nach zusätzlichem Schutz noch lauter werden lässt: In der Regel gelingt es den Befürwortern von Schutzmaßnahmen nämlich, die Nachteile, die aus Protektionismus entstehen, wiederum dem verbliebenen Wettbewerb anzulasten. Und dies befeuert die Wettbewerbsskepsis der Gesellschaft weiter.

Was ist die Alternative?

Besser: Den Binnenmarkt weiterentwickeln und ausbauen

Protektionistische Tendenzen lassen sich am besten zurückdrängen, indem wir den Europäischen Binnenmarkt wiederbeleben und ausbauen. Noch immer besteht hohes Aufholpotenzial in vielen Bereichen – nicht nur im Gütermarkt, sondern vor allen Dingen bei den Dienstleistungen und in der öffentlichen Beschaffung. Würden auch diese Bereiche liberalisiert, könnte mehr Wettbewerb entstehen, der den Volkswirtschaften zu neuen Erfolgen und Geltung auf Weltmärkten verhelfen würde und sie untereinander stark macht.

Doch blicken wir zunächst zurück: Den Europäischen Binnenmarkt gibt es in seiner heutigen Form seit dem Jahr 1993. Bereits im Jahr zuvor hatten sich die Staats- und Regierungschefs der damaligen Europäischen Gemeinschaft darauf geeinigt, den Wettbewerb zwischen den Staaten Europas auszubauen, indem vier Marktfreiheiten gewährt wurden: Waren-, Dienstleistungs-, Personen- und Kapitalverkehrsfreiheit. Die darauffolgenden Jahre wurden turbulent. Die Europäische Kommission hat als Hüterin der Verträge und Treiberin des Wettbewerbs bei der Angleichung von Standards Enormes geleistet: Sie hat etwa nationales Wettbewerbsrecht vereinheitlicht, ebenso wie Patent- und Zollordnungen. So wurde ein einheitliches Wettbewerbsfeld geschaffen, das insbesondere für die Gütermärkte hilfreich war. Umfangreichere Liberalisierungen erfolgten aber auch im Bereich der Telekommunikation und des Luftverkehrs. Die Transaktionskosten beim grenzüberschreitenden Waren- Dienstleistungs- und Kapitalverkehr konnten so gesenkt werden. Unternehmen profitierten zudem auch von den großen Skaleneffekten, die sich aus der schieren Größe des Binnenmarktes ergaben.

Das Besondere am Europäischen Binnenmarkt ist, dass die Europäische Kommission ein unmittelbares Durchgriffsrecht bei Verstößen gegen die Wettbewerbsordnung hat. Sobald der Verdacht entsteht, dass Unternehmen ihre Marktmacht missbrauchen, kann die Kommission unmittelbar und ohne Rücksprache mit nationalen Wettbewerbsbehörden diese Unternehmen abmahnen. Wenn Kartelle gebildet oder Preise abgesprochen werden, kann sie empfindliche Geldstrafen verhängen. Für alle anderen Unternehmen bringt das eine hohe Planungssicherheit, ungehindert für den Binnenmarkt produzieren zu können. All das setzt Energien frei, die in neue wirtschaftliche Aktivität investiert werden können. Zudem sorgen Mindeststandards – etwa bei Lebensmitteln und Spielzeug – für eine höhere Produktqualität bei gleichzeitig großer Vielfalt. Die Marktgröße, der erhöhte Wettbewerb und die Mindeststandards haben zahlreiche Unternehmen dazu animiert, mehr zu innovieren. Dadurch konnten sie auch weltweit Marktanteile gewinnen. Gerade wenn Barrieren weiter abgebaut werden, zieht dies auch ausländische Direktinvestitionen an, da die einzelnen europäischen Volkswirtschaften als Standorte attraktiver werden. Dies verleiht dem Wirtschaftswachstum zusätzlichen Auftrieb. Allerdings ist die Kommission nach den enormen Liberalisierungserfolgen der Neunzigerjahre in ihrer aktiven Marktpolitik zuletzt etwas zurückhaltender geworden. Es scheint, als ob die Brüsseler Stäbe ihre neu gewonnenen Verantwortungsbereiche schätzen gelernt haben und dass das ordnungspolitische Pendel von marktliberaler Wettbewerbsorientierung nun in Richtung Marktfeindlichkeit schwingt.

Insbesondere der Markt für Dienstleistungen steckt noch in den Kinderschuhen. Dienstleistungen machen fast 70 Prozent der gesamten Wertschöpfung der europäischen Wirtschaft aus, und mehr als zwei Drittel aller Europäer arbeiten in diesem Sektor. Vor allen Dingen aber ist es jener Bereich der Volkswirtschaft, in dem die meisten neuen Stellen geschaffen werden. Der letzte große Versuch, den Binnenmarkt über eine Belebung des Servicesektors weiter zu aktivieren, war die Verabschiedung der Dienstleistungsrichtlinie im Jahr 2006. Viel konnte sie allerdings nicht erreichen. Vor allem das sogenannte *Herkunftslandprinzip*, also die Maßgabe, dass Anbieter Dienstleistungen im Binnenmarkt nach den Standards ihres Heimatlandes anbieten können dürfen, wurde abgeblockt. Zu groß war die Angst der verantwortlichen Politiker vor dem Wettbewerb, der hieraus entstanden wäre. Der polnische Klempner, der alteingesessene Handwerksbetriebe über Dumpinglöhne aus dem Markt drücken würde, war ein weit verbreitetes Schreckensbild. Niemand dachte so weit, dass auch polnische Klempner lohnanspruchsvoller werden und viele Haushalte weiterhin auch einheimische Anbieter bei Handwerksdienstleistungen bevorzugen würden. Weiterhin enthält die Dienstleistungsrichtlinie weitreichende Ausnahmeregelungen, etwa für die der Finanzwirtschaft, das Post- und Fernmeldewesen und Bereiche der öffentlichen Daseinsvorsorge, wie etwa Elektrizität und Wasserversorgung. Es sind eben jene Sektoren, die noch unter der Glasglocke des politischen Schutzes stehen. Viel hat sich in diesem Bereich seit 2006 nicht getan, denn spätestens mit der Eurorettung entstand im Jahr 2010 eine andere Baustelle, die im politischen Tagesgeschäft als wichtiger angesehen wurde. Und so sind die Marktzugangsbeschränkungen im Bereich der Dienstleistungen besonders hoch. So müssen etwa in manchen Ländern ausländische Dienstleister noch immer im Zuge einer Bedarfsprüfung nachweisen, dass ihr Marktzutritt einen Mehrwert schafft. Die Beweislast und damit die Kosten liegen bei den Unternehmen, die sich zunehmend politischem Gutdünken ausgesetzt sehen.

Dem sollte schleunigst ein Ende bereitet werden. Die europäischen Dienstleistungsmärkte müssen dringend unter strikter Befolgung des *Herkunftslandsprinzips* liberalisiert werden. Der grenzüberschreitende Handel mit Handwerksdienstleistungen, aber auch mit industrienahen Dienstleistungen wie Beratung oder Infrastrukturdiensten sollte geöffnet werden. Viel wichtiger jedoch ist es, dass auch die Dienstleistungen des öffentlichen Sektors ausnahmslos grenzüberschreitend ausgeschrieben werden. Ergänzt werden muss dies um Privatisierungskampagnen auf dem Sektor der öffentlichen Daseinsvorsorge. Diese müssen im Konzert durchgeführt werden. Ansonsten können Länder, die ihre Privatisierungsvorhaben geschickt verzögern, erreichen, dass ihre Staatsbetriebe die zuvor privatisierten Staatsbetriebe anderer Länder übernehmen. Dies wäre eine Übervorteilung *par Excellence* – und widerspräche freilich den Vorstellungen Wettbewerb auf Märkten gemeinsam zu *veranstalten*.

Damit der Wettbewerb wieder richtig veranstaltet werden kann, muss die Kommission als Hütern des Binnenmarktes wieder eine aktive Rolle einnehmen. Die rechtlichen Grundlagen für eine Wiederbelebung des Binnenmarktes bestehen nämlich schon – sie müssen nur noch ausgefüllt werden. Hier hängt einiges von Personen ab. Ihnen muss es gelingen, zwischen Dynamik einerseits und behutsamer Kontrolle und verlässlichen Mindeststandards andererseits sicherzustellen, dass der Wettbewerb zu einem positiven Leistungswettbewerb wird und nicht in einer schädlichen Spirale des wechselseitigen Unterbietens endet.

Wie sehr derartige Mindeststandards von Nöten sind, zeigt ein Blick auf ein weiteres Feld, auf dem Wettbewerb in der Vergangenheit stattfand – die Unternehmensbesteuerung. Da es hier bis heute keine gemeinsamen verbindlichen Mindeststandards gibt, ist der Wettbewerb auf dem Feld der Unternehmensbesteuerung zuletzt zu einem schädlichen Unterbietungswettbewerb zwischen den EU-Mitgliedstaaten ausgeartet.

Unternehmensbesteuerung: Schädlicher Unterbietungswettbewerb

Viele europäische Länder haben in den letzten Jahren günstige Steuersätze in der Unternehmensbesteuerung als Standortvorteil genutzt. Das hat in den letzten Jahren zu einem enormen Unterbietungswettbewerb geführt. Problematisch wird dieser spätestens dann, wenn Kapital- und Güterverkehrsfreiheit dafür sorgen, dass multinationale Unternehmen ihre Gewinne über interne Verrechnungsgeschäfte international verschieben, nur um sie im steuergünstigsten Land zu versteuern: So bevorzugen zahlreiche US-Unternehmen beispielsweise Irland als Standort für ihre Europazentrale – ganz sicher nicht wegen des Wetters auf der grünen Insel. Vielmehr können auch Konzerne Steuerflüchtlinge sein. Ausgefeilte unternehmensinterne Verrechnungsgeschäfte sorgen dafür, dass etwa ein international bekannter Hersteller hochwertiger Elektronikgeräte nur ein Prozent seiner Gewinne versteuert – eine bekannte amerikanische Kaffeehaus-Kette noch weniger. Dies steht im schreienden Gegensatz zu den Unternehmenssteuersätzen, die wir in den USA sehen (40 Prozent), in Deutschland (rund 30 Prozent) oder auch im Durchschnitt der Europäischen Union (rund 23 Prozent). Steuern werden also nicht mehr dort bezahlt, wo das Geld verdient wird, sondern dort, wo man mit aggressiver Steuerplanung am meisten Geld verdienen kann. Unterstützt werden diese Unternehmenssteuerflüchtlinge von internationalen Steuerkanzleien, die in der Regel über besser qualifizierte Kräfte verfügen als die nationalen Steuerverwaltungen und zudem über ihr weitverzweigtes Netzwerk internationale Expertise aufbauen können. Die öffentliche Hand gerät hier stets ins Hintertreffen, auch, weil sie sich oft selbst nicht schlüssig ist: Während die Finanzministerien grundsätzlich einer Harmonisierung der Unternehmensbesteuerung positiv gegenüberstehen, haben Wirtschaftsministerien und Regierungen eher das Interesse, eine aktive Standortpolitik zu betreiben. Regierungen stehen daher vor einem großen Dilemma. Einerseits möchten sie von den Gewinnen der ansässigen Unternehmen profitieren. Andererseits möchten sie über günstige Steuersätze als attraktive Standorte auch Investoren anlocken.

Gerade deshalb ist eine Zusammenarbeit der Staaten in der Unternehmensbesteuerung bislang gescheitert. Man unterbietet sich gegenseitig munter weiter. Die Unternehmen freut es. Regierungen denken und handeln national, Konzerne agieren weltweit. Auch in der Europäischen Union ist die Steuerpolitik in Bezug auf Unternehmenssteuern noch nicht harmonisiert. Ein Ende der Situation ist nicht in Sicht. Länder mit günstigen Unternehmenssteuersätzen sabotieren systematisch Verhandlungen, in denen man sich auf einen bescheidenen gemeinsamen Nenner einigen könnte. Irland, Steuerparadies Nummer Eins in Europa, lenkte selbst dann nicht ein, als es unter den Eurorettungsschirm schlüpfen musste. Wahr ist aber auch, dass es den anderen europäischen Ländern schlicht und einfach nicht möglich war, ausreichend Druck aufzubauen, um Irland zum Einlenken zu bewegen. Sie waren sich selbst zu uneinig. So ist aus den Verhandlungen bekannt, dass andere Länder mit günstigen Unternehmenssteuersätzen – allen voran Luxemburg – die Initiative gezielt torpedierten. Alle diese Umstände sind ein enormes Hindernis für den geordneten Wettbewerb in einem funktionierenden Binnenmarkt.

Besser: Mindeststandards bei Steuersätzen und Bemessungsgrundlagen einführen

Diese offensichtlichen Makel können nur dann geheilt werden, wenn sich die EU-Mitgliedstaaten möglichst bald auf eine gemeinsame Unternehmenssteuerpolitik einigen. Freilich muss dies nicht auf einen Einheitssteuersatz für Unternehmen hinauslaufen – ein Zustand, der jeglichen Steuerwettbewerb unterbinden und damit über das Ziel hinausschießen würde. Es wäre jedoch schon einiges gewonnen, wenn man sich zumindest auf einen Mindeststeuersatz und eine gemeinsame Bemessungsgrundlage für Unternehmen einigen würde. Erste Vorstöße gibt es bereits – doch sie gehen nicht weit genug. So leidet ein jüngerer Vorstoß der Europäischen Kommission zur sogenannten *Gemeinsamen konsolidierten Körperschaftssteuerbemessungsgrundlage* an einigen Makeln: Nach aktuellem Stand ist die gemeinsame Bemessungsgrundlage nicht obligatorisch, sondern lediglich eine Wahloption für Unternehmen. Kein Unternehmen, kein Staat dieser Welt wird jemals einen Anreiz verspüren, dieser Vorgabe zu entsprechen. Hinzu kommt, dass der Vorschlag keinen gemeinsamen Mindeststeuersatz und auch keine Anregungen enthält, wie die gemeinsame Steuerpolitik auch überstaatlich gesteuert werden könnte. Abweichlerverhalten einzelner Mitgliedstaaten kann so sicherlich nicht verhindert werden. Gerade daher bedarf es einer erneuten Initiative der starken Euroländer, um Unternehmenssteuersätze und Bemessungsgrundlagen EU-weit mit Mindestanforderungen zu versehen. Dies kann nur über eine gemeinsame Europäische Richtlinie erfolgen.[94]

Damit geltendes Recht auch befolgt wird, muss nicht nur der Regulierungsrahmen geändert werden, sondern auch die Sanktionierung von Unternehmen, die aggressive Steuerplanung betreiben. Ein erster Schritt wäre, grenzüberschreitend agierende börsennotierte Konzerne anzuhalten, Rechenschaft zu ihrem Umsatz, Finanzierungsausgaben, dem Wert der Vermögensgegenstände und ihren zwischenstaatlichen Transaktionen abzulegen.[95] Auch wenn nicht in jedem Fall zwischen aggressiver Steuerplanung und geschäftspolitisch erforderlichen Maßnahmen unterschieden werden kann, dürften strengere Transparenzanforderungen den öffentlichen Druck erhöhen. So könnten etwa Nichtregierungsorganisationen auf Basis der Daten diejenigen Unternehmen mit den dreistesten Steuerumgehungstaktiken öffentlichkeitswirksam stellen. Auch wenn die Verantwortlichen dieser Unternehmen ganz sicher nicht viel auf den Druck der Bevölkerung geben werden, so ist doch zu vermuten, dass der Aktienkurs derartiger kapitalmarktnotierter Unternehmen nachgibt, wenn etwa ruchbar würde, dass diese Unternehmen stärker beobachtet würden. Sofern Aufsichtsräte verantwortungsbewusst im Sinne ihrer Aktionäre handeln, dürfte sich der Umfang von Steuervermeidungspraktiken schon bald verringern. Mit weichen Maßgaben allein werden multinationale Konzerne jedoch nicht zum vollständigen Einlenken zu bewegen sein. Der Mannheimer Finanzwissenschaftler Clemens Fuest schlägt daher vor, dass künftig eine sogenannte Quellensteuer auf Zins- und Lizenzzahlungen innerhalb von Unternehmen erhoben werden sollte, um Möglichkeiten der aggressiven Steuerplanung einzuschränken.[96] Dies weltweit durchzusetzen wäre illusorisch angesichts kleiner Staaten, deren alleiniges Standort- und Wirtschaftsmodell es ist, Steuerparadies zu sein. Innerhalb des Europäischen Binnenmarktes jedoch wäre eine derartige Angleichung ein weiterer wichtiger und gangbarer Schritt, um dem derzeitigen Standortwettbewerb den Charakter eines destruktiven Steuerunterbietungswettkampfes zu nehmen.

Diese Überlegungen zeigen, dass das Betätigungsfeld weit ist. Voraussetzung dafür, dass Änderungen vonstattengehen und der Wettbewerb im Binnenmarkt revitalisiert werden kann, ist, dass die Mitgliedstaaten sich darauf einigen, die Kompetenzen der Europäischen Kommission als Wächterin des Binnenmarkts zu erweitern. Allerdings: Das objektiv Richtige ist nicht immer einfach durchsetzbar. Wie zuvor geschildert, müssen wirtschaftlich starke Staaten die Initiative ergreifen, um zu erreichen, dass die Europäische Kommission zu neuer Macht kommt. Sie müssen dabei verdeutlichen, dass eine geringere Auswahl an Produkten, höhere Preise und ein geringeres Leistungsniveau die Folge wären, wenn der Marktfragmentierung in Europa nicht entgegengewirkt wird. Sofern gleichzeitig Mindeststandards für die zu liberalisierenden Branchen entwickelt werden, kann verhindert werden, dass sich ein ruinöser Unterbietungswettbewerb entfaltet. Gerade dies zeigt, dass die Harmonisierung von Standards einerseits und Wettbewerb andererseits nicht im Widerspruch stehen, sofern die Harmonisierung ausreichenden Raum für Konkurrenzverhalten lässt.

Starke Rolle der Kommission nicht zwingend schädlich

Alle unsere Überlegungen zu einer Stärkung des Binnenmarktes mit einer einheitlichen Unternehmensbesteuerung umfassen stets auch eine stärkere Rolle der Kommission. Nachvollziehbar und verständlich sind die Einwände derer, die an dieser Stelle beklagen werden, dass Interventionen der Europäischen Kommission am Ende ebenso eine Top-Down-Vorgabe wären, wie dies zuvor im Falle der misslungenen wirtschaftspolitischen Koordinierung kritisiert wurde. Zu bedenken ist jedoch, dass sich der Eingriff bei ausgewählten Unternehmen im

Einzelfall oder der Steuerpolitik doch stark von den planwirtschaftlichen Spielen einer Wirtschaftsregierung unterscheiden würde, die versucht, ganze Volkswirtschaften am Reißbrett neu auszurichten. Der Kommission käme vielmehr die verantwortungsvolle Rolle eines Marktveranstalters und Schiedsrichters zu. Zudem haben wir es hier mit der Regelung von Expertensachverhalten zu tun, in denen hierarchische Steuerung durchaus vertretbar ist. Es handelt sich nicht um Themen der Allgemeinheit, in der eine zentrale Steuerung Befindlichkeiten auslösen könnte. Vor allem aber ist ein hierarchischer Steuerungsansatz vor allem dann gerechtfertigt, wenn er andere Länder vor möglichen negativen Kollateralschäden schützen und gleiche Ausgangsbedingungen schaffen kann. Eine stärkere Kommission ist daher nicht zwingend schädlich. Sie sollte vielmehr wieder zu dem werden, was sie einmal war: Zu einer Hüterin des Wettbewerbs – und nicht zu einer Zwangsbeglückungsanstalt ganzer Volkswirtschaften und Gesellschaften. Dies ist der Unterschied.

Was fehlt?

Wir haben in diesem Kapitel erfahren, dass Wettbewerb in der Eurozone und im Binnenmarkt der 28 EU-Mitgliedstaaten in drei Bereichen gefährdet ist:

- Die gutgemeinten, aber widersprüchlichen und schwachen Regelungen einer europäischen Wirtschaftsregierung werden niemals das leisten können, was eine funktionierende Preisbildung an den Märkten für Staatsanleihen verspricht.
- Auch der Europäische Binnenmarkt für Waren und Dienstleistungen ist weit vom Optimum entfernt. Protektionismus ge-

winnt erneut die Oberhand, wie jüngste Vorstöße einiger Länder befürchten lassen.

- Gleichzeitig hat sich der konstruktive Standortwettbewerb im Steuersystem zwischen den Euroländern in einen destruktiven Unterbietungswettkampf gewandelt.

Diese Missstände, die Wettbewerb behindern oder – wie durch den ruinösen Standortwettbewerb bei der Unternehmensbesteuerung – zu einer negativen Erfahrung für alle Beteiligten machen, müssen abgestellt werden. Gelingen kann das nur, wenn es entlang der skizzierten Stellschrauben europaweit mehr Initiative für Wettbewerb gibt. Das bedeutet: Rückkehr an die Kapitalmärkte für Krisenstaaten und eine stärkere Kommission, die den Wettbewerb im Binnenmarkt wieder neu entfacht und gleichzeitig dafür sorgt, dass Unternehmen keine Steuerflucht betreiben können. Wenn diese Voraussetzungen gegeben sind, dann stehen die Chancen gut, dass frischer Wettbewerb in Europa verborgene Kräfte aktivieren kann. Länder, Gesellschaften und Unternehmen lernen, dass sie im Wettbewerb in der Pflicht stehen, eigenverantwortlich zu handeln und ihr Schicksal in die Hand zu nehmen.

Dies ist dann die dritte Bedingung, unter der eine Gesellschaft mutiger werden kann. Wettbewerb aktiviert und baut auf sicherem Wohlstand und Perspektiven der wirtschaftlichen Teilhabe auf. Nicht zu unterschätzen sind dabei vor allem die dynamischen Wachstumseffekte, die der Wettbewerb im Binnenmarkt mit sich bringen würde: Wo Unternehmen einer größeren Konkurrenz ausgesetzt sind, sind sie zu größeren Anstrengungen und zu Innovation angehalten, um überleben zu können. Mag dies am Anfang beschwerlich sein, so führen solche Anstrengungen am Ende doch weltweit zu besseren Marktchancen. In diesem Sinne ist der verstärkte Wettbewerb auch ein Mittel, das Ländern den Blick auf dringend notwendige Reformen etwas versüßen würde.

Mit unseren Ausführungen zu den Grundlagen des gesellschaftlichen Wohlstands, der wirtschaftlichen Teilhabe und zu neuem Wettbewerb haben wir die materiellen Grundlagen für neuen Mut kennengelernt.

Was fehlt noch?

VIII Wagniskultur: Den Wert der Freiheit neu entdecken

Wir haben in den letzten Kapiteln zahlreiche Strategien kennengelernt, mit denen die verunsicherten Gesellschaften unseres Kontinents neue Perspektiven entdecken und neuen Mut schöpfen können. Sicherer Wohlstand durch klare Eigentumsverhältnisse, wirtschaftliche Teilhabe und Wettbewerb haben durchaus das Potential, entmutigte Gesellschaften zu aktivieren. Gleichwohl bleiben diese Anreize in erster Linie materieller Natur. Und genau dies ist ihr Schwachpunkt. Ihre äußeren Stimuli können zwar zum Handeln motivieren – ein verlässliches moralisches Fundament für dieses Handeln schaffen sie jedoch nicht: So haben die letzten Jahre gezeigt, dass die wirtschaftlichen Erfolgsversprechen unseres Wirtschaftssystems schnell unter Druck geraten können – etwa wenn die Konjunktur unerwartet einbricht oder eine Finanzkrise globalen Ausmaßes droht. Gesellschaftlicher Mut benötigt daher mehr als diese materiellen Grundlagen, um dauerhaft Bestand zu haben. Erst wenn unsere innere Überzeugung uns sagt, dass Wagnisse, die wir eingehen, auch einen ideellen Mehrwert mit sich bringen, verankert das unseren neuen Mut auch langfristig. Eine solche innere Überzeugung kann besonders in einer gesellschaftlichen Wagniskultur wachsen. Sie kann unsere materiellen Beweggründe verstärken, ihnen einen höheren Sinn geben, sie moralisch legitimieren und wetterfest machen. Sie ist die emotionale Grundlage der materiellen Anreize und zugleich ihr Motiv.

Die Forderung nach einer europäischen Wagniskultur erscheint auf den ersten Blick nicht sonderlich originell. Das ist kein Wunder, denn heute findet sie sich in bester Gesellschaft mit zahlreichen anderen Appellen für eine „Toleranzkultur", „Diskussionskultur" oder eine „Kultur der Offenheit", die uns tagtäglich begegnen. Und nicht selten drängt sich der Verdacht auf, dass das Rufen nach einem *Kulturwandel* besonders dann laut anschwillt, wenn die Verantwortlichen sich ihres eigenen Kurses nicht mehr sicher sind. Oft enthalten derartige Forderungen Allgemeinplätze. Grundsätzliche Überlegungen, wie Kultur überhaupt entsteht oder wie sie verändert werden kann, sind indes selten zu vernehmen. In diesen Fensterreden geht es allein um das Ziel, nicht jedoch um den Weg. Gerade deshalb verhallen derartige Appelle und Beschwörungsformeln oft ungehört.

An dieser Stelle könnten wir es uns einfach machen und uns ebenfalls auf einen Appell an die Gesellschaft für einen Kulturwandel beschränken, der dann mit einigen konkreten Vorschlägen auszuschmücken wäre: Jungen Menschen in der Schule mehr Wirtschaftskompetenz vermitteln, kreative Unternehmensgründungen mit öffentlichen Geldern fördern, Wagnisseminare für Senioren veranstalten. Das wäre alles richtig. Niemand würde dem widersprechen. Doch langfristig zielführend wäre es nicht. Denn wer erreichen möchte, dass ein bestimmtes Wertemuster in der Kultur eines Landes oder einer Staatengemeinschaft verankert wird, der muss sich dem Problem grundsätzlicher widmen. Jenseits der instrumentellen Ebene muss er zunächst das Wesen, Wachsen und Wirken von Kultur begreifen, um zu erkennen, wie Kultur sich verändern kann. Nur dann wird sein Ansinnen auf einen wahrhaftigen Kulturwandel eine reale Chance auf Erfolg haben.

Kultur und Common Sense

Unter Kultur verstehen wir zunächst die Gesamtheit jener Handlungen einer Gesellschaft, die sie von anderen Gesellschaften unterscheiden. Unterscheidbar werden diese Handlungen durch unterschiedliche Verhaltensmuster, aber auch durch Zeichen, Symbole und Wertvorstellungen. Diese Differenzierungsmerkmale resultieren aus den Handlungen selbst und legen wiederum die Grundlage für weitere Handlungen.[97] Und so sind die Fortentwicklung und die Pflege menschlichen Tuns ein wesentliches Charakteristikum von Kultur. Auf diese Bedeutung verweist schon die begriffliche Herkunft: *Cultura* steht im Lateinischen für Ackerbau und Pflege. In diesem Sinne entwickelt sich auch Kultur selbst weiter: Im Wechselspiel von tradiertem, menschlichem Wissen und Verständnis und sich immer wieder wandelnden ideengeschichtlichen Strömungen ergeben sich immer neue Werteschattierungen und Sinnmuster.[98] Dadurch entsteht ein Wechselspiel zwischen Aktion und Reaktion, das langfristig unser gesellschaftliches Werte- und Normengerüst prägt. Es entsteht eine gesellschaftliche Haltung, die sich permanent im sozialen Handeln widerspiegelt. Dies gilt auch für Wagniskultur: Sie ist die Summe von Handlungen oder Einstellungen, die Menschen befähigen, entgegen ihrer Furcht vor Risiken etwas zu wagen.

Diese Überlegungen zeigen, dass alle Bemühungen um eine gesellschaftliche Wagniskultur am menschlichen Denken, Handeln und Erleben ansetzen müssen. Gerade deshalb wäre es auch zwecklos, einen *Kulturwandel* von oben zu verordnen. Versuche, dies zu tun und das menschliche Wesen zum „Besseren" zu bekehren, gab es in der Menschheitsgeschichte zuhauf – denken wir etwa an Ideologien wie den Faschismus, den Kommunismus oder Vorstellungen eines islamistischen Gottesstaates. Auch, wenn diese Bewegungen zunächst nicht selten ihre Unterstützer fanden, sind sie größtenteils gescheitert: Denn Gesellschaften entwickeln sich dynamisch weiter. Ideologien hingegen bleiben oft im geistigen Moment ihrer Gründungsbewegung verhaftet und veralten damit schnell. Kultur erwächst hingegen stets aus der Mitte der Gesellschaft und entwickelt sich durch gesellschaftliche Impulse weiter. Unsere Überlegungen zur Wagniskultur müssen das berücksichtigen.

Damit Kultur generisch wachsen und sich nachhaltig festigen kann, bedarf es eines Anknüpfungspunktes an etablierte Normen und Werte, die von der breiten Basis der Menschen getragen werden. Die Gesellschaften Europas sind jedoch hoch verschieden. Sie unterscheiden sich in ihren Sprachen, Gebräuchen, Konfessionen und Ideengeschichten. Von einer einheitlichen europäischen Kultur zu sprechen, würde die enorme Heterogenität der nationalen Kultur- und Geistesgeschichten missachten. Dennoch gibt es ein verbindendes Element zwischen uns Europäern. Es ist der europäische *Common Sense*, unser Verständnis von Grundwerten, aus dem sich im Laufe der Jahrhunderte ein kollektives Selbstverständnis, ja, ein Gemeinsinn entwickelt hat. Dieser beruht auf dem gemeinsamen christlich-abendländischen Erbe, dem Humanismus, der Aufklärung, dem Demokratieverständnis, der Gewaltenteilung, den Menschenrechten und auf der wechselseitigen Akzeptanz der Vielfalt der Kulturen. Dieser *Common Sense* hat sich in seiner ganzen Vielgestaltigkeit im Laufe der Jahrhunderte aus den Irrungen und Wirrungen der Geschichte herausgebildet. Wagniskultur ist jedoch noch nicht Bestandteil dieses pluralistischen *Common Sense*. Wir wollen herausfinden, wie man sie aktiv darin verankern kann.

Im europäischen Kontext ist das eine besondere Herausforderung, denn hier gibt es keine gemeinsame Öffentlichkeit, die in der Lage wäre, Wagniskultur in der Breite der gesamteuropäischen Gesellschaft zu reflektieren. Zwar nehmen seit Jahrzehnten die grenzüberschreitenden Wanderungsbewegungen zu. Familienbande werden über Grenzen hinweg geknüpft. Doch Medien und Populärkultur verbleiben zumeist im nationalen Kulturkreis. Menschen mit mehrstaatlichem Hintergrund bleiben Wandler zwischen den Welten. Sie wandeln nicht „in einer Welt". Auch die Eurokrise, von der wir Europäer alle betroffen sind, wird höchst unterschiedlich wahrgenommen. Und auch, wenn die Politik nicht müde wird, das Gegenteil zu beschwören, hat die Krise bislang keine gemeinsame Öffentlichkeit entstehen lassen. Sie ist kein verbindendes Element. Noch immer reden die Gesellschaften unseres Kontinents übereinander und nicht miteinander.

Angst, Hass und Rudelgefühle: Weder redlich noch wünschenswert

Unsere gemeinsame Geschichte zeigt, dass es in der Vergangenheit durchaus Phasen gab, in denen es der Politik gelang, den *Common Sense* staatenübergreifend weiterzuentwickeln. Es waren oft Zeiten, in denen sich die Länder Europas vor äußeren Bedrohungen fürchteten. Gemeinsame Feindbilder ließen Streit und Uneinigkeit auf anderen Ebenen vorübergehend in den Hintergrund treten. Nicht selten schürten die herrschenden Eliten die Furcht vor dem gemeinsamen Feind auch bewusst, um ein künstliches Gefühl der Zusammengehörigkeit zu schaffen, das sie in ihrem Interesse nutzen konnten.

So etwa in Deutschland. Nachdem die Vereinigung der deutschen Kleinstaaten im Jahr 1848 an mangelndem politischem Willen und der persönlichen Eitelkeit Friedrich Wilhelms IV scheiterte, waren es die deutschen Einigungskriege – der Deutsch-Dänische Krieg von 1864, der Deutsche Krieg von 1866 und vor allem der Deutsch-Französische Krieg von 1870 bis 1871, die maßgeblich zur politischen Einigung Deutschlands beitrugen. Zu Beginn des Jahrhunderts hatten schon die Befreiungskriege gegen Napoleon ein inneres Bedürfnis dafür geschaffen. Insbesondere aber der Krieg gegen Frankreich wurde von Reichskanzler Bismarck politisch instrumentalisiert, um die deutschen Kleinstaaten gegen den gemeinsamen Feind zu einigen. Im Zuge der Auseinandersetzungen traten die süddeutschen Länder Baden, Bayern, Württemberg und Hessen-Darmstadt dem Norddeutschen Bund bei. Dies führte schließlich zur Reichsgründung 1871. Auch in den Folgejahrzehnten nutzte die Politik verschiedentlich reale, gefühlte und konstruierte Bedrohungen von außen, um nach innen Identität zu stiften – so auch im Ersten und im Zweiten Weltkrieg auf beiden Seiten der Front. Doch nicht nur die Furcht vor externen Bedrohungen kann helfen, die eigenen Reihen zu schließen. Ebenso kann die Politik geschickt Ängste vor vermeintlichen Bedrohungen schüren, die innerhalb der Gesellschaft lauern. Das Signal wäre dann: Seid wachsam, der Feind ist unter uns! Hier bietet die jüngere deutsche Geschichte abstoßendes Anschauungsmaterial. Die Konstruktion einer äußeren oder inneren Bedrohung und deren propagandistische Aufbereitung kann eine Bevölkerung schnell zu einer Schicksals- und Glaubensgemeinschaft zusammenschweißen. Die Angst vor dem gemeinsamen Feind verleiht Rudelgefühlen Kraft und Stärke: Andersdenkende sind nicht willkommen. *Wir gegen die Anderen.*

Auch in der Eurokrise könnte sich die Politik mit Leichtigkeit derartiger massenpsychologischer Mechanismen bedienen. Es gäbe genug Zielgruppen, die sich zu „äußeren Feinden" der europäischen Idee stilisieren ließen. Die aufstrebenden Wachstumsmärkte ließen sich beispielsweise als Bedrohung für den Wohlstand Europas identifizieren. Gleiches gilt für die Menschen Afrikas und des Nahen Ostens, die in diesen Tagen in der Hoffnung auf eine bessere Zukunft ihren Weg nach Europa suchen. Daneben gibt es auch heute Zielgruppen, die populistische Politiker medienwirksam als „innere Feinde" für Allgemeinwohl und Demokratie brandmarken könnten – vor dem Hintergrund der jüngsten moralischen Verfehlungen etwa die Mitarbeiter von Banken. Sie sind abgrenzbar, eine Minderheit in der Mitte der Gesellschaft, wohlsituiert und handeln vor allem mit etwas, das unsichtbar und schwer verständlich ist. Ein ideales Ziel für Hetzpropaganda. Wir können von Glück reden, dass die Politik sich derartiger Mechanismen totalitärer Systeme bislang nicht bedient hat. Zwar gibt es Parteien im politischen Spektrum, die bewusst mit den Ängsten der Menschen spielen und fremdenfeindliche Parolen oder undifferenzierte Bankenhetze betreiben, aber sie geben bisher nicht den Ton an.

Den europäischen *Common Sense* über allzu simple Ab- und Ausgrenzungsstrategien weiterzuentwickeln ist freilich keine wünschenswerte Option. Es geht auch konstruktiver.

Visionen schaffen: Moralisch integer, aber kaum hilfreich

Weitaus sinnvoller scheint es auf den ersten Blick, einen europäischen *Common Sense* über eine gemeinsame Vision aufzubauen. Visionen sind weniger konkrete Handlungsanweisungen als Leitbilder, die als Orientierungsmaßstab und Kompass für die Zukunft dienen. Eines der bekanntesten Beispiele ist das Versprechen John F. Kennedys, dass die USA bis zum Ende der 1960er Jahre eine erfolgreiche bemannte Mondfahrt unternehmen würden. Es gilt bis heute als Vorbild für gute politische Führung aus Krisensituationen über eine positive Vision. Die USA konnten sich so aus ihrer Schockstarre lösen, in die sie gefallen waren, nachdem die Sowjetunion mit Juri Gagarin den ersten Menschen in den Orbit befördert hatte. Die Mondfahrt wurde zu einem Unternehmen mit großer symbolischer Strahlkraft im Systemwettbewerb mit der Sowjetunion. Die Vision Kennedys hatte nicht nur Folgen für das US-Weltraumprogramm, sondern auch Auswirkungen auf zahlreiche Nebenfelder. So wurde etwa das US-Bildungssystem reformiert und über Stipendien durchlässiger, weil man die Zahl der Ingenieure dringend erhöhen wollte.[99]

Der Ruf nach einer politischen Vision für Europa hallt in diesen Tagen sehr oft durch Plenarsäle und Talkshowstudios. Ginge es nach deren Befürwortern, könnte etwa die Vision „Vereinigte Staaten von Europa“ oder auch die Vision „Mutiger Kontinent“ als gemeinsames Leitbild sinnstiftend wirken. Sie könnte erreichen, dass die Europäer sich auf ein gemeinsames Fernziel einigen und dadurch ihre latente Zukunftsangst überwinden. Doch leider wird auch hier der Diskurs viel zu oberflächlich geführt. Um Wirkung zu zeigen, müsste eine Vision von einem breiten gesellschaftlichen Konsens mitgetragen werden. Dieser wiederum müsste das Ergebnis eines wechselseitigen Meinungsbildungsprozesses zwischen Eliten und Bevölkerung sein. Menschen neigen nämlich dazu, eher jene Entscheidungen anzunehmen, an deren Entstehung sie beteiligt waren.[100] Im europäischen Kontext stellt sich jedoch die Frage, ob die nationalen Kulturen und Befindlichkeiten hierfür nicht zu unterschiedlich sind. Ebendiese Heterogenität und das Fehlen einer gemeinsamen Öffentlichkeit unterscheidet Europa auch vom oben zitierten Beispiel der Vereinigten Staaten. Eine Vision für Europa liefe unter diesen Umständen Gefahr, nur ein blutleerer, kleinster gemeinsamer Nenner mit geringer Strahlkraft und Wirkung zu sein, der nicht die gesamte europäische Gesellschaft in ihrer Komplexität erfassen würde. Unabhängig davon gäbe es noch nicht einmal glaubhafte politische Botschafter, die in der Lage wären, eine solche Vision politisch zu formulieren, zu kommunizieren, geschweige denn umzusetzen.

Dies liegt sicherlich auch daran, dass die öffentlich sichtbaren politischen Führer Europas meist Technokraten sind, denen jegliches Charisma fehlt. Insbesondere die Funktionäre der Europäischen Kommission und des Ministerrates kommunizieren in der Regel zu Expertensachverhalten. Und wenn sie versuchen, dies volksnah zu tun, sprechen sie angesichts des heterogenen Publikums oft in Allgemeinplätzen.

Von den Eliten ist also nicht zu erwarten, dass sie eine breit getragene und nachhaltige Vision eines europäischen *Common Sense* stiften können. Das ist nicht gerade eine ermutigende Erkenntnis. Doch sie ist kein Grund, den Kopf hängen zu lassen. Denn die jüngere europäische Geschichte zeigt, dass grenzüberschreitende Ereignisse im Abstand von etwa zwei Jahrzehnten Anlass zu großen, von der Breite der Bevölkerung getragenen Initiativen und Aktivitäten gaben. Diese wiederum haben grundlegende politische Veränderungen bedingt. Interessant ist, dass diese Transformationen gerade nicht von der Politik initiiert wurden. Sie kamen aus der Mitte der Gesellschaft.

1950, 1968, 1989: Europas Common Sense entwickelt sich

In der Vergangenheit gab es solche Momente der kollektiven Selbsterkenntnis in Europa, in denen ein Stein des Anstoßes dazu führte, dass Gesellschaften sich grenzüberschreitend und innerhalb eines kurzen Zeitfensters mit ähnlichen Fragestellungen auseinandersetzten. Das Ergebnis dieser Auseinandersetzung wurde Bestandteil des europäischen *Common Sense* und damit unserer Kultur. Diese Dynamik hat sich in der europäischen Geschichte im Abstand von etwa zwei Jahrzehnten regelmäßig wiederholt.

Ein erstes Beispiel sind die frühen Fünfzigerjahre. Der Krieg steckte den Europäern noch tief in den Knochen. Und dennoch entstanden bald erste, zaghafte Bewegungen grenzüberschreitender Verständigung. Im Sommer 1950 rissen Jugendliche an der deutsch-französischen Grenze Schlagbäume nieder. Sie verbrannten die Grenzpfähle und stellten an ihre Stelle Schilder mit der Aufschrift „*Sie bleiben in Europa*". Derartige Vorgänge wiederholten sich in den Folgejahren an zahlreichen anderen Grenzübergängen unseres Kontinents. Es war die sogenannte *Flakhelfergeneration*, die auf die Grenzbarrikaden stieg und so ihrem Wunsch nach dauerhaftem Frieden Ausdruck verlieh. Es gründeten sich paneuropäische Verbände wie die *Europaunion* oder die *Europäische Bewegung*. Sie waren die gesellschaftlichen Wegbereiter für die politisch-institutionelle Integration, die mit den Römischen Verträgen erst Jahre später beginnen sollte. Die Elterngeneration reagierte oft befremdet: Fünf Jahre nach dem Krieg Fraternisierung mit „Erbfeinden", mit früheren Besatzungsmächten? Der jungen Generation war es egal. Sie wählte nach den Schrecken des Krieges den Weg in den Frieden. So entstand der Kern eines gewaltfreien europäischen Selbstverständnisses. Und auch heute noch ist *Frieden* jener Begriff, den Bürger am häufigsten erwähnen, wenn man sie nach den Errungenschaften der europäischen Integration befragt.

Nur zwei Jahrzehnte später erlebte der Kontinent eine grenzüberschreitende Studentenrevolte. Die Geburtenjahrgänge der vierziger Jahre strömten an die Universitäten, die erste Generation ohne nennenswerte Kriegserfahrung. Der Zugang zu Bildung wurde einfacher. Gleichzeitig ließen abnehmende Wachstumsraten die Gesellschaft das Ende des Wirtschaftswunders und die Grenzen ihres Wachstums spüren. Es war wieder die Jugend, die Strukturen, Ansichten und Moralvorstellungen ihrer Eltern zu hinterfragen begann und damit zugleich einen Prozess der Vergangenheitsbewältigung einleitete. Inspiriert wurden sie dabei von den Revolutionen in anderen Staaten und Kontinenten. Gleichzeitig breitete sich die Bewegung der 1968er in Wellen aus – bis hin zum gescheiterten Prager Frühling und den friedlichen Revolutionen in Griechenland, Portugal und Spanien in den 1970er Jahren. Die Ziele der 1968er-Generation hatten von Land zu Land unterschiedliche Narrative und Vorgeschichten. Sie waren bisweilen schillernd und teilweise widersprüchlich. Zahlreiche Aktivisten wollten bewährte Strukturen auch gewaltsam auf den Kopf stellen und schossen damit über das Ziel hinaus. Dennoch kann festgehalten werden, dass auch die 68er-Bewegung dem europäischen *Common Sense* ein weiteres Element hinzufügte: Die gemeinsame Ablehnung des Althergekommenen, das mit starren Hierarchien und Unterordnung der Jugend verbunden wurde und die Befürwortung einer progressiveren, offenen Gesellschaft einigte die Jugend des Kontinents. Und wenn es einen gemeinsamen Nenner gibt, auf den sich die Forderungen der 1968er reduzieren lassen, dann ist es der Wert des *Individualismus*, der fortan im europäischen *Common Sense* verankert war.

Wieder 20 Jahre später eine ähnliche Dynamik: In ganz Osteuropa entzogen die Bevölkerungen den alten kommunistischen Eliten die Macht – in friedlicher Revolution. Die früheren Ostblockstaaten schlugen beinahe zeitgleich den Weg zur Demokratie ein. Ihren Anfang nahm die Wende mit der Gewerkschaftsbewegung *Solidarność* in Polen. Begünstigt von der Politik des Umbaus und der Offenheit in der Sowjetunion (*Perestroika* und *Glasnost*), initiiert von Michail Gorbatschow, breitete sie sich strahlenförmig auf andere Staaten aus. Höhe- und Wendepunkt war der Fall der Berliner Mauer am 9. November 1989, der schlussendlich in der deutschen Wiedervereinigung am 3. Oktober 1990 gipfeln sollte. Diesmal waren es politische Repression und Unterdrückung, die die junge Generation mürbe gemacht und Frustration aufgebaut hatten und sie mit einem Paukenschlag gegen die Machthaber des Ostblocks aufstehen ließ. Der Wunsch und das Streben nach Freiheit machte scheinbar Unmögliches möglich, und so wurde auch die *Freiheit* zu einem Teil des europäischen Selbstverständnisses, den heute niemand mehr anzweifelt.

In allen drei Fällen entstand in Europa für ein kurzes Zeitfenster ein grenzüberschreitendes Moment der Selbsterkenntnis. Die Ideale der jeweiligen Epoche – Frieden, Individualismus und Freiheit – wurden *gemeinsam* aufgestellt, erkämpft und emotional erfahren. Es erwuchs aus ihnen ein Gefühl der Zusammengehörigkeit. Dieses gemeinsame Erleben über Grenzen hinweg verankerte sich wirksam und auf Dauer im europäischen Selbstverständnis, in unserem *Common Sense*.

Eine ähnliche konstruktive Dynamik bräuchte es auch heute, um Wagniskultur in unserem *Common Sense* zu verankern.

Sie erscheint im direkten Vergleich zu destruktivem Hass oder blassen Visionen weitaus geeigneter und nachhaltiger. Vor allem aber würde sie dazu beitragen, dass der *Common Sense* durch ein Moment der kollektiven Selbsterkenntnis aus der Gesellschaft heraus geprägt und weiterentwickelt würde. Eine Veränderung müsste nicht oktroyiert werden.

Allein: Was könnte der neue Stein des Anstoßes, das neue Moment der Selbsterkenntnis sein?

Enttäuschung über Krisenpolitik: Ein neuer Stein des Anstoßes?

Frieden, Individualismus und Freiheit sind in Europa schon längst etablierte Werte, die unseren Kontinent bei allen Unterschieden einen, ja, die wir als selbstverständlich erachten. Diese Selbstverständlichkeit entbehrt nicht einer gewissen tragischen Ironie, denn sie führt dazu, dass Appelle für ein vereintes Europa, die sich auf Frieden und individuelle Freiheit berufen, heute niemanden mehr hinter dem Ofen hervorlocken. Sie verfehlen ihre Wirkung gänzlich oder sorgen bei den Adressaten allenfalls für ein verlegenes, müdes Lächeln.

Doch nicht nur das: Wer die politischen Debatten in den Euroländern in diesen Tagen aufmerksam verfolgt, der stellt fest, dass selbst das müde Lächeln über die alten Ideale immer öfter dann ausbleibt, wenn Maßnahmen zur Bewältigung der Eurokrise mit den altbekannten Motiven des Friedens und Freiheit gerechtfertigt werden. Das Lächeln wandelt sich bisweilen sogar in offene Wut und Empörung. Auf Wahlsprüche wie das bekannte *Scheitert der Euro, scheitert Europa*, mit denen Kanzlerin Merkel ihre Regierungserklärungen in der heißen Phase der Eurokrise bestritt, reagieren viele Menschen kopfschüttelnd und mit zunehmender Abwehrhaltung. Diese Ablehnung finden wir heute in fast allen Euroländern vor. Sie äußert sich mitunter in Protesten. Krisenstaaten melden regelmäßig Demonstrationen gegen den Sparkurs oder einzelne Strukturreformen. Und auch in den starken Ländern des Eurozentrums regt sich Unmut, der sich gegen die Haftungs- und Transferpolitik der Eurogruppe richtet und von der Furcht angefeuert wird, dass das neue geldpolitische Paradigma der EZB langfristig die Geldwertstabilität aufs Spiel setzen könnte.

Wer jedoch in den Protesten der Menschen in Frankfurt und Athen, in Rom und Madrid allein ein „Nein" gegen einzelne Reformen oder Projekte sieht, erkennt nur einen Teil des Gesamtbildes. Vielmehr sind die Zweifel Ausdruck eines tief empfundenen Misstrauens gegenüber den Verantwortlichen der Eurokrisenpolitik. Die Unzufriedenen haben nicht nur Angst um ihre eigene Zukunft. Sie sehen auch jene Ideale verraten, die sie seit jeher mit der Integration Europas verbinden. Die heutige Politik Brüssels hat mit den Zielen, für die man in Europa einst kämpfte – Frieden, Individualismus und Freiheit –, nicht mehr viel zu tun. Die Bürger spüren das. In allen Ländern Europas haben sie Vertrauen in ihre politischen Institutionen, einschließlich ihrer demokratisch gewählten Repräsentanten, verloren. Sie begegnen ihnen mit zunehmendem Misstrauen. Ihre falschen Versprechungen und ihre strategisch-selektive Kommunikation haben diese Entwicklung zusätzlich befeuert.

Immer mehr Menschen stellen sich mit Blick auf die Eurorettung die Sinnfrage.

Der Druck im Kessel steigt: Legitimationskrise der Eliten …

Umso problematischer wird es, wenn nationale Entscheidungs- und Funktionseliten auf ebendiese Sinnfrage keine befriedigenden Antworten geben können, sondern das Erkenntnisinteresse wacher Bürger auf mangelnde Diskussionswilligkeit und Diskursfähigkeit trifft. Dies wird dann schnell als implizites Denk- oder Diskussionsverbot wahrgenommen – und damit als Einengung der gesellschaftlichen Selbstbestimmung. *Wenn sie uns nicht träumen lassen, lassen wir sie nicht schlafen* – so der Spruch auf dem Protestbanner, der Auslöser für dieses Buch war. Der Druck im Kessel steigt.

All dies könnte durchaus eine schädliche Dynamik auslösen. Denn wenn die Eliten einer Demokratie keine moralische Orientierung mehr geben können, wird die Verbindung zur Gesellschaft brüchig. Man entfremdet sich, der Respekt lässt nach und ein echter Dialog findet nicht mehr statt – eine negative Spirale setzt sich in Gang. Da die Mechanismen der gesellschaftlichen Rückmeldung nicht mehr greifen, macht dies die politischen Systeme im Ergebnis noch anfälliger für Fehlentwicklungen. Selbsterkenntnis oder Besserung sind dann kaum noch möglich. Gerade weil nicht mehr offen kommuniziert wird, verstärkt sich das gegenseitige Misstrauen weiter. Die Eliten wähnen sich in moralischer Überlegenheit und nehmen den Protest der Bürger bisweilen sogar als Bestätigung ihres eigenen Handelns wahr. Sie interpretieren ihn als Anlass, ihren Paternalismus noch zu verstärken. In der Bevölkerung nehmen unterdessen Skepsis und Entfremdung zu, da sie merkt, dass ihre Proteste weitgehend folgenlos bleiben. Dies ist nicht nur ein Gedankenspiel. Schon heute können wir beobachten, wie

Vertreter aus Exekutive und Parlament vorgebrachten Zweifeln oft hilflos gegenüberstehen – und sich gleichzeitig der Diskussion entziehen. Oft argumentieren sie dann mit geschichtlichen Zwängen oder moralischen Verpflichtungen, nehmen die fundamentale Kritik des politischen Handelns jedoch nicht auf. Eine tiefgreifende Auseinandersetzung findet nur selten statt. Freilich können Machtworte Debatten schlagartig beenden. Doch überzeugen können sie am Ende nicht.

Gerade die Bürger in Deutschland können sich oft nicht vorstellen, dass die Abkopplung der Leistungs- und Funktionseliten in anderen Ländern Europas noch weiter fortgeschritten ist als hierzulande. Deutschland hatte in den letzten 100 Jahren gewissermaßen das „Glück“, dass zwei verlorene Kriege, zwei gescheiterte Diktaturen, drei Währungsreformen und eine große Vertreibung mehrmals für eine gehörige Durchmischung der Eliten gesorgt haben. Trotz aller jüngeren Skandale aus Politik und Wirtschaft bleibt es eine Tatsache, dass unsere Leistungs- und Funktionseliten sich in der Regel im Leistungswettbewerb empfahlen. Zusätzlich begünstigt durch föderale Strukturen hat all dies bewirkt, dass die politische, administrative und wirtschaftliche Führung unseres Landes in der Vergangenheit zumeist verantwortungsbewusst, ergebnisorientiert und nur selten im Eigeninteresse handelte. Nicht so in anderen Ländern unseres Kontinents: Insbesondere in Südeuropa dominieren oftmals einflussreiche Familien die Strukturen der Gewaltenteilung und stellen einen Teil der wirtschaftlichen Eliten des Landes. Ihr Einfluss erhöht die Undurchlässigkeit zum Rest der Bevölkerung. Gerade dies verstärkt den Autismus der politischen Entscheidungsebene und öffnet interessengeleiteter Politik und Bestandswahrung auf höchster Ebene Tür und Tor. Das lässt den Druck im Kessel noch weiter ansteigen.

... gibt Populisten Aufwind

Wie kann auf diesem moralischen Trümmerhaufen der Entfremdung, der Perspektivlosigkeit und der Empörung Wagniskultur entstehen? Die ernüchternde Antwort lautet: Zunächst einmal gar nicht. Im Gegenteil: Die aktuelle Gemengelage ist brandgefährlich. Denn auf der einen Seite herrscht großer Unmut vor, der sich jederzeit unkontrolliert entladen kann. Auf der anderen Seite beweist uns die allgemeine Perspektivlosigkeit jeden Tag aufs Neue, dass wir nicht wissen, was wir wollen. Wir sind mutlos. Dies birgt enormen politischen und sozialen Sprengstoff in sich. So zeigt ein Blick auf die letzten 100 Jahre Revolutionsgeschichte in Europa, dass Momente kollektiver Selbsterkenntnis sich nicht immer zum Guten gewendet haben. Dies war insbesondere in Zeiten allgemeiner Orientierungslosigkeit und mangelnder Selbstwirksamkeit der Fall, in denen seitens der Bevölkerung Misstrauen vorherrschte und die verantwortlichen politischen und wirtschaftlichen Eliten keine inhaltlich-moralische Orientierung mehr geben, geschweige denn eine Debatte strukturieren konnten. Welche explosive Dynamik ein solches Gemisch entfalten kann, zeigen die jüngsten Revolten in Ägypten, Brasilien und zuletzt der Ukraine. Entlädt sich der Frust der Bevölkerung unter solchen Bedingungen, besteht die Gefahr, dass sich Fehlentwicklungen einstellen, die dann nicht mehr kontrollierbar sind. Es droht eine politische Radikalisierung der Gesellschaft, die wiederum weitere Entladungen bedingen kann. Einfach gesagt: *Eine revolutionäre Situation gibt es dann, wenn die oben nicht mehr können und die unten nicht mehr wollen.* Dieser Satz wird Lenin zugeschrieben. Und der kannte sich bekanntlich mit Revolutionen aus.

In einer solchen Lage gibt es fast nur Verlierer – und zwei Gruppen, die gewinnen: Es sind die Populisten am rechten und linken Rand. In den letzten Jahren wussten sie Enttäuschungen und Ängste der Bevölkerung geschickt für sich zu instrumentalisieren und konnten mit ihren bisweilen einfachen Rezepten zahlreiche enttäuschte Wähler bei ihren Sorgen und Nöten abholen und auf sich vereinigen. Sie erreichen nicht nur unverbesserliche Zeitgenossen mit politischen Extremmeinungen oder nationalistischem Dünkel. Sie ziehen zunehmend auch Menschen an, die sich ernsthaft Sorgen um die Zukunft des Staates machen und die Strukturen, Entscheidungsprozesse und Inhalte des aktuellen Integrationsprozesses hinterfragen: Jugendliche, Studenten, Beamte, Rentner. Mit Erfolg: Bei den Europawahlen im Mai dieses Jahres konnten sie einen entscheidenden Stimmenzuwachs verbuchen. Grund dafür ist zunächst eine allgemeine Politikverdrossenheit mit Blick auf die bisherige Eurorettung. Das Misstrauen gegenüber den Versprechen eines vereinten Europa manifestiert sich in den Namen der Parteien, die zurzeit geschickt ebendiese Themen und Stimmungen aufgreifen: Etwa *„Front National"*, *„Wahre Finnen"* oder auch *„Alternative für Deutschland"*. Und auch, wenn diese Gruppierungen in erster Linie harte Töne anschlagen, ändert das nichts an der Tatsache, dass es offensichtlich eine Nachfrage für ihre Thesen und Agenden gibt. Ob ihre Ideen und Vorstellungen am Ende durchsetzbar sind, steht freilich auf einem anderen Blatt.

Quer durch alle Parteienmilieus inszenieren sich populistische Euroskeptiker als Gegenbewegung zum politischen *Establishment*. Dieses Selbstverständnis eint sie. Sie werfen den Entscheidungs- und Funktionseliten mangelnde Bereitschaft vor, die Ziele der bisherigen Integrationsstrategie kritisch zu hinterfragen. Sie kritisieren, dass unter dem Deckmantel der Konsequenz und des Kurshaltens eine *Basta-Politik* betrieben wird. Sie bemängeln, dass sich auf europäischer Ebene zunehmend eine postdemokratische Oligarchie gut vernetzter Eliten aus Wirtschaft und Politik gebildet hat, die bürgerferne politische Agenden ohne demokratische Legitimation durchsetzen. Und sie sehen in der bisweilen lückenhaften Informationspolitik und der Kultur der Ad-hoc-Entscheidungen die *Arroganz der Macht* manifestiert.

Der Drang der Wähler zu den Protestparteien ist mehr als eine reine Meinungsäußerung. Negative Konsequenzen – wie etwa politische Fragmentierung und Instabilität – werden bewusst in Kauf genommen. Das Wählervotum unterliegt somit einer destruktiven Motivation. Es ist der politisch manifeste Wunsch nach einem „Schluss damit". Mit ihrem Kreuz bei Protestparteien gewinnen Wähler ein Stück Selbstwirksamkeit zurück.

Unsere Furcht vor der Freiheit

Die Systemkritik, die rechte und linke Eurokritiker in diesen Tagen üben, wäre unproblematisch und aus Demokratiegesichtspunkten sogar wünschenswert, wenn sie mit einem klaren Bekenntnis zu einer freiheitlichen Gesellschaft verbunden wäre. Gerade dies ist jedoch nicht der Fall: Diese Parteien bieten keine freiheitlich-geläuterte Alternative zur bisherigen Misswirtschaft der Krise an. Vielmehr gehen sie mit demagogischen Parolen auf Stimmenfang und bieten mit ihren vermeintlich einfachen Rezepten gegen die Krise nur Scheinlösungen, die letztlich genauso dirigistisch und ebenso wenig freiheitlich orientiert sind wie die Programmatik derer, die sie kritisieren. Der größte Flurschaden an der Demokratie, den sie anrichten, ist jedoch, dass sie zu einer zunehmenden Radikalisierung der Debatte beigetragen haben. Jeder Staatsbürger und Ökonom, der in diesen Tagen seine Zweifel am Sinn der aktuellen Krisenpolitik hat und diese laut äußern möchte, läuft Gefahr, dem populistischen Lager zugerechnet zu werden. Dies lässt die gemäßigten und kritisch-besonnenen Stimmen schnell verstummen. Es gibt keine Zwischentöne mehr.

Dass derartige Entwicklungen verfangen können, ist nicht weiter verwunderlich, denn seit Ausbruch der Krise hat freiheitlich orientiertes Gedankengut in weiten Teilen der europäischen Bevölkerung einen schweren Stand. Die monetären Verluste aus Bankenrettung und Staatshilfen sind messbar, doch die moralischen Verluste lassen sich nicht beziffern. Mit allen ihren Verwerfungen hat die Wirtschafts- und Finanzkrise in Europa tiefes Misstrauen gegenüber einer freiheitlichen Wirtschaftsordnung genährt, denn die Verfehlungen im Finanzsektor werden oft mit wirtschaftlichem Liberalismus in Verbindung gebracht. Die Kritik an allem, was als marktliberal verdammt wird, bleibt oft enttäuschend vage. Und nicht selten lässt die mangelnde Trennschärfe die berechtigte Kritik an Fehlentwicklungen in einzelnen Marktsegmenten mit einer gefährlichen Fundamentalkritik an einem freiheitlichen Wirtschafts- und Gesellschaftssystem verschwimmen. Diese trifft bei Bürgern auf existenzielle Ängste, Halbwissen und Vorurteile. So etwa in Deutschland: Hier können wir beobachten, dass die Akzeptanz für ein freiheitliches Wirtschaftssystem in den letzten Jahren nachgelassen hat. In einer aktuellen Umfrage des *Wertemonitors* der Friedrich-Naumann-Stiftung haben Werte wie Eigenverantwortung, Lust auf Leistung oder Wettbewerbsorientierung an Unterstützung verloren. Gewinner sind hingegen Sicherheit, Ordnung, Solidarität und soziale Gerechtigkeit. Zur Marktwirtschaft als wichtigem Wert bekennen sich gerade einmal 30 Prozent aller Befragten.[101] Und so dominieren Misstrauen und Verdachtsmomente gegenüber dem Wert der Freiheit als solchem. Sie resultieren in erster Linie aus Unwissen, aber auch aus fundamentalen Fehleinschätzungen oder geschichtlichen Entwicklungen – etwa, weil ein Großteil der heute lebenden Westeuropäer seine persönliche Freiheit nicht mehr erkämpfen musste. Wir haben es nie gelernt, uns *aktiv* mit unserer Freiheit auseinandersetzen.

Könnte es sein, dass gerade diese mangelnde Erkenntnis des Wertes der Freiheit der ideale Nährboden für Populisten ist? Und könnte es sein, dass die zuvor beklagte Perspektivlosigkeit unserer Gesellschaft auch eine Folge dieser mangelnden Auseinandersetzung mit unserer Freiheit ist? Eine Gesellschaft, die den Wert ihrer Freiheit nicht kennt oder sich nicht für sie interessiert, kann den gesamten Raum ihrer Möglichkeiten kognitiv nicht erfassen. Sie verspielt schnell ihre Handlungsmöglichkeiten in der Zukunft. Der Horizont der eigenen Gedanken engt sich ein. Vordenker, die jenseits der faktischen Zwänge denken, werden schnell als Außenseiter stigmatisiert. Doch dabei bleibt es nicht. Dort, wo Menschen eine Auseinandersetzung mit der persönlichen und gesellschaftlichen Freiheit scheuen und infolgedessen eine Einschränkung ihres Handlungsspielraums in Kauf nehmen, engt sich auch ihr mentaler Horizont ein. Die Gesellschaft ist dann nicht mehr fähig, unerwartete Ereignisse anzunehmen und auf sie angemessen zu reagieren. Sie wird im Umgang mit Risiken immer ungeübter und gerät immer leichter in eine Angst- und Schockstarre, falls etwas nicht nach Plan läuft.

Vor den fatalen Folgen derartiger Entwicklungen warnte bereits vor über 70 Jahren der deutsch-amerikanische Gesellschaftsforscher Erich Fromm in seiner Abhandlung *Die Furcht vor der Freiheit.*[102] Fromm, der 1933 Deutschland verließ, trieb als gläubigen Juden die Frage um, warum Gesellschaften trotz moderner Kommunikationstechnologien und sozialer Mobilität noch immer anfällig für totalitäre Ideologien waren. Er identifizierte drei Hauptursachen der gesellschaftlichen *Furcht vor der Freiheit*:

- *Gewohnheit:* Wir Menschen sind zu bequem geworden, uns mit unseren Möglichkeiten auseinanderzusetzen, weil wir es seit jeher gewohnt sind, dass über unsere Köpfe hinweg entschieden wird.
- *Selbstbetrug:* Wir legen keinen Wert auf Freiheit, damit wir uns mit unserer Unfreiheit oder unserer persönlichen Entscheidungsschwäche nicht auseinandersetzen müssen.
- *Destruktion:* Menschen nehmen angesichts ihrer Ohnmacht die Zerstörung ihres Umfelds mutwillig in Kauf.

Freilich spiegelt sich in Fromms Analyse eine dunkle Epoche, die wir heute zum Glück weit hinter uns gelassen haben. Und dennoch ist die *Furcht vor der Freiheit* in Europa auch heute noch Programm. Doch vor welcher Freiheit fürchten wir uns genau? Fromm griff eine Unterscheidung von Gottfried Wilhelm Leibniz auf und differenzierte zwischen positiver und negativer Freiheit.

- *Negative Freiheit* ist eine Freiheit von Zwängen. Nachdem Feudalherrschaft und Zunftwesen der Vergangenheit angehören, hat unsere Gesellschaft diese negative *„Freiheit von"* bereits erreicht. Größere Zwänge engen den Menschen in seiner

Handlungsfreiheit nicht mehr ein. Politische Freiheit herrscht spätestens seit dem Fall der kommunistischen Diktaturen im Osten Europas vor.

- ▸ Eine umso größere Herausforderung ist es indes, mit *positiver Freiheit* umzugehen: Freiheit muss nämlich nicht nur erkämpft werden. Der Raum der Freiheit muss auch ausgefüllt, erschlossen und gestaltet werden. Damit eine Gesellschaft ihre positive „*Freiheit zu*" nutzen kann, muss sie ihr Handlungsfeld der Möglichkeiten erkennen. Und sie muss sich darüber im Klaren sein, *wie* sie diese Freiheit nutzen möchte.

Fromm kam zu dem Ergebnis, dass eine Gesellschaft ihre *Furcht vor der Freiheit* nur dann besiegen kann, wenn sie neben ihrer *Freiheit von* auch ihre *Freiheit zu* erobert. Dies umfasst eine direkte Übernahme von Verantwortung und eine Positionsbestimmung im gesellschaftlichen Diskurs. In Anbetracht der gegenwärtigen Lage gewinnen Fromms Gedanken heute wieder an Relevanz. Es mag darüber zu streiten sein, ob unsere *Furcht vor der Freiheit* unserer Bequemlichkeit, unserer Neigung zur Selbsttäuschung oder einer latent destruktiven Motivation geschuldet ist. In jedem Falle müssen wir Europäer jedoch in diesen Tagen lernen, unsere *Furcht vor der Freiheit* zu besiegen, unseren Raum der Möglichkeiten selbst mutig zu ergründen und unsere *positive Freiheit* auszufüllen.

Diese Fähigkeit, unsere *Furcht vor der Freiheit* zu überwältigen, ist die zentrale Voraussetzung dafür, dass Wagniskultur aus dem Innersten der Gesellschaft heraus entstehen kann. Damit dies gelingt, müssen wir als Gesellschaft zunächst den Wert unserer Freiheit erkennen.

Den Wert der Freiheit erkennen, …

Für diese *positive Freiheit* einzutreten ist wahrlich keine leichte Aufgabe. Die Fürsprecher eines größeren Grades an Freiheit müssen nämlich immer für etwas kämpfen, das *per se* mit Unsicherheit behaftet ist. Denn Freiheit steht in ihrem Sinn ja gerade dafür, Möglichkeiten offenzuhalten, die im Voraus nicht kontrollierbar sind. Bei bloßen Zweckmäßigkeitsüberlegungen zieht sie daher zunächst scheinbar immer den Kürzeren. Freiheit ist immer Selbstzweck.[103] Nicht selten instrumentalisieren Gegenspieler eines stärkeren Freiheitsgedankens diese latente Unsicherheit und schüren Ängste. Sie haben es einfach, vor den konkreten Folgen und den Kosten von Veränderungen zu warnen. Und so verteidigen sie zumeist den *Status quo*. Er ist bekannt und vertraut; im Gegensatz zur ergebnisoffenen und risikobehafteten Freiheit ist er kommunikativ besonders gut vermittelbar. Die Argumente der Gegenspieler eines stärkeren Freiheitsgedankens mögen daher auf den ersten Blick handfester erscheinen. Und ihre Einlassungen treffen auf offene Ohren: Im Eindruck der allgemeinen gesellschaftlichen Unsicherheit neigt unsere Gesellschaft dazu, Grenzüberschreitungen, Weiterentwicklung und unbekannte Risiken als besonders bedrohlich wahrzunehmen. Nicht die Chancen werden gesehen und diskutiert, sondern die Gefahren. Die Angst findet sich vor allem bei Reformvorhaben oder anderen Projekten, mit denen die Politik Neuland betritt. Der Wähler scheint Wagemut nicht zu goutieren. Die Medien mit ihrem Hang zur Übertreibung fachen diese Angst vor Risiken zusätzlich an. All dies findet seinen Widerhall in den Narrativen des direkten sozialen Umfelds der Menschen, die sich wiederum unausweichlich mit den Medien rückkoppeln. Die Gesellschaft schafft sich so schnell ihre eigene soziale Wirklichkeit der Angst, die nicht mehr viel mit dem eigentlichen Risiko zu tun hat. Experten können sich zwar äußern und versuchen, in die Realität zurückzuführen. Sie finden jedoch kein Gehör.[104]

Dies ist freilich der falsche Weg. Damit eine Gesellschaft die Zukunft gestalten kann, muss sie begreifen, dass diese *per se* unsicher ist und von uns Menschen ständig Anpassungen durch Entscheidungen verlangt. Diese können richtig oder falsch sein. In jedem Fall sind sie aber der Reflex der großen Unsicherheit und Offenheit der Zukunft, die uns einen schier unendlichen Raum der Handlungsmöglichkeiten eröffnen. Ihn können wir nur erobern, wenn wir willens sind, unsere Freiheit auszufüllen. Und dafür brauchen wir keine Scheu vor Risiken, sondern das genaue Gegenteil: ein tiefgreifendes Verständnis für sie.

… Risiken begreifen und gemeinsam auf Expedition gehen

Eine intensive gesellschaftliche Auseinandersetzung mit Risiken kann bewirken, dass wir unsere *Furcht vor der Freiheit* abbauen und unsere Aufmerksamkeit auf den Raum unserer Möglichkeiten lenken. Proaktive Aufklärungsarbeit kann helfen, eine höhere Akzeptanz für Risiken zu entwickeln. Sie muss bei der Subjektivität der Menschen ansetzen und in ihnen das Bewusstsein und das Interesse schärfen, sich stärker mit objektiven Faktoren auseinanderzusetzen.

Dass dies gelingen kann, zeigt ein Blick auf einige wichtige Entwicklungsschritte in der Menschheitsgeschichte: So erkannten Vordenker im Zeitalter der Aufklärung, dass die Wahrscheinlichkeitsrechnung ihnen helfen konnte, Erwartungen zu bilden. Sie mussten nun nicht mehr an Schicksal, Fügung oder die alleinige Gunst Gottes glauben. Die unsichere Zukunft wurde zwar nicht sicherer, aber leichter vorstellbar und – zu einem Stück – leichter begreifbar. Das motivierte die Menschen, aus ihrer Schicksalsergebenheit herauszutreten und mit Innovationsgeist und Entdeckertum aktiv zu handeln und ihre Zukunft kreativ zu gestalten. Immer wieder in der Geschichte waren Innovatoren dabei mit gesellschaftlichen Ängsten vor den Errungenschaften des technischen Fortschritts konfrontiert. Rückblickend erscheinen diese meist banal. Doch die Furcht vor feuerspuckenden Eisenbahnen und Düsenflugzeugen, gefährlich anmutenden Rolltreppen oder unsichtbaren Fernsehstrahlen und Mikrowellen sorgte einst für hitzige Diskussionen und bewegte unsere Gesellschaft. Mit engagierter und ausdauernder Aufklärungsarbeit konnten diese Befürchtungen abgebaut werden. Es fällt auf, dass Gesellschaften sich oft dann weiterentwickelt haben, wenn sie ihre Angststarre durch Aufklärung überwinden konnten. Die nüchterne Bestandsaufnahme und das realistische Erkennen von Risiken ließ die Angst vor der Unsicherheit der unbekannten Zukunft schwinden.

Selbstverständlich muss unsere entmutigte Gesellschaft von heute viel mehr abbauen als nur ihre Angst vor dem technischen Fortschritt. Es geht vielmehr um ein neues Grundverständnis von Risiken insgesamt und von der Unsicherheit, die unserer Zukunft innewohnt. Hieraus ergibt sich das Postulat von Selbstkritik und Selbstbildung, eines Bewusstseinswandels und der Veränderung von Institutionen: Solange Furcht gesellschaftliches Verhalten und politische Entscheidungen bestimmt, wird Aufklärung, die die Furcht besiegt, zum konstruktiven Moment der individuellen und gesellschaftlichen

Freiheit. „*Sapere audere*", verlangt Immanuel Kant von uns und fordert ein Heraustreten des Menschen aus der selbstverschuldeten Unmündigkeit: „*Habe Mut, Dich Deines eigenen Verstandes zu bedienen.*"

Und so ist die sachliche Aufklärung über Risiken heute auch eine essentielle Voraussetzung dafür, als Gesellschaft die eigene Zukunft souverän zu bestimmen und Mut zu gewinnen. Selbstwirksamkeit und Selbstbewusstsein entstehen. Gesellschaftliches Risikobewusstsein – nicht Risikoaversion – lässt uns erkennen, dass Risiken die logische Folge menschlichen Wagens und menschlicher Aktivität sind. Wo es keinen Mut zum Risiko gibt, findet keine Entwicklung statt. Diese Erkenntnis bewirkt, dass Menschen ihre Zukunft nicht als unabwendbares Schicksal, sondern als eigenverantwortlich gestaltbare Chance ansehen. So können wir unseren Raum der Möglichkeiten kognitiv erschließen und mutig mit Risiken umgehen. Ebendies beendet das Gefühl der Ohnmacht und nimmt der Gesellschaft ihre *Furcht vor der Freiheit*.

Genau hier liegt die Verbindung zur gesellschaftlichen Wagniskultur, der vierten Stufe für eine mutigere Gesellschaft: Sobald die Gesellschaft in neuen Risikokategorien denkt, durchbricht sie festgefahrene Denkmuster und wird offen für Neues. Aus diesem Grund ist *aufgeklärtes Risikobewusstsein* auch kein Gegenkonzept zur Wagniskultur, sondern ihre logische Voraussetzung, ihr fairer Coach und Gegenspieler. Wenn es uns als Gesellschaft gelingt, unsere positive Freiheit wertzuschätzen und unseren Handlungsraum zu ergründen, dann dürften wir langfristig auf der Seite derer stehen, die ihre Chancen auch in einem herausfordernden Umfeld zu nutzen wissen. Das Wissen um mögliche Unsicherheiten und um die eigene Souveränität, das eigene Schicksal in der Hand zu haben, ist das beste Gegengift gegen gesellschaftliche Angst und Stillstand. So ist Risikobewusstsein der Schlüssel, um die Zukunft zu erobern – und eine umso bessere Voraussetzung für eine mutige Gesellschaft. Die Zukunft mutet dann nicht mehr gefährlich an, sondern wird erwartbarer, greifbarer und dadurch auch aktiv gestaltbarer. Sie wird zur gemeinsamen Expedition.

Krisenresilienz gewinnen – Populisten den Wind aus den Segeln nehmen

Im Ergebnis kann so gesellschaftliche *Krisenresilienz* wachsen – unsere moralische Widerstandskraft gegenüber unvorhergesehenen Ereignissen.[105] Denn wenn eine Gesellschaft ihre Risiken kennt, ist sie bei wirtschaftlichen Rückschlägen oder längeren politischen Durststrecken weniger anfällig für Frustration und Apathie. Sie kann unvorhergesehene Wenden besser verkraften. Diese moralische Stärke hat handfeste Vorteile: So können wir in unserem Alltag an vielen Stellen beobachten, dass Einzelne und Gruppen, die Unwägbarkeiten kennen und reflektieren, besonders erfolgreich sind. So sind lernfähige und lernende Organisationen oft gut aufgestellt, weil sie auf negative Überraschungen vorbereitet sind und dadurch beim ersten Scheitern nicht gleich aufgeben. Wer von vornherein darauf eingestellt ist, im Fall von Misserfolg seine Strategie zu ändern, der gerät im Ernstfall erst gar nicht in Angststarre. Dies ist insbesondere in Krisenzeiten von Vorteil, wenn die Unwägbarkeiten besonders groß sind.

Freilich sind die unmittelbaren Folgen einer höheren gesellschaftlichen Akzeptanz von Risiken nicht Frieden und

Konsens, sondern Streit: konstruktiver Streit mit „Gehalt". Er basiert nicht auf Vorurteilen, sondern auf Erkenntnis und Wissen. Erkenntnisinteresse und Streit sind Bedingungen des Fortschritts. Dies mag streckenweise unbequem sein und auch nicht leicht. Aber es lohnt sich, denn Erfolg und Misserfolg beinhalten, wie die Verhaltenswissenschaft seit Konrad Lorenz zeigt, immer einen Lernprozess. Wo Menschen lernen, finden Fortschritt und Entwicklung statt. Je lernoffener eine Gesellschaft ist, desto schneller kann sie sich weiterentwickeln und auf eine veränderte Umwelt reagieren. Erkenntnis und Wahrheitsfindung im Diskurs bestimmen die Fähigkeit einer Gesellschaft, Irrtümer aufzudecken und Fehlentwicklungen über *Trial and Error* zu korrigieren.

Neben diesen zweckrationalen Gründen dienen Streit und Auseinandersetzung auch der Pflege der Demokratie. Eine streitfreudige Kultur bewahrt die Demokratie davor, zur Inszenierung zu verkommen, vielmehr hält sie sie durch laufende Rückkopplung mit einem aktiven Willensbildungsprozess lebendig. Je umfangreicher das gesellschaftliche Verständnis der jeweiligen Alternativen, ihrer Risikoprofile und der zu Grunde liegenden Knappheit ist, desto besser müssen Alternativen begründet werden und desto seltener kann politische Macht über unrealistische Wahlversprechen oder das Schüren irrationaler Ängste gewonnen werden. Wer sich auskennt, schaut genauer hin. Die politischen und ökonomischen Alternativkosten politischer Entscheidungen können nachvollzogen und einer Prüfung unterzogen werden.[106] Die beste Immunisierung gegen Populisten und ihre leeren Versprechen ist es gerade deshalb, mit Risiken aufgeklärt umzugehen und den eigenen Raum der Möglichkeiten und die Grenzen des eigenen Könnens zu kennen: Risikobewusstsein sorgt für verantwortete Selbstverortung und insbesondere für Souveränität im Entscheiden. Dies kann auch verhindern, dass das Misstrauen in die Eliten nicht in kollektive Aggression mit einer revolutionären Dynamik umschlägt, sondern in konstruktive Auseinandersetzung. Ein denkbar ungünstiges Umfeld für Menschenfänger und Panikmache. Und ein ideales Umfeld, um Wagniskultur im europäischen *Common Sense* zu verankern.

Unsere bisherigen Überlegungen waren in erster Linie theoretischer Natur. Um sie erfolgreich in der Praxis zu implementieren, bedarf es erheblicher Anstrengungen und eines virtuosen Zusammenspiels zahlreicher Akteure auf nationaler und zwischenstaatlicher Ebene.

Wer sind diese Akteure? Und wer könnte den ersten Anstoß geben?

Nationale Perspektive: Risikobewusstsein in Debatten schärfen

Erste Aufgabe muss es sein, die Voraussetzungen für ein gesamtgesellschaftliches Risikoerkenntnisinteresse auf nationaler Ebene zu schaffen. Wie wir bereits erfahren haben, kann ein gesellschaftliches Umdenken von niemandem, auch nicht von der Politik wirksam verordnet werden. Der erste Anstoß für eine Dynamik muss aus der Zivilgesellschaft heraus erwachsen. Hier empfiehlt sich ein dreigliedriger Ansatz.

Initiiert werden könnte eine grundsätzliche Erkenntnisdebatte über Risiken etwa von Akteuren aus dem Nichtregierungsbereich. Aufgerufen sind vor allem die Stiftungen und *Think Tanks* – also die Ideenschmieden und Denkfabriken unserer Gesellschaft. Sie verfügen über ausreichende personelle und intellektuelle Ressourcen. Entscheidend ist, dass diese klug eingesetzt werden, damit eine Auseinandersetzung entsteht. Das bedeutet, dass klassische Frontalformate wie Publikationen und Vorträge alleine nicht ausreichen. Zielführender ist es vielmehr, über die unmittelbare Interaktion – also etwa *veranstaltete Dialoge* wie Aktionstage oder regelmäßiges inhaltliches Sparring mit Meinungsführern – eine direkte Einbindung der Gesellschaft zu erreichen. Besonders vielversprechend erscheinen Diskussionen in verschiedenen Szenarien. Denn wer in Szenarien und Gedankenspielen bereits seine Zukunft erkundet hat, wird im Falle einer Überraschung nicht allzu kalt erwischt. Um die Gesellschaft wirklich in ihrer gesamten Breite zu erreichen, bedarf es einer ständigen und sich immer wiederholenden Initiative unter Ausnutzung der bestehenden Netzwerke. Es erscheint unbegreiflich, dass die Verbände der Wirtschaft, deren Mitgliedsunternehmen selbst am meisten von der Freiheit profitieren, nur in den wenigsten Staaten der Eurozone über eigene *Think Tanks* verfügen. Natürlich vertreten auch *Think Tanks* ihre bisweilen stark politisch gefärbte Hausmeinung. Doch die Meinungsvielfalt lässt einen konstruktiven Wettbewerb der Meinungen entstehen, der sie dazu veranlasst, ihre Überlegungen transparent zu kommunizieren – dies macht eine Verortung innerhalb des politischen Meinungsmarktes leicht. Andernfalls würden sie auch das Vertrauen der Empfänger, aber auch ihrer Geldgeber verlieren. Dies wiederum generiert eben jene Auseinandersetzung, die Wissen und Positionen nachhaltig verankert und sie so zur produktiven Reibungsfläche und zu konstruktiven Sparringspartnern werden lässt.

Eine zweite Option ist, über öffentlichkeitswirksame *Expertenausschüsse* die Risikothematik stärker in das Interesse der Gesellschaft zu rücken. Auch wenn das „Expertenwesen" bisweilen unter enormen Ressentiments zu leiden hat, können solche Gremien beispielsweise einfache, nachvollziehbare Kriterien zur Messung von Risiken aufstellen und damit eine gesellschaftliche Debatte anstoßen. Das erscheint kompliziert und es besteht die Gefahr, dass die Menschen solche Verfahren nicht annehmen, weil sie ihnen unverständlich oder nur mit Mühe nachvollziehbar sind. Mitunter besteht auch die Gefahr, dass Experten selbst zum Teil der *Ökonomie der Angst* werden und aus Eigeninteresse mit Risikowarnungen übertreiben – etwa, um Drittmittel für den Aufbau des eigenen Instituts zu erhalten. Allerdings zeigen Erfahrungen im parlamentarischen Bereich mit Enquête-Kommissionen, dass Expertenausschüsse sinnvolle Vehikel sein können, um eine öffentliche Debatte in Gang zu setzen. In Deutschland hat das zuletzt die Enquête-Kommission *Wachstum, Wohlstand, Lebensqualität* des Bundestags gezeigt, die sich mit der Notwendigkeit und dem Wert von Wachstum auseinandergesetzt hat.

Allein: Die Aktivitäten von Denkfabriken und Expertenausschüssen sind sicherlich ehrenwert. Sie sind aber nutzlos, wenn es kein Grundinteresse in der Bevölkerung selbst gibt. Ebendieses Interesse können wir wecken, indem wir Elemente der *direkten Bürgerbeteiligung* stärken. Dies ist die dritte und wirksamste Option, um gesellschaftliches Interesse zu erzeugen. Denkbar ist zunächst eine kontinuierliche Einbindung von Bürgern bei Großprojekten der Infrastruktur oder bei Gesetzgebungsverfahren im Rahmen runder Tische. Völlig unterschätzt wird auch die Möglichkeit partizipativer Haushalte, wie sie in Brasilien auf bundesstaatlicher und kommunaler Ebene längst möglich sind, und bei denen Bürger im Rahmen von Gesprächsrunden oder elektronischen Abstimmungen über die

Verwendung öffentlicher Gelder mitbestimmen können. Gerade hier finden Risiko- und Chancenabwägung mit unmittelbarem Zukunftsbezug statt und zugleich auch noch eine Debatte über knappe Ressourcen. Erste Pilotprojekte zu einem Bürgerhaushalt verliefen vor kurzem in Hamburg und einigen Mittelzentren in Deutschland besonders erfolgreich. Wann werden andere Länder unseres Kontinents folgen?

Das effektivste Mittel, um einen allgemeinen gesellschaftlichen Diskurs in Gang zu setzen, wären plebiszitäre Elemente wie Volksabstimmungen. Ihre Befürworter argumentieren, dass die Gefahr von Fehlentscheidungen des Volkes nicht höher sei als das Risiko, dass politisch Verantwortliche sich irren. Allerdings besteht bei Volksabstimmungen immer die Gefahr, dass sie repräsentative Demokratie aushöhlen und populistischen Fragestellern und Fragestellungen unnötigen Auftrieb verleihen, denn ihre Ergebnisse sind letztlich verfassungsrechtlich bindend. Das hat zuletzt der unrühmliche Volksentscheid über Einwanderung in der Schweiz gezeigt, der von Populisten mustergültig in ihrem Sinne instrumentalisiert wurde. Volksabstimmungen sind daher nicht vorbehaltlos zu empfehlen. Sie zu fordern, wäre auch unrealistisch, denn bei der Einführung von Volksabstimmungen ist die Politik als Treiber gefordert, und diese wird sich aus nachvollziehbaren Gründen niemals in dieser Richtung engagieren. Bedenkenswert sind dahingegen *Volksbefragungen*, die zwar politisch verbindlich, jedoch nicht verfassungsrechtlich bindend wären. Ebendiese politische Verbindlichkeit würde die Gefahr eines möglichen Missbrauchs durch interessierte Kreise mindern, zugleich jedoch die Kreativität gemäßigter Kräfte herausfordern um für das beste Argument Aufmerksamkeit und Stimmen zu gewinnen. Dies würde eine breite Diskussion in der Bevölkerung sicherstellen und damit einen Beitrag leisten zum allgemeinen gesellschaftlichen Diskurs mit der Chance, einen *Common Sense* zu erreichen. Die im Vorfeld der Entscheidung geführten Debatten über das zur Abstimmung stehende Thema zwingen zur Auseinandersetzung und führen zu einem breiten Diskurs, dem sich kaum jemand entziehen kann. Dadurch werden die Argumente in verschiedenen Richtungen gegeneinander abgewogen, es findet eine dynamische Meinungsbildung statt, die darüber hinaus noch einen gesellschaftsintegrierenden Effekt besitzt. Gerade die Möglichkeit, Einzelziele der Politik mitbestimmen zu können, kann bewirken, dass die Menschen sich mehr mit ihrer *positiven Freiheit* auseinandersetzen und damit den Gestaltungsraum ihrer eigenen Freiheit füllen.

Aber da ist noch mehr: Gerade durch die Einmischung geraten jene verantwortlichen Eliten, die zunehmend skeptisch gesehen werden, unter Rechtfertigungszwang. Zugleich kann die aktive Auseinandersetzung der Gesellschaft mit Ideen dazu beitragen, dass Aggressionen aus Unwissenheit nicht verfangen können – ein neuer Dialog kann an die Stelle des Redens übereinander treten.

Zwischenstaatliche Perspektive: Intellektuelle tragen Verantwortung …

Es muss damit gerechnet werden, dass sich die Wirkung von Denkfabriken, Expertenausschüssen oder direkter Bürgerbeteiligung ausschließlich national entfaltet, denn der Wirkungskreis der meisten meinungsbildenden Akteure reicht zumeist nur bis zur Landesgrenze. Die Herausforderungen, vor denen wir als Kontinent stehen, können jedoch nicht allein im nationalen Wirkungskreis bewältigt werden. Damit Risikobewusstsein als Grundlage einer gemeinsamen Wagniskultur dauerhaft Bestandteil des europäischen *Common Sense* wird, müssen die nationalen Erkenntnisdebatten im grenzüberschreitenden Dialog eng verzahnt werden. Hier tragen insbesondere zwei gesellschaftliche Gruppen eine besondere Verantwortung. Sie haben bereits in der Vergangenheit eine zentrale Rolle gespielt, wenn es in der Gesellschaft brodelte, es zu einer Entfremdung zwischen Bevölkerung und den politischen Eliten kam und die Gesellschaft auf Sinnsuche war.

Hier sind einmal die *Intellektuellen* zu nennen. Ein Blick auf die Geschichte Europas zeigt, dass es vor allem Schriftsteller, Wissenschaftler, Philosophen und Kulturschaffende, aber auch geistliche Vordenker waren, die entscheidende Änderungsprozesse unterstützten und begleiteten. Ihr Wirken war besonders groß in jenen kritischen Zeitfenstern der europäischen Selbsterkenntnis, die wir bereits kennengelernt haben: Nach dem Zweiten Weltkrieg, zur Zeit des gesellschaftlichen Umbruchs Ende der 60er Jahre und zu Zeiten der friedlichen Revolution von 1989. Sie sorgten mit öffentlichen Aufrufen und Denkanstößen für Unruhe. Als geistige Leuchttürme waren sie sichtbar, ihre Gedanken waren kreativ, innovativ, unangepasst, widerspruchsfreudig, oft mutig und unabhängig. Sie gaben Orientierung, indem sie Positionen bezogen, an denen sich die Gesellschaft ausrichten oder zumindest reiben konnte. Über den Diskurs und die Reibung sorgten sie für Verortung und stifteten dadurch gesellschaftliche Identität. Sie waren Vermittler von Gedanken und Ideen aus anderen Ländern und trugen die politischen und gesellschaftlichen Debatten anderer Öffentlichkeiten über die Grenzen hinweg. Zugleich trugen sie als Moderatoren mit dem richtigen Maß an Besonnenheit und politischer

Unabhängigkeit dazu bei, dass die Dynamik nicht überkochte. Sie zogen die Grundsatzdebatte aus dem politischen Spektrum in die Gesellschaft. Intellektuelle konnten in vielen Situationen ihre persönliche Glaubwürdigkeit einsetzen, um Dialog und Austausch zu schaffen und blinde Aggression und beiderseitigen Autismus zu beenden.

Auch heute hätten Intellektuelle ausgezeichnete Chancen, das Vertrauens- und Autoritätsvakuum zu füllen, das die Funktions- und Entscheidungseliten hinterlassen haben. Sie könnten kritische Zukunftsfragen stellen, Wege und Alternativen aufzeigen, Sinnfragen beantworten. Allerdings scheinen sie ebendiese Chancen nicht wahrzunehmen. Mehr noch: Auf europäischer Ebene scheint es Intellektuelle, die grenzüberschreitend bekannt sind, gar nicht mehr zu geben – Persönlichkeiten wie Giorgio Agamben, Tomáš Sedláček oder Jürgen Habermas mögen da eine Ausnahme sein. In der Regel haben Intellektuelle heute jedoch nicht mehr jene internationale Bühne, die sie in den Jahren vor dem Fall des Eisernen Vorhangs hatten. Politisch-gesellschaftliche Grundsatzdiskussionen haben seit dem abgenommen. Dies ist auch kein Wunder, denn auf europäischer Ebene fand in den letzten Jahren nicht viel statt, das für Reibung gesorgt hätte. Und wie wir gesehen haben, wird die Krise mit allen ihren Verwerfungen, politischen Machtwechseln und Protesten weit intensiver innerhalb der nationalen Öffentlichkeiten erfahren. Auch die zunehmende Vernetzung durch die modernen Medien hat hieran nicht viel geändert. Hinzu kommt, dass Projekte der europäischen Integration zunehmend regulatorische Fragestellungen in den Mittelpunkt gerückt haben – und damit die Frage nach dem *Wie* und nicht nach dem *Warum.*[107] Heute haben Technokraten die Deutungshoheit über die europäische Integration übernommen. Vielleicht ist das der

Grund dafür, dass die Intellektuellen in der Eurokrise bislang kaum in Erscheinung getreten sind.

Freilich gibt es zahlreiche Buchveröffentlichungen von Einzelpersonen. Gemeinsame öffentliche Aufrufe zur Eurokrise waren bisher jedoch nur von Ökonomen zu vernehmen – die einen für, die anderen gegen die derzeitige Eurorettungspolitik. Dies ist bedauerlich, zumal die Intellektuellen gerade in Zeiten der Unsicherheit dem Erkenntnisinteresse der Bevölkerung Antworten geben könnten. Sie könnten den Raum der Möglichkeiten aufzeigen, um der europäischen Gesellschaft verantwortungsvoll den Weg hin zur Freiheit zu weisen und diese Freiheit mit neuem Impetus zu füllen. Mehr noch: Sie könnten über einen Diskurs über Ziele zu jener Verortung führen, die die nationalen und europäischen Funktions- und Entscheidungseliten nicht mehr bieten. Denn die Intellektuellen sind die letzten Unabhängigen, die fernab jeglicher Einbindung in korporatistische Strukturen und frei von ökonomischen oder parteipolitischen Interessen ihre Meinung äußern können.

… ebenso wie die Medien

Daher muss ihnen ein Forum geboten werden. Eine besondere Rolle kommt in diesem Zusammenhang den Medien zu. Sie könnten einen wertvollen Beitrag leisten, wenn sie der aufklärenden Berichterstattung zu Risikofragen mehr Bedeutung einräumen würden, so wie dies in vielen Ländern bei der politischen Bildung schon seit Jahren der Fall ist. Freilich würde es Abwehrreaktionen hervorrufen, wenn Mediengesetze geändert würden, um etwa den Mindestanteil an politischer Bildung über das heute schon vorgeschriebene Maß zu erhöhen. Erinnerungen an die Gleichschaltung von Medien in früheren Zeiten würden dann schnell wach, und auch das Argument, dass nicht Inhalte, sondern allenfalls Methodenkompetenz vermittelt würde, kann nicht wirklich überzeugen. Empfehlenswert wäre jedoch in jedem Falle eine Selbstverpflichtung der Redaktionen. Weiterhin sind auch Medienpreise, die eine entsprechende Berichterstattung unterstützen, geeignet, um kritisches Risikobewusstsein zu fördern. Nicht zuletzt könnten für eine bestimmte thematische Berichterstattung auch Zuschüsse in Erwägung gezogen werden.

Für die Gesellschaft bleiben die Medien eine wichtige Vermittlungsstelle zu den Funktionseliten und zu den Intellektuellen. Sie können Foren des Dialogs bilden, die heutigen Funktionseliten selbst nicht zu schaffen vermögen. Sie können Ängste und Befürchtungen der Bürger kanalisieren und fernab jeglicher *Political Correctness* jenen Resonanzkörper für die Diskussion und das inhaltliche *Sparring* bilden, der für eine Debatte erforderlich ist. Und sie können als Verteilerknoten international geführte Debatten in die nationalen Öffentlichkeiten ziehen, sie dort einbringen – und diese Debatten umgekehrt auch über die Landesgrenzen hinaustragen. Unterschätzt werden in diesem Zusammenhang oft alternative Medienformate, wie etwa frei zugängliche Netztagebücher (*Blogs*), die es privaten wie professionellen Autoren ermöglichen, ihre Meinungen und Einschätzungen zu aktuellen Themen einer großen Empfängergemeinde in Echtzeit kundzutun. Mit ihrer Meinungsvielfalt und der Authentizität ihrer Autoren können sie in puncto Risikoaufklärung eine ebenso große Rolle spielen wie die neuen sozialen Medien wie *Facebook* oder *Twitter*. Die hohe Vernetzung ihrer Nutzer potenziert die gute alte Mundpropaganda zu Echtzeitkampagnen mit enormer Reichweite und Durchschlagskraft. Gleichwohl darf nicht übersehen werden, dass Blogs und soziale Medien in der Regel erst den Mainstream der klassischen Berichterstattung aufgreifen und reflektieren. Eine eigene Agenda setzen sie noch nicht. Hier haben die klassischen Medien noch immer das Primat.

Allerdings berichten diese immer noch mit Distanz über die Geschehnisse in anderen Ländern – eine internationale Vernetzung gibt es kaum. Bedauerlich ist in diesem Zusammenhang, dass das Internetportal *Presseurop* vor kurzem seinen einzigartigen Dienst einstellen musste: Die Website übersetzte Meinungsbeiträge aus den Medien zahlreicher europäischer Länder in mehrere Sprachen und sorgte so für einen enormen grenzüberschreitenden Ideenfluss. Polnische Leitartikel, portugiesische Reportagen oder französische Features von Redakteuren, Kommentatoren und Meinungsführern in zehn Sprachen – nur einen Mausklick entfernt. Leser konnten die Beiträge kommentieren, und auch ihre Äußerungen wurden automatisch übersetzt und anderen sprachunkundigen Lesern zugänglich gemacht. Eine Erfolgsgeschichte und ein kleines Stück europäischer Öffentlichkeit. Doch nur sechs Monate vor der Europawahl (!) beschloss die Europäische Kommission, diese länderübergreifende Plattform nicht weiter zu finanzieren – seitdem herrscht Funkstille. Ob es ein Nachfolgeprojekt geben wird, ist unsicher.

Medien und Intellektuelle haben sowohl ein intrinsisches Sendungsbewusstsein, als auch die Fähigkeit und Freiheit, zwischen einzelnen Standpunkten zu moderieren und auszugleichen. Sie können zusammen mit *Think Tanks* Diskussionsrunden veranstalten, Euroskeptiker einbinden und öffentlichkeitswirksam stellen, Ideenwettbewerbe ausschreiben und somit dazu beitragen, Fehlentwicklungen zu verhindern und destruktive Elemente ins Positive zu wenden. Wenn ihnen die inhaltliche Hinwendung zu Risiken, zur Aufklärung der Zukunft gelingt und sie es schaffen, den Blick konstruktiv nach vorne zu richten, können sie der öffentlichen Debatte den Charakter einer Zukunftswerkstatt geben und erreichen, dass sich die Gesellschaft ihre Zukunft selbst mutig erschließt.

Diese zivilgesellschaftlichen Initiativen werden auch ihren Einfluss auf die Politik haben: Ihrem starken Erkenntnisinteresse wird sie sich kaum entziehen können. Richtig ist aber auch, dass Entwicklungen, die von der Politik nicht akzeptiert oder zumindest positiv begleitet werden, nur geringe Chancen auf Erfolg haben. Die Politik setzt den Rahmen, der auch für den gesellschaftlichen Diskurs notwendig ist. Es gibt keinen gänzlich politikfreien Raum.

Doch welche Möglichkeiten gibt es, Risikobewusstsein in der Politik zu fördern?

Kritisches Risikobewusstsein in der Politik stärken

Risikobewusstsein ist in der Politik durchaus vorhanden. Doch leider finden wir es oft an falschen Stellen vor, nämlich dort, wo die Politik in Reaktion auf die zuvor beschriebenen Befürchtungen der Bevölkerung vor vermeintlichen Risiken falsch reagiert. So kann eine destruktive Wechselwirkung zwischen gesellschaftlichen Ängsten und politischem Aktionismus entstehen, der die in der Regel unbegründeten Befürchtungen aufgreift, ihnen eine zusätzliche unnötige Bedeutung verleiht und sie dadurch weiter potenziert. Ein Musterbeispiel hierfür ist der Atomausstieg in Deutschland. Die Politik griff in Folge des Störfalls im japanischen Atomkraftwerk Fukushima gesellschaftliche Ängste auf und beschleunigte die von ihr vorgesehene *Energiewende* – unter enormen volkswirtschaftlichen Kosten. Ziel ist, alle Atomkraftwerke in Deutschland bis zum Jahr 2022 abzuschalten. Gegenfinanziert wird dies unter anderem durch höhere Strompreise für Endverbraucher. Die Dimensionen der Umverteilung übersteigen mittlerweile die Summen des Länderfinanzausgleichs – ein Ergebnis schneller Flickschusterei im Eindruck des Zwischenfalls in Japan, an der auch jüngste Korrekturen nicht viel verbessern konnten. Auch wenn Fukushima nur der Auslöser des Ausstiegs war und nicht die alleinige Ursache, zeigt dieses Beispiel deutlich, dass eine fundierte Sensibilisierung für Risiken größeren Schaden von unseren Volkswirtschaften hätte abwenden können. Die überhastete politische Reaktion auf ein Erdbeben in Japan zeitigte Fehlentscheidungen, die wiederum dauerhafte Fehlentwicklungen bedingten. Jede Gesellschaft kann sich darauf einigen, den Ausstieg aus der Atomenergie zu wählen. Doch sie sollte dies aufgeklärt, sachlich und nicht von irrationalen Ängsten getrieben tun, um Ressourcen nicht dort zu vergeuden, wo sie besser eingesetzt werden könnten. Über die fatalen Auswirkungen auf die Wettbewerbsfähigkeit des Standorts Deutschland ist an anderer Stelle genug geschrieben worden.

Sicherlich wäre ein stärkerer fachlicher Austausch zwischen verschiedenen Akteuren und Institutionen auf der politischen Entscheidungsebene empfehlenswert. Hierbei stellen sich jedoch einige Herausforderungen, wie einige Beispiele aus der Struktur des Berufswesens, insbesondere im öffentlichen Dienst und der Elitebildung zeigen. Jahrzehntelang wurden in Ministerien für die Laufbahn des höheren Dienstes Mitarbeiter entlang enger Anforderungskriterien rekrutiert. Die meisten Verantwortlichen weisen eine *Normalbiographie* auf und haben auf ihrem Lebensweg selten Nebenwege betreten. Ministerien achten noch heute im Rahmen der sogenannten *Hauseignung* darauf, dass sich Menschen in die Hierarchie der Verwaltung einfügen. Und so sind die späteren Funktionseliten der Ministerialbürokratie ab der Spätphase ihrer Sozialisierung von der Gesellschaft und den Deutungseliten der Medien getrennt. Spätestens nach dem Studium verlaufen sich die Wege. Ministerialbeamte bleiben ihre Berufsbiografie lang Ministerialbeamte, Bankangestellte Banker und Journalisten Redakteure. Diese Homogenität lässt es nicht selten an gegenseitigem Verständnis mangeln, erzeugt Sprachlosigkeit und wechselseitige Abkapselung. Betrachtet man es positiv, mag das für Konstanz sorgen. Wenn eine Ministerialbürokratie sich jedoch mit komplexen und hochdynamischen Regulierungssachverhalten auseinandersetzen muss, können derartige Strukturen auch bald zum Hemmschuh werden. Die Haupttätigkeit der Ministerialbürokratie liegt zwar in der Umsetzung politischer Vorgaben. Allerdings bereitet sie diese auch vor und legt damit auch immer einen Bewertungshorizont fest. Wenn die Politik dann – besonders in Krisenzeiten – unbekannte, neue Fragen aus gänzlich ungewohnten Perspektiven beantworten muss, besteht die Gefahr, dass wechselseitiges, interdisziplinäres Verständnis fehlt und damit Chancen für unkonventionelle Antworten verschenkt werden, weil man sich für die erstbeste Option entscheidet. Dieser Umstand ist systemimmanent und daher grundsätzlich nicht zu ändern. Es läge auch fern, an dieser Stelle den fachlichen Personalaustausch zwischen Ministerien und der Wirtschaft über das heutige Maß hinaus auszubauen. Zu groß wäre das Risiko einer *regulatory capture*, der Einflussnahme durch Wirtschaft oder Lobbyorganisationen. Auch ein personeller Austausch mit *Think Tanks* als offene und durchlässige

Vereinigungen, die politisches Personal nach einem Führungswechsel einfach aufnehmen und weiterqualifizieren können, würden dieses Problem nur zum Teil lösen: Auch sie haben in der Regel eine klare politische Agenda.

Eine langfristige Option wäre es, Hochschulen für Regierungskunst – sogenannte *Public Policy Schools* – einzurichten, so wie es sie in anderen Ländern, z. B. USA, bereits gibt. Auf europäischer Ebene sorgt das *Europakolleg* in Brügge seit über 65 Jahren für eine gezielte Fachausbildung künftiger Bediensteter im Vorfeld ihrer Laufbahn in europäischen Institutionen. In Frankreich ist es die *Nationale Hochschule für Verwaltung* (ENA). Neugründungen in Deutschland waren jedoch allesamt nicht vielversprechend. Wenn durch diese Bildungsstätten auch recht häufig elitärer Corpsgeist weht, so vermitteln sie doch eben jene Kompetenzen, die erforderlich sind, um Verwaltungen professionell und umsichtig zu führen und ihre Anschlussfähigkeit im Hinblick auf aktuelle Problemstellungen zu gewährleisten.[108] Doch in der kurzen Frist dürfte dies kaum Wirkung zeigen.

Wer könnte helfen?

Die Verantwortung der Ökonomen

Es sind die Ökonomen, die mit ihrer Methodenkenntnis und ihrer analytischen Stärke Orientierung geben, wenn es um Risiken geht. Sie tragen eine besondere Verantwortung. Dafür müssen sie sich als tragfähige Brücke zwischen Wissenschaft und Politik verstehen. Die Nachfrage bei politischen Entscheidungsträgen und Administrationen besteht durchaus, denn

Regulierungssachverhalte werden immer komplexer. Hier können Ökonomen sinnvolle Gesetzesfolgeabschätzung betreiben, Wechselwirkungen aufzeigen und mögliche Widersprüche mit anderen Gesetzen und Umständen abwägen.

Allerdings kann die Wirtschaftswissenschaft diesem Beratungsbedarf kaum nachkommen, denn sie unterlag in den letzten zwei Jahrzehnten einem grundlegenden Wandel. So sind etwa wirtschaftspolitische Lehrstühle mit ordnungspolitischer Ausrichtung an deutschen Hochschulen seit Jahren eine aussterbende Spezies. Quantitative Forschung, die eher auf theoretischen Modellannahmen als auf angewandter Empirie basiert, lässt sich besser in internationalen Fachzeitschriften platzieren. Dies erhöht dann den Platz in Forschungsranglisten, erhöht die Chancen auf Drittmittel und bringt den wissenschaftlichen Respekt der Kollegen. All dies ist allemal attraktiver, als die Ergebnisse der eigenen Arbeit in politischen Gremien und zähen Abstimmungsprozessen zu verteidigen und am Ende Ergebnisse fernab des wissenschaftlichen Optimums akzeptieren zu müssen. Die meisten Nachwuchswissenschaftler haben sich daher in den letzten Jahren fachlich umorientiert – der akademische Elfenbeinturm ist für sie bequemer. Viele kennen sich daher nicht mehr in angewandt-institutionellen Fragen aus.[109] All dies hat zu einem relativ großen Autismus der Wirtschaftswissenschaften geführt, bei dem die angewandte Politikberatung auf der Strecke bleibt. Diejenigen, die kritischen Realismus in die Debatte bringen könnten, schließen sich damit von ebendieser Debatte selbst aus.

In diesem Zusammenhang ist es ein schweres Versäumnis, dass große Geschäftsbanken in ihren schlagkräftigen volkswirtschaftlichen Abteilungen in letzter Zeit nur noch kurzlebiges und rein kapitalmarktorientiertes *Research* für institutionelle

Großkunden betreiben. Die Beteiligung von Banken mit Grundsatzthemen an der öffentlichen Debatte hat in den letzten Jahren stetig abgenommen. Jene Einheiten, die Grundsatzthemen, langfristige Trends und Gesellschaftsfragen untersuchten, wurden abgebaut oder von treu-, mut- und glücklosen Führungscliquen und kurzsichtigen Kostenkürzern bis zur Unkenntlichkeit umstrukturiert. Und so ist die Stimme von Bankenvolkswirten im gesellschaftspolitischen Diskurs weitestgehend verstummt. Gleichzeitig war der Erklärungsbedarf der Öffentlichkeit selten so hoch wie in den heutigen Krisenzeiten. Damit haben viele Banken ein gesellschafts- wie geschäftspolitisches Eigentor geschossen: Qualifizierte, angewandte und vor allem unabhängige Grundsatzarbeit würde nicht nur den eigenen Blick für langfristige Entwicklungen und Trends schärfen und bei der eigenen Positionsbestimmung helfen. Vielmehr wären sie auch ein guter Dienst an der Gesellschaft, da sie die Politik in Risikoanalysen unterstützen könnten. Wo, wenn nicht hier, könnten Banken besser Vertrauen wiederherstellen? Und wie, wenn nicht mit glaubwürdiger und unabhängiger Grundsatzarbeit zu Zukunftsthemen könnten sie erreichen, dass man ihnen wieder zuhört?

Von dieser vornehmen bis törichten Zurückhaltung der Ökonomen profitieren wiederum Lobbyisten, die das wissenschaftliche Beratungsvakuum geschickt für sich zu nutzen wissen: Denn solange die Wissenschaft keine Antworten gibt, werden Interessenvertretungen von Unternehmen und Verbänden gerne mit Rat und Tat zur Seite stehen. Doch das ist sicherlich keine überzeugende Alternative.

Freilich kann bei wissenschaftlicher Folgeabschätzung auch einiges schieflaufen. Ein typisches Beispiel dafür ist eine jüngere Publikation der amerikanischen Ökonomen und Politikberater

Carmen Reinhart und Kenneth Rogoff.[110] Sie stellten unter anderem die These auf, dass Volkswirtschaften ab einem öffentlichen Schuldenstand von über 90% der Wirtschaftsleistung nicht mehr wachsen würden. Die These vereinfacht stark, da sie zusätzliche Einflussfaktoren auf die Schuldentragfähigkeit, wie etwa das langfristige Zinsniveau, Wachstumsaussichten oder die institutionelle Leistungsfähigkeit eines Landes ausblendet. Vor allem aber fußt sie auf falschen rechnerischen Annahmen. Reinhart und Rogoff schlossen bestimmte Länder aus ihrer Analyse aus und untersuchten bisweilen unterschiedliche Zeithorizonte. Problematisch war jedoch, dass sich die Politiker zahlreicher Staaten nun an dieser Obergrenze orientierten – nicht jedoch an dem, was für ihr Land tatsächlich angemessen wäre. Die hohe Schwelle des wachstumsverträglichen Schuldenstands wurde von vielen Politikern als Rechtfertigung genommen, noch weitere Schulden aufzutürmen. Der Irrtum wurde erst drei Jahre nach Veröffentlichung der Studie aufgedeckt, als Wissenschaftler der Universität Massachusetts Einblick in den Datensatz von Reinhart und Rogoff erhielten und nachrechneten. Dies ist kein Einzelfall. Immer wieder unterlaufen einflussreichen Politikberatern gravierende methodische Fehler, die erst Jahre später aufgedeckt werden, wenn ihre Ratschläge schon längst umgesetzt wurden. Für Reinhart und Rogoff war dies eine Blamage sondergleichen. Allerdings zeigt dieser peinliche Vorfall einen gangbaren Weg auf, mit dem künftige Fehlleistungen von derartiger Tragweite vermieden werden könnten: Wissenschaftliche Politikberatung sollte zukünftig alle verwendeten Daten und die Methodik offenlegen. Diese Transparenz würde bewirken, dass Gedankengang und Datengrundlage von jedermann überprüft und auch in Frage gestellt werden könnten. Konkurrierende Wissenschaftler könnten die Herangehensweise politischer Berater auf Herz und Nieren prüfen. Das Ergebnis wäre eine subsidiäre Qualitätssicherung, die weitaus mehr vermag als die Kontrolle politischer Gremien, die oft über kein Methodenwissen verfügen. Höhere Transparenz würde zu mehr Wettbewerb in der wissenschaftlichen Politikberatung führen. Dies würde die Politikberatung aus der akademischen *Schmuddelecke* holen und letztlich die Scheu bei Wissenschaftlern abbauen, ihre Forschung in den Dienst politischer Ziele zu stellen. Mehr noch: Die Offenlegung von Daten und Methoden würde mittelbar auch zu einer intensiveren Beschäftigung mit einem Thema durch andere gesellschaftliche Gruppen führen, etwa die politischen Gegner oder Forscher, die sich ihre Sporen noch verdienen wollen. In jedem Falle würden Wissenschaftler so zu glaubhaften Botschaftern des Risikobewusstseins.

Rückblick und Ausblick

Auch in einer entmutigten Gesellschaft kann Wagniskultur etabliert werden. Die entscheidenden Voraussetzungen und Wechselwirkungen haben wir in diesem Kapitel kennengelernt.

Unser Ausgangspunkt waren allgemeine Überlegungen zum Kulturwandel und zu Wegen, den *Common Sense* in Europa weiterzuentwickeln. Damit er sich in einer Gesellschaft ändert, brauchen wir ein gemeinsames Moment der Erkenntnis als Stein des Anstoßes. Es spricht viel dafür, dass die aktuelle Vertrauenskrise der Politik und die frappierende Legitimationskrise des laufenden europäischen Integrationsprozesses dieser Tage eine solche Funktion haben könnten. Zahlreiche Beispiele in der jüngsten Geschichte belegen, dass eine Glaubwürdigkeitskrise der Funktionseliten immer wieder zu einer verstärkten Aufmerksamkeit der Öffentlichkeit geführt hat. Allgemeines Misstrauen weckte zunächst Erkenntnisinteresse. Dies hatte zur Folge, dass die Gesellschaft begann, altbekannte Weisheiten zu hinterfragen.

Ein erstes Beispiel ist die *Umweltbewegung*. Sie hat ihren Ursprung bereits in den 1920er Jahren. Massiven Zulauf erhielt sie jedoch erst, als die schädlichen Nebeneffekte der Industrialisierung in den 1960er und 1970er Jahren in ihrem überregionalen Ausmaß immer offenkundiger wurden und nicht mehr zu leugnen oder totzuschweigen waren. Zunächst organisierten sich Bürgerinitiativen vor Ort, die mit ihrem öffentlichen Protest die Glaubwürdigkeit der Industrie öffentlich anzweifelten. Doch dabei blieb es nicht. Die Menschen setzten sich im nächsten Schritt zunehmend mit den Inhalten selbst auseinander. Aus simpler Skepsis erwuchs zunächst Neugier und sodann konstruktives Erkenntnisinteresse. Schon bald fand der Umweltschutz Einzug in die Politik. Spätestens seit den 1990er Jahren gibt es grüne Parteien in allen Ländern unseres Kontinents. Heute ist der Umweltschutz Teil eines jeden Parteiprogramms, Inhalt eines jeden Lehrplans und natürlich auch ein beliebtes Thema in öffentlichen Diskussionen.

Eng mit dem erhöhten Umweltbewusstsein verbunden, jedoch im Laufe des letzten Jahrzehnts immer aktueller, ist das zunehmende Interesse an *Nahrungsmittelreinheit*. Die gesellschaftlichen Bedenken gegenüber Nahrungsmittelzusätzen oder genetisch modifizierten Organismen sind massiv angestiegen, nachdem einige Lebensmittelskandale öffentlich wurden und wissenschaftliche Studien die Risiken thematisierten. Auch hier ließ anfängliches Misstrauen das Erkenntnisinteresse wachsen. Das gesellschaftliche Interesse hat hier auch auf europäischer Ebene zu zahlreichen Gesetzesinitiativen geführt.

Ein aktuelles Beispiel ist die gesellschaftliche Wahrnehmung der *Rolle von Finanzinstituten*. Das Bankgeschäft verlief über Jahrzehnte hinweg fast unbemerkt von der öffentlichen Wahrnehmung. Bankangestellte genossen höchstes Vertrauen der Gesellschaft und ihrer Kunden. Diese Zeiten sind vorbei. Die Finanzkrise, das verantwortungslose Verhalten einiger Banker und die damit verbundenen Finanzskandale haben viel an gesellschaftlichem Vertrauen gekostet. Eine ganze Branche steht unter Generalverdacht. Gleichzeitig ist das öffentliche Interesse am Hinschauen gestiegen: Auf einmal werden Finanzthemen breit diskutiert. Selbst komplexe Regulierungsinhalte wie die Finanztransaktionssteuer oder die Idee eines Trennbankensystems finden Eingang in Talkshows und Podiumsdiskussionen. Dies hat zu zahlreichen regulatorischen Neuerungen geführt. Es ist zu erwarten, dass sich die Bankenlandschaft in den kommenden Jahren, nach stärkerem Erkenntnisinteresse der Gesellschaft und Handlungswillen der Politik noch weiter verändern wird – national und auf europäischer Ebene.

Ebendiese Dynamik der *Veränderung durch Hinschauen* müssen wir uns mit Blick auf neue Wagniskultur heute zu Nutze machen und sie in unserem *Common Sense* verankern. Alle Akteure der Zivilgesellschaft sind aufgerufen, kritisches Risikobewusstsein zu fördern, damit wir den Raum unserer Möglichkeiten voll wahrnehmen und ausschöpfen können. Allerdings: Noch stehen wir am Scheideweg. Noch ist offen, ob die Krise den Kontinent nachhaltig spalten wird oder ihn enger zusammenwachsen lässt. Zum Guten wenden kann sich diese Entwicklung dann, wenn es uns Europäern gelingt, rechtzeitig unsere Freiheit eigenverantwortlich zu ergründen und die Möglichkeiten, die wir haben, auch zu nutzen. Wir erreichen das über ein kritisches Risikoverständnis, das uns die Angst vor der Zukunft nimmt. Denkfabriken, Intellektuelle und Medien sind aufgerufen, es stärker zu verankern. So kann Lust auf Zukunft, kann Wagniskultur aus der Gesellschaft heraus entstehen und sich eine allgemeine und tiefgreifende Identität als Grundlage und Zusammenhalt eines freiheitlichen Gemeinwesens entwickeln. In dieser Freiheit liegen die Wurzeln des Willens, das eigene Schicksal zu bestimmen.

Es ist dieser Wille, der gesellschaftlichem Mut Flügel verleiht.

IX Mut und Wille

Die eigentliche Eurorettung liegt noch vor uns. Sie wird uns nur gelingen, wenn wir Europäer bereit sind, Altbekanntes zu hinterfragen und unsere Freiheit auch auszufüllen. Dafür sind zwei Dinge unverzichtbar: Mut und Wille. *Mut* zur Selbsterkenntnis und der *Wille*, das eigene Handeln daran zu orientieren. Diesen Mut und diesen Willen werden wir in Zukunft brauchen.

Was vor uns liegt, wissen wir nicht. Es spricht jedoch viel dafür, dass die kommenden Jahrzehnte für unseren Kontinent unbequemer werden als die letzten Dekaden wirtschaftlicher Prosperität und politischer Stabilität. Denn wir stehen vor alten und neuen Herausforderungen: Unverrückbare Entwicklungen der Vergangenheit, strukturelle Schwächen der Gegenwart, aber auch die Zwangsläufigkeiten der Globalisierung in der Zukunft werden bei uns Europäern schon bald die bittere Erkenntnis wachsen lassen, dass unser Wohlstand und unser Wachstum nicht mehr so selbstverständlich sind, wie wir es bislang angenommen haben.

Neue Mutproben voraus!

Eine erste Herausforderung ist der *demographische Wandel*, der angesichts der niedrigen Geburtenraten der jüngsten Vergangenheit eine Tatsache ist, die nicht mehr geändert werden kann. Europa altert, manche Länder schneller als andere. Transferleistungen von Jung zu Alt werden im Verhältnis zu den gesamten staatlichen Leistungen zunehmen. Diese unproduktiven Ausgaben, die in erster Linie für den Konsum bestimmt sein werden, verdrängen dann langfristig wichtigere Ausgaben, z. B. für Bildung und Forschung oder Infrastruktur. Dies wiederum wird schwer auf unserer Fähigkeit lasten, zu wachsen und Schulden abzubauen. Viele Beobachter begehen jedoch den Fehler, allein diese finanziellen Auswirkungen des demographischen Wandels zu betrachten. Sie konzentrieren sich dann ausschließlich auf die Notwendigkeit, das Renteneintrittsalter zu erhöhen, auf steigende Kosten in den Gesundheitssystemen oder eine höhere finanzielle Vorsorgebelastung jüngerer Menschen. Doch das ist nicht alles. Viel zu selten werden nämlich die Auswirkungen auf die mentale Zukunftsfähigkeit der Gesellschaft untersucht. Eine ältere Gesellschaft wird stets stärkere Präferenzen für die Bewahrung des *Status quo* haben als Gesellschaften mit einem höheren Anteil jüngerer Menschen. Sie wird fortschrittsskeptischer und infolgedessen willentlich risikoärmer. Mut, die Zukunft aktiv zu gestalten, müssen wir dann mit der Lupe suchen. Da dies auf Kreativitätsverlust und Ideenarmut hinausläuft, dürfte es uns diese Entwicklung nicht einfacher machen, die zweite Herausforderung zu meistern, vor der wir stehen.

Sie besteht in der Notwendigkeit zu *strukturellen Anpassungen*, die sich aus den Versäumnissen der Vergangenheit ergeben. Die Staatsverschuldung schränkt den Handlungsspielraum öffentlicher Haushalte empfindlich ein. Ähnliches gilt für die hohe Verschuldung des Privatsektors, die angesichts niedriger Wachstumsraten alles andere als nachhaltig ist. Nicht zuletzt werden Strukturreformen uns noch einiges an Härte gegen uns selbst abverlangen. Viele Länder werden sich wirtschaftlich komplett neu erfinden müssen, wenn sie langfristig ihren Lebensstandard halten und zugleich unabhängig von Transfers bleiben möchten. Die Erkenntnis, dass derartige Reformaufgaben erfüllt werden müssen, entbindet uns nicht von den Strapazen, die mit ihnen verbunden sind. Es erfordert nicht nur Mut, sondern auch eisernen Willen und Durchhaltevermögen, wenn wir Politik und Wirtschaft nachhaltig reformieren möchten.

Hier nachlässig zu handeln könnte uns teuer zu stehen kommen. Darauf deutet die dritte Herausforderung hin, die sich aus den *unabwendbaren Entwicklungen der Globalisierung* ergibt. Die Schwellenländer streben einen globalen Wachwechsel in Wachstum und Wohlstand an. Auch die Turbulenzen in der jüngeren Zeit können nicht darüber hinwegtäuschen, dass ihre Wachstumsperspektiven gut sind. Bekannt ist, dass die Schwellenländer mit ihren zumeist günstigeren demographischen Ausgangsbedingungen und ihren enormen Investitionen in Bildung und Infrastruktur den etablierten Industrieländern auf den Fersen sind. Doch auch dies ist nur ein Fragment des Gesamtbildes. In Zeiten zunehmender Vernetzung ergeben sich globale Machtverhältnisse längst nicht mehr nur aus politischer und wirtschaftlicher Stärke. Sie ergeben sich auch aus der Fähigkeit von Ländern und Wirtschaftsräumen, sich Ressourcen und Technologien zu erschließen, indem sie Standards definieren und Absatzmärkte strategisch entwickeln. Hieraus entstehen neue Handlungsfelder globalen Einflusses.[111] Wohin das führen kann, zeigt die Digitalisierung: Nach anfänglichen Pioniertaten haben wir Europäer spätestens in den 1980er Jahren auf diesem Feld konsequent wichtige Trends verschlafen, während die USA sich zum globalen technologischen Standardsetzer aufschwingen konnten. Dank ihrer Gründerkultur, aber auch ihrer gigantischen Investitionen in Serverstandorte konnten sie diese Rolle zuletzt mit dem Ausbau des Internets weiter festigen – und damit die Grundlage für weitere geschäftliche

Erfolge legen. Wir Europäer müssen alles daran setzen, dass uns dieses Schicksal der Digitalisierung nicht auch auf den Feldern der Industrie, der Energiesicherheit und der Finanzwirtschaft ereilt. Wirtschaftspolitische und regulatorische Weichen können binnen weniger Tage in die falsche Richtung gestellt werden und Fehlentwicklungen einleiten. Sie zu korrigieren dauert hingegen Jahrzehnte.

Unredlich handeln all jene, die den Eindruck vermitteln, dass sich diese anstehenden Herausforderungen wie Gewitterwolken von alleine auflösen würden. Im Zeichen ebendieser Sicherheitsillusion steht auch die Rettungspolitik, die bislang vor allem eine Rettung des Bestandes maroder Strukturen war. Wirtschaftspolitische Veränderungen sind allenfalls ein Sekundärziel. Wie wir erfahren haben, schädigt Europa sich damit in dreifacher Weise: Wir setzen nicht nur unseren Wohlstand aufs Spiel. Wir verbauen uns auch die Chancen auf eine bessere Zukunft und verlieren darüber hinaus die Ehrlichkeit gegenüber uns selbst. Der Preis für diese Selbsttäuschung wird nicht allein in Euro zu Buche schlagen. Er hat auch eine mentale Dimension: Unsere Vollkaskomentalität lässt zunehmend das Verständnis für die Grenzen verschwimmen, die die Realität uns setzt. Umso mehr steigt die Furcht vor dem Konkreten, vor dem Tun, vor dem Unterlassen, vor falschen Entscheidungen und vor Veränderungen. Und umso mehr steigt unsere *Furcht vor der Freiheit*. Angst und Abwarten ist mit Blick auf unsere inneren und äußeren Aufgaben jedoch genau die falsche Antwort, denn in einem wachstumsstarken, hochdynamischen und globalen Umfeld wird jeder Stillstand zum Rückschritt. Das böse Erwachen wird kommen. Zu einem späteren Zeitpunkt wird es umso härter sein.

Raus aus der Komfortzone! Systemdenken schadet

Die Zukunft bleibt eine Mutprobe. Ihre Herausforderungen sind ebenso unausweichlich wie unabweisbar. Sie wird uns Europäern größte Mühen und Anstrengungen abverlangen, wenn wir langfristig unseren Lebensstandard halten möchten. Sollten wir unsere Zukunft als Mutprobe annehmen, werden wir dabei weitgehend auf uns alleingestellt sein. Wir können uns weder auf ein verbindliches Regelsystem berufen, noch auf eine Europäische Kommission, die alles für uns organisiert. Wir müssen uns allein auf uns selbst verlassen. Und auf unseren Mut und unseren Willen, die Herausforderungen, vor denen wir stehen, zu lösen. Zentral ist hierfür die Erkenntnis, dass uns die Zukunft, bei allen Unwägbarkeiten und Risiken, in erster Linie Chancen bietet. Nutzen können wir sie nur, wenn die Gesellschaften Europas nicht stillstehen, sondern flexibel und risikoklug in Gedanken und Taten bleiben, wenn sie willens sind, aktiv dazuzulernen und liebgewonnene Verhaltensweisen zu überdenken. Allein der aktive, aufgeklärte und selbstbewusste Umgang mit Unsicherheiten ermöglicht es uns, unsere *Komfortzone* zu verlassen – also jenen uns bekannten Bereich, in dem wir uns wohl und sicher fühlen, in dem Neuerungen und Wagnis es aber schwer haben.

Hierzu gehört auch eine Abkehr vom gegenwärtigen Systemdenken. Der Ansatz der Eurorettung war bislang im Wesentlichen auf Systeme gerichtet – auf systemische Krisen, Systemstabilität und Systemrelevanz. Der Mensch oder einzelne Länder standen selten im Mittelpunkt. Es liegt nahe, dass diese Art von politischer Steuerung Menschen dazu verleitet, sich hinter systemischen Zwängen zu verstecken – bzw. sie als Rechtfertigung dafür zu nehmen, inaktiv zu bleiben. Systeme erziehen Menschen zur Verantwortungslosigkeit. Sie reduzieren den Menschen zu einem Teil des großen Ganzen und verkennen ihn als Individuum. Sie missachten, wie wichtig für Menschen und Gesellschaften die Selbstwirksamkeit ihres individuellen Handelns ist. Das Denken und Handeln in Systemkategorien mag dort sinnvoll sein, wo Konstanz und absolute Verlässlichkeit gefragt sind – etwa in der Geldpolitik, der Wettbewerbspolitik oder der Landesverteidigung. Das Leben selbst ist jedoch weder ein stabiles System, noch ist es verlässlich. Es steckt voller Überraschungen, die im Kleinen geschehen. Daher wäre es falsch, Stabilität dort künstlich erschaffen zu wollen, wo eigentlich Reibung auf der Tagesordnung steht. Mit Selbstständigkeit und Agilität können wir den Unsicherheiten des Lebens am besten begegnen. Und wenn unser Wille zur Eigenverantwortung uns dazu veranlasst, uns mit Risiken auseinanderzusetzen, entsteht so das beste Gegenmittel gegen Populisten und Demagogen, deren Dialektik sich nicht von den Machbarkeitsillusionen jener Brüsseler Stäbe unterscheidet, die sie kritisieren.

Wir haben versucht, eine Alternative zum derzeit vorherrschenden Systemdenken der Europolitik zu entwickeln, die nachhaltiger und daher vielversprechender als der heutige Kurs ist. Wir setzen dabei auf den Bürger. Wir Europäer müssen mit der Rückkehr zum Haftungsprinzip, mit wirtschaftlicher Teilhabe, Wettbewerb und Wagniskultur unsere spontanen Kräfte der Erneuerung selbst aktivieren. Auf sie wird es ankommen, wenn wir die unsichere Zukunft meistern wollen. Die heutige Kultur Europas ist das Ergebnis historischer Entwicklungen, unserer Kulturen und Verhaltensmuster – nicht das Ergebnis zentraler Planung am Reißbrett – genauso wenig wie geschichtliche Entwicklungen jemals die Folge wohlüberlegter Akte der Vernunft waren. Wir müssen erkennen, dass die Zukunft in erster Linie von unvorhersehbaren Umständen abhängt, aber auch von unserer Fähigkeit, mit diesen Umständen umzugehen. Und wir müssen erkennen, dass wir selbst verantwortlich sind für unsere Zukunft und dass wir etwas bewirken können – sofern wir den Mut zur Selbsterkenntnis und den Willen zur Freiheit haben.

Grenzen überschreiten, im fairen Wettstreit aneinander wachsen …

Im Zeichen dieser Abkehr vom Systemdenken steht unser wettbewerbsorientierter Ansatz. Wie wir erfahren haben, ist Wettbewerb kein Selbstzweck – auch, wenn Kritiker nicht müde werden, dies zu unterstellen. Wettbewerb und Konkurrenz sind vielmehr Mittel, persönliche Freiheit jedes Mal aufs Neue in einer Leichtigkeit zu erobern, wie es unter hierarchischer Koordinierung niemals möglich wäre. Niemand würde bestreiten, dass es auch im Wettbewerb Gewinner und Verlierer gibt. Doch nirgendwo sonst als im Wettbewerb hängen die Chancen, zu den Gewinnern zu gehören, stärker vom einzelnen Menschen, dem einzelnen Unternehmen oder vom Land ab und nicht von der Gunst Dritter, die politische oder administrative Macht ausüben. Im Wettbewerb können, wollen und sollen Menschen, Gesellschaften und Staaten ihr eigenes Schicksal bestimmen – auch, wenn die Ausgangsbedingungen sich unterscheiden. So wird die Ungleichheit ertragbarer, und Neid verflüchtigt sich in gespannter Erwartung auf zukünftige Erfolge, die auf Chancengleichheit basieren.

Wettbewerb steht für Austausch. Dieser Austausch ist die zentrale Voraussetzung dafür, dass die Länder und Gesellschaften Europas ihre Vielfalt in Vorteile umwandeln können. Europa hat gewissermaßen das Glück, nie ein einheitliches System gewesen zu sein, sondern ein Kontinent der Vielfalt und der Konflikte. Diese waren nicht immer bewaffneter, sondern oft auch ideeller Natur. Sie waren die Folge des engen Zusammenlebens unserer Kulturen. Und so spielte sich ein Großteil der europäischen Geschichte als Überschreitung nicht nur geographischer Trennlinien, sondern auch weltanschaulicher Grenzen, ab. Dies ist kein Wunder, denn schließlich herrscht bei uns eine Vielzahl von Religionen, Konfessionen, Sprachen und Ideengeschichten vor, und die Grenzziehungen waren nicht immer eindeutig. Dieses kreative Infragestellen von Grenzen hat auch einen reichen Schatz an Kunst, Dichtung, Architektur, Musik, Debattenkultur und Philosophie[112] hervorgebracht, um den uns andere Gesellschaften der Welt beneiden. Diese Grenzüberschreitung und Reibung legt den Grundstein für so vieles, was wir mit Wagnis verbinden. Und sie zeigt, dass wir Europäer in der Vergangenheit weitaus öfter mutig waren, als wir uns das heute vorstellen können und wahrhaben möchten.

Viele dieser Grenzüberschreitungen sind mittlerweile Teil unseres *Common Sense* geworden. Und gerade deshalb lassen sich die zahlreichen Momente des Mutes heute oft nicht mehr erfassen. Sie sind für uns selbstverständlich geworden und erscheinen im Rückblick als normal. Die Psychologie bezeichnet dieses Phänomen als *Courage Blindness* – als *Mutblindheit*. Menschen, die in einer bestimmten Situation Zivilcourage bewiesen haben, erachten ihr Verhalten im Nachgang als selbstverständlich, weil der Mut, den sie in diesen Taten geübt haben, schon längst ein Teil von ihnen geworden ist. Mutig zu sein dürfte uns in Zukunft also nicht so schwer fallen, wie wir es heute annehmen.

Die permanente Grenzüberschreitung, die Reibung und der Mut zum Anderssein steht im Zeichen dessen, was uns in der Vergangenheit stark gemacht hat: Unsere *Subsidiarität*. Dahinter steckt die Erkenntnis, dass Angelegenheiten, die die kleineren Einheiten gut lösen und zum Erfolg führen können, nicht von der übergeordneten Einheit ausgeführt werden sollten. Diese Subsidiarität steht für schnelle Reaktion durch eigenverantwortliches Handeln der nachgelagerten Einheit. Die Nähe zur Problemstellung sorgt für ein besseres spezifisches Verständnis und kurze Entscheidungswege – und damit oft für zieladäquate Lösungen. Als *Best Practices* können sie zugleich andere Handelnde und Entscheidungsträger inspirieren – ohne Zwang von oben. Voraussetzung hierfür ist, dass ein Austausch innerhalb wettbewerblicher Strukturen stattfindet. Ist dies der Fall, sorgt Subsidiarität als Handlungsvorrang der nachgelagerten Ebene nicht nur für schnelles, agiles Lernen in der gesamten Breite. Vor allem vermittelt sie den Entscheidungsträgern die Möglichkeit zur Selbstbestimmung und Eigenverantwortung auf der kleinsten Ebene. Aus gutem Grund hat Subsidiarität als Leitprinzip der Europäischen Union ihren Eingang in den EU-Vertrag gefunden. In der heutigen Zeit, in der Systemdenken dominiert, müssen wir es wieder wagen, zur Subsidiarität zurückzukehren, die auch in Zukunft ein kreatives Überschreiten unserer Grenzen möglich macht.

… und weltweit neue Standards setzen

In der Eurokrise sind wir nicht allein. Wir haben Publikum. Länder in Lateinamerika, Afrika und Asien, die uns in der Vergangenheit nicht selten als kulturelle Leitsterne betrachtet haben, wissen schon heute: In wenigen Jahren werden sie es sein, die nach einer anhaltenden Wachstumsphase möglicherweise vor einem hohen Schuldenberg, demographischen Problemen und Wachstumssorgen stehen werden. Sie werden sich dann die gleichen Sinnfragen stellen und nach ähnlichen Lösungen suchen müssen. Daher beobachten sie bereits heute genau, wie wir Europäer unsere heutigen Herausforderungen meistern. Dies ist eine große Chance für uns, Maßstäbe zu setzen.

Wirtschaftliche Kraftfelder mögen sich, wie eingangs skizziert, global verschieben. Auch ihre Rahmenbedingungen werden sich verändern. Das bedeutet jedoch nicht, dass wir Europäer in Zukunft unseren Einfluss verlieren werden. Im Setzen globaler moralischer Standards waren wir Europäer in der Vergangenheit oft besonders erfolgreich. Weltweit bewundern andere Länder uns wegen unseres Umweltschutzes und des Verbraucherschutzes, unseres Städtebaus, Gesundheitswesens oder des Nebeneinanders kultureller Vielfalt. Weltweit ernten wir Anerkennung dafür, wie wir unseren zerstörten Kontinent nach zwei Weltkriegen wieder aufgebaut und die friedliche Revolution von 1989 in einem Dutzend Länder ohne Bürgerkrieg und Blutvergießen gemeistert haben. Und weiter: Wie wir Wachstum mit Nachhaltigkeit verbinden und zugleich den sozialen Ausgleich im Blick haben; wie wir auch in schwierigen Zeiten Demokratie und Rechtsstaatlichkeit wahren; wie wir – als einzige Staatengruppe – die Klimaschutzziele nicht vollständig in den Wind geschlagen haben; wie wir unsere Vergangenheit aufgearbeitet haben. Wenn es etwas gibt, das uns Europäern auf lange Sicht globalen Einfluss sichern kann, dann sind es weder Rohstoffvorkommen noch Technologie. Es ist unsere *laterale*

Vorbildfunktion in moralischen Dingen, die wir mit unserem Mut zur Selbsterkenntnis und unserem Willen zum Handeln schon oft vorgelebt haben.

Wir können dies wiederholen, wenn es uns gelingt, uns mit unserem Mut und unserem Willen künftigen Herausforderungen zu stellen. Vielleicht werden wir in der Zukunft unseren neuen Sinn für die Freiheit und unseren moralischen Mut genauso exportieren können, wie wir das mit anderen moralischen Standards in der Vergangenheit getan haben. Nachfrage hierfür gibt es genug, denn die Ansprüche der Bevölkerungen der *Emerging Markets* steigen. Noch vor zwei Jahrzehnten war nicht daran zu denken, dass die Einwohner indischer Großstädte sich für Umweltschutz interessieren, dass Chinesen Demokratie einfordern oder dass Lateinamerikaner ein gestiegenes Interesse an Verbraucherschutzthemen haben. Überall sehen wir junge Nationen, die ihren Weg in eine materiell bessere Zukunft suchen. Sie haben und sie wollen kulturelle Leitmotive. Wir Europäer haben die große Chance, ihnen einen überzeugenden *European Way of Life* anzubieten, der auf risikokluger Wagniskultur fußt. Eine Lebensart, die sich aus reflektierter Krisenresilienz und Selbsterkenntnis ableitet, nicht jedoch aus blindem Wagemut oder ökonomischem Draufgängertum. Allein dies wäre alle Mühen wert.

Wenn sie uns nicht träumen lassen, dann lassen wir sie nicht schlafen. In diesem Satz, der Auslöser für diese Schrift war, steckt weit mehr als eine Drohung gegen die politischen Führungseliten. Er drückt auch den Wunsch nach Veränderung und neu erwachenden Gestaltungswillen aus. Wer aufhört zu träumen, wer wichtige politische Entscheidungen auf die lange Bank schiebt, sie der Beliebigkeit überlässt oder als Bürger das Treiben der Eliten resigniert beobachtet, wird früher oder später die Konsequenzen seines Handelns selbst zu spüren bekommen. Nur, wenn wir neuen Mut finden, unsere Position zu hinterfragen und den Willen aufbringen, unsere trügerische Komfortzone zu verlassen und unseren Raum der Möglichkeiten aktiv auszugestalten, werden wir erreichen, dass das Europa von morgen mehr sein wird als die Eurokrise von heute und alle bislang gescheiterten Versuche blasser Entscheidungsträger, sie auf ihre Art zu lösen. Und wenn wir dann in wenigen Jahren auf die Eurokrise zurückblicken, werden wir uns über die heutige Blockade unserer Gesellschaft wundern. Weil wir dann, ohne es zu merken, schon längst über uns hinausgewachsen sind.

Wann fangen wir an?

Anmerkungen

1 Die Drucklegung dieses Buches erfolgte in den Wochen vor der Europawahl. Zu diesem Zeitpunkt deuteten alle verfügbaren Umfragen ausnahmslos darauf hin, dass euroskeptische Kräfte ihren Stimmenanteil im Vergleich zur Europawahl im Jahr 2009 steigern konnten.

2 Den Hinweis auf den Karlspreis verdanke ich einem Austausch mit Cicero-Redakteur Alexander Kissler, der diesen Gedanken später auch in dem Artikel *Kalter Friede in Europa: Schafft den Euro ab!* aufschrieb. (vgl. *Cicero Online* vom 9. April 2013).

3 Siehe etwa Mundell, R. (1961). *A Theory of Optimum Currency Areas.* In: *The American Economic Review.* Band 51. Heft 4. S. 657–665.

4 Fachleute streiten bis heute darüber, ob Deutschlands Engagement für eine gemeinsame europäische Währung eine Gegenleistung für die Zustimmung Frankreichs zur Wiedervereinigung war. Als gesichert gilt aber, dass es Deutschland war, das bei den Verhandlungen im Vorfeld der Europawahl darauf bestand, dass für eine Teilnahme an der Währungsunion Mindestanforderungen gelten sollten, um eine Bestenauswahl an Teilnehmerstaaten zu garantieren – mit bescheidenem Erfolg.

5 Vor *Lehman Brothers* stützte die US-Regierung die vier Bankhäuser *Bear Stearns, IndyMac, Fannie Mae* und *Freddie Mac.*

6 Vgl. Art. 125 Vertrag über die Arbeitsweise der Europäischen Union.

7 Vgl. *Financial Times* vom 26. März 2013. Die Aussagen aus einem Interview mit Dijsselbloem wurden im Rahmen eines längeren Artikels zitiert.

8 Siehe hierzu auch den erhellenden Beitrag von Tim Krieger (2013). *Vom Konflikt zur regelgebundenen Kooperation.* Würzburg: Blog *Wirtschaftliche Freiheit* vom 25. Oktober 2013.

9 Vgl. Europäischer Rat (2012). *Pakt für Wachstum und Beschäftigung.* Anlage zu den Schlussfolgerungen vom 28/29. Juni 2012. Brüssel: Europäischer Rat.

10 Vgl. Dullien, S. (2013). *Ein Jahr EU-Wachstumspakt: Die Enttäuschung war abzusehen.* Wirtschaftsdienst 2013. Heft 6. S. 354–355.

11 So entschied sich die irische Regierung im Februar 2013, die Abwicklungs- und Auffanganstalt IBRC aufzulösen. Sie war für die beiden notleidenden Kreditinstitute *Anglo Irish Bank* und *Irish Nationwide Building Society* eingerichtet worden. Allerdings hatten die Vorgängerinstitute der IBRC im Jahr 2010 unter anderem hochverzinsliche Anleihen der irischen Regierung als Sicherheit für ELA-Kredite bei der Irischen Nationalbank hinterlegt. Diese sogenannten *Promissory Notes* wurden später, als die IBRC abgewickelt wurde, in langlaufende, niedrigverzinste Anleihen umgewandelt. Die irische Zentralbank blieb nun auf Anleihen mit niedrigerem Zinscoupon sitzen, während der irische Staat um eine zweistellige Milliardenstumme entlastet wurde.

12 Vgl. Rede von Mario Draghi auf der *Global Investment Conference* in London vom 26. Juli 2012.

13 Siehe dazu ZEW (2012). *Agenda 2030.* Studie im Auftrag des Verbandes der Familienunternehmen. Mannheim: ZEW.

14 OECD (2013). *Going for Growth: Reforming for a Strong and Balanced Recovery*. Paris: OECD.

15 Vgl. GDV (2013): *Strategien für bezahlbares Wohnen in der Stadt. Welchen Beitrag kann der Neubau angesichts neuer Wohnungsknappheit leisten?* Berlin: Gesamtverband deutscher Wohnungs- und Immobilienunternehmen e. V.

16 Vgl. Herzog, R. (1999). *Freiheit des Geistes. Reden zur Kultur*. Hamburg: Hoffmann und Campe. S. 95

17 vgl. Koch, D. (1999). *Die Brüsseler Republik.* Der Spiegel. Heft 52 vom 27. Dezember 1999. S. 136.

18 Siehe hierzu Crouch, C. (2008). *Postdemokratie.* Frankfurt am Main: Suhrkamp

19 Die Verordnung des Europäischen Parlaments und des Rates zur Änderung der Verordnung EG Nr. 1060/2009 über Ratingagenturen (EU Nr. 462/2013) wurde am 31. Mai 2013 im Amtsblatt der Europäischen Union veröffentlicht und trat am 20. Juni 2013 in Kraft. Allen Ernstes behauptete Binnenmarktkommissar Michael Barnier am 16. Januar 2013 auf einer Pressekonferenz zur Verordnung: „*Wir alle wissen, dass die Ratingagenturen stark zur Finanzkrise beigetragen haben.*“

20 Die Neuvermessung erfolgt im Rahmen der Reform des *Europäischen Systems Volkswirtschaftlicher Gesamtrechnungen* (ESVG) 2010, das zum September 2014 für alle 28 EU-Mitgliedstaaten verbindlich wird.

21 Pew Research Center (2013). *The New Sick Man of Europe: the European Union.* Washington: Pew Research Center.

22 Vgl. Europäische Kommission (2013). *Standard Eurobarometer 79.* Frühjahr 2013. Brüssel: Europäische Kommission.

23 Siehe dazu etwa Locke, E. A. und Latham, G. P. (1990). *A Theory of Goal Setting and Task Performance.* Englewood Cliffs, NJ: Prentice Hall.

24 Siehe grundlegend dazu etwa Kahneman, D. und A. Tversky (1984). *Choices, Values, and Frames.* American Psychologist. Band 39. Heft 4. S. 341–350.

25 Siehe Höhler, G. (2007). *Aufstieg für Alle. Was die Gewinner den Verlierern schulden.* Düsseldorf: Econ. S. 250 f.

26 So Bundesfinanzminister Schäuble am 26. März 2014 auf einer Vortragsveranstaltung der *NRW School of Governance* in Duisburg.

27 Neues Wachstum mag sich möglicherweise langfristig in den Feldern der nachhaltigen Energiewirtschaft, der Medizintechnik oder der Automatisierung ergeben – doch diese Perspektiven sind zu vage und zu fern, um heute schon Bedeutung zu haben.

28 Siehe hierzu den erhellend-kritischen Beitrag von Johannes Pennekamp (2013). *Alle sind gegen Wachstum.* Frankfurt: FAZ Blog *Fazit* vom 26. Juli 2013.

29 Vgl. Herzog, R. (1997). *Aufbruch ins 21. Jahrhundert.* Berliner Rede vom 26. April 1997. Berlin.

30 Vgl. Blüher, K. A. (1998). *Tapferkeit.* In *Historisches Wörterbuch der Philosophie*, Bd. 10, S. 894–901. Zitiert über Zibis, A. M. (2007). *Die Tugend des Mutes.* Würzburg: Königshausen und Neumann: S. 170.

31 Der Begriff *Tapferkeit* leitet sich vom althochdeutschen Wort „taphar“ ab, was so viel wie fest oder hart bedeutet. Als *tough* begegnet uns dieses Wort auch noch heute im Englischen. Tapfer ist derjenige, der keine Furcht zeigt, ein höheres Ziel im Blick hat und dieses mit Durchhaltewillen erreicht. Tapferkeit ist eine Haltung, die es Menschen ermöglicht, für die Gesellschaft zu „taugen“. Zur Unterscheidung zwischen Mut und Tapferkeit vgl. auch Tillich, P. (1954): *Der Mut zum Sein.* Stuttgart: Steingrüben. Zitiert über Zibis, A. M. (2007). *Die Tugend des Mutes.* Würzburg: Königshausen und Neumann. S. 169.

32 Vgl. Ansprache von Bundespräsident Roman Herzog anlässlich der Hauptversammlung der Max-Planck-Gesellschaft in Saarbrücken vom 21. Juli 1996.

33 Die nachfolgenden drei Gründe fassen den Katalog positiver und negativer Gründe für Eigentum von Josef Kardinal Höffner zusammen. Siehe auch:

Höffner, J. (1977). *Christliche Gesellschaftslehre.* Keverlaer: Butzon und Bercker. S. 180–202.

34 Vgl. etwa Delpla, J. und J. v. Weizsäcker (2010). *The Blue Bond Proposal.* Bruegel Policy Brief 2010/03. Brüssel: Bruegel.

35 Vgl. Sachverständigenrat Wirtschaft (2011). *Verantwortung für Europa übernehmen. Jahresgutachten 2011/12.* Wiesbaden: Sachverständigenrat zur Begutachtung der gesamtwirtschaftlichen Lage. S. 109–118 oder auch Sachverständigenrat Wirtschaft (2012). *Europäischer Schuldentilgungspakt: Fragen und Antworten.* Wiesbaden: Sachverständigenrat zur Begutachtung der gesamtwirtschaftlichen Lage.

36 Vgl. Philippon, T. und C. Hellwig (2011). *Eurobills, not Eurobonds.* Beitrag für das Blog VoxEu. London: VoxEU. Dezember.

37 So etwa der deutsche Wirtschaftsweise Peter Bofinger in einem Gastbeitrag für die *Financial Times,* von dem in Deutschland kaum Notiz genommen wurde. Vgl. hierzu Bofinger, P. (2014). *A eurozone bond need not be a freeloaders' charter.* Financial Times vom 4. Februar 2014. S. 7.

38 So forderte der französische Staatspräsident Hollande noch am 16. Mai 2013 die Einführung von Eurobonds in einer zentralen Rede zu den Grundlinien seiner Politik in Paris.

39 Vgl. hierzu etwa Hüther, M., C. Paulus und K. Berensmann (2010). *Braucht Europa eine Insolvenzordnung für Staaten?* Ifo-Schnelldienst. München: Ifo-Institut. Band 63. Heft 23. S. 3–15 oder Sachverständigenrat Wirtschaft (2012). *Jahresgutachten 2012/13.* Wiesbaden: Sachverständigenrat zur Begutachtung der gesamtwirtschaftlichen Lage. S. 107 f.

40 Siehe hierzu auch: Pâris, P. und C. Wyplosz (2014). *Politically Acceptable Debt Restructuring in the Eurozone.* Genf: International Center for Monetary and Banking Studies.

41 Verständlich hierzu etwa: Hellwig, M. und A. Admati (2013). *Des Bankers neue Kleider.* München: Finanzbuchverlag.

42 Vgl. Diamond, D. W. und R. G. Rajan (2000). *A Theory of Bank Capital.* Journal of Finance, Band 55. Heft 6. S. 2431–2465.

43 Diese Argumente verdanke ich einem Austausch mit meinem geschätzten früheren Kollegen Dr. Christan Weistroffer.

44 Siehe hierzu auch Schildbach, J. (2012). *Universalbanken: Gut für Kunden und Finanzstabilität.* Aktuelles Thema. Frankfurt: Deutsche Bank Research.

45 Zusammen mit den Überwachungsbehörden für die Wertpapierhandelsplätze (Europäische Wertpapier- und Marktaufsichtsbehörde, ESMA, Paris) und Versicherungsdienstleister (Europäische Aufsichtsbehörde für das Versicherungswesen und betriebliche Altersvorsorge, EIOPA, Frankfurt) bildet die EBA das Dreigestirn der europäischen Finanzmarktüberwachung.

46 Erst nach einem längeren Abstimmungsprozess, in dem explizit ein Krisenfall festgestellt wird, und wenn Europäische Kommission und Mitgliedstaaten festgestellt haben, dass nationalen Behörden nicht hinreichend aktiv geworden sind, können sie unmittelbar aktiv werden. Zudem dürfen ihre Beschlüsse nicht in die Haushaltspolitik der Mitgliedstaaten eingreifen.

47 Zwar kann die EZB im Zweifelsfall alle Banken – unabhängig von der zuvor getroffenen Einschränkung – initiativ beobachten. Allerdings liegt die Vermutung nahe, dass es bei einem Anfangsverdacht einer Schieflage schon zu spät ist, um größere Kollateralschäden zu verhindern.

48 Siehe hierzu auch: Speyer, B. (2013). *EU-Bankenunion: Richtige Idee, schlechte Durchführung*. EU-Monitor. Frankfurt: Deutsche Bank Research.

49 Vergleiche hierzu Schnabel, I. (2014). *Das europäische Bankensystem: Bestandsaufnahme und Herausforderungen*. Wirtschaftsdienst 2014. Heft 1. S. 6–10.

50 Es handelt sich um jene europäischen Rechtsakte, die die Eigenkapitalanforderungen von Basel III durchsetzen – und damit um die Richtlinie CRD IV und die Verordnung CRR.

51 Siehe hierzu auch: Speyer, B. (2013). Ebenda.

52 Vgl. Guarascio, F. (2013). *EU seen lifting budget procedure against Italy this week*. Brüssel: Reuters Nachrichtendienst vom 27. Mai.

53 Vgl. Mussler, W. (2014). *Die rosa Brille der EU-Kommission*. FAZ vom 1. März 2014. S. 17.

54 Vgl. IWF (2012). *World Economic Outlook*. Washington: IWF. S. 41.

55 Vgl. Lucas, R. E. (1976): *Econometric Policy Evaluation: A Critique*. Carnegie-Rochester Conference Series on Public Policy, Bd. 1, S. 41.

56 Siehe hierzu grundlegend etwa Debrun, X., D. Hauner und M. Kumar (2009*). Independent Fiscal Agencies*. Journal of Economic Surveys. Band 23. Heft 1. S. 44–81.

57 Siehe hierzu auch: Zipfel, F. und C. Heinrichs (2012). *Die Rolle von Steuersystemen für Wachstum – Europa im Überblick*. EU-Monitor. Frankfurt: Deutsche Bank Research.

58 So ist es empirisch erwiesen, dass sich die Handelsbilanz jener Ländern in der Eurozone verbessert hat, die eine Absenkung von Lohnnebenkosten über eine höhere Konsumbesteuerung über die Mehrwertsteuer gegenfinanziert haben. Siehe hierzu de Mooij, R. und M. Keen (2012). *Fiscal Devaluation and Fiscal Consolidation: The VAT in Troubled Times.* IMF Working Paper 12/85. Washington: Internationaler Währungsfonds.

59 Vgl. Kirchhof, P. (2011). *Bundessteuergesetzbuch. Ein Reformentwurf zur Erneuerung des Steuerrechts.* Heidelberg: C. F. Müller Verlag.

60 Einen ähnlichen Gedanken äußerte der Leipziger Finanzwissenschaftler Enrico Schöbel in seinem Vortrag *Steuer(un)ehrlichkeit(en) – Warum der Plural trefflicher wäre* auf der Pluralistischen Ergänzungsveranstaltung zur Jahrestagung des Vereins für Socialpolitik am 12. September 2012 in Göttingen.

61 Weiterhin belegen Studien, dass Bürger weniger Steuern hinterziehen, wenn die öffentliche Hand effizienter mit Steuergeld umgeht. Siehe etwa Barone, G. und S. Mocetti (2011). *Tax morale and public spending inefficiency.* International Tax and Public Finance. Band 18. Heft 6. S. 724–749.

62 Europäische Zentralbank (2013). *Household Finance and Consumption Survey.* Frankfurt: EZB.

63 Vgl. Hauff, V. (1987): *Unsere gemeinsame Zukunft. Der Brundtland-Bericht der Weltkommission für Umwelt und Entwicklung.* Greven: Eggenkamp Verlag. S. 51 und 54.

64 Die bisweilen doch sehr technisch anmutende Debatte über die Saldendynamik im innereuropäischen Interbankenzahlungssystem Target II stellt diese Problematik dar. Ausführlich hierzu: Sinn, H. W. et al. (2011). *Die europäische Zahlungsbilanzkrise.* München: ifo Institut.

65 Vgl. Schoeck, H. (1966). *Der Neid. Eine Theorie der Gesellschaft.* Freiburg und München: Karl Alber.

66 Vgl. Nowak, M. A., K. M. Page und K. Sigmund (2000). *Fairness versus reason in the Ultimatum Game.* Science. Band 289. S. 1773–1775.

67 Vgl. van Suntum, U. (2002). *Was ist eine gerechte Wirtschaftsordnung?* in: A. Rauscher (2002). Soziale Gerechtigkeit – Mönchengladbacher Gespräche. Köln: Bachem. S. 86.

68 Für ausgewählte Branchen bestehen Ausnahmeregelungen bis 2017. Langzeitarbeitslose und Jugendliche unter 18 Jahren sind von den Regelungen ausgeschlossen.

69 Vgl. Knabe, A. und R. Schöb (2009): *Minimum wage incidence: The case for Germany.* FinanzArchiv/Public Finance Analysis, Band 65. Heft 4. S. 403–441.

70 Siehe hierzu auch: Folkerts-Landau, D. (2013). *Mindestlohn von EUR 8,50: Eine falsche Weichenstellung.* Standpunkt Deutschland. Frankfurt: Deutsche Bank Research.

71 So eine Studie der Arbeitnehmervertretung des spanischen Wirtschaftsministeriums. Vgl. Gestha (2014). *La economía sumergida supone un 24,6% del PIB español.* Madrid: Sindicato de Técnicos des Ministério de la Hacienda.

72 IfD Allensbach. *Chancengerechtigkeit durch Förderung von Kindern – ein deutsch-schwedischer Vergleich.* Allensbach: IfD

73 So etwa in den Schlussfolgerungen des Europäischen Rates vom 28. Juni 2013.

74 Vgl. hierzu etwa die Empfehlung des Rates vom 22. April 2013 zur Einführung einer Jugendgarantie.

75 Einige Vertreter schlagen vor, dass die Mittelübernahme nur für kurzfristige Arbeitslosigkeit übernommen wird, damit die Politik das Interesse hat, langfristige Arbeitslosigkeit abzubauen. Fraglich ist gleichwohl, ob die Politik nicht versucht sein könnte, Langzeitarbeitslosenverhältnisse in Kurzzeitarbeitslosenverhältnisse umzudefinieren, um in den Genuss zusätzlicher Transfers zu gelangen. Siehe hierzu. Dullien, S. und F. Fichtner (2012). *Eine gemeinsame Arbeitslosenversicherung für den Euroraum.* In: DIW Wochenbericht. Heft 44. S. 9–15.

76 Weiterhin würden die Gelder auch unterschiedlich verteilt, denn die Staaten Europas haben unterschiedliche Sozialmodelle: *Nordeuropäische Länder* weisen Sozialsysteme mit hohen Sicherungsstandards auf. Gleichzeitig ist der Kündigungsschutz gering. Ähnlich gestrickt ist das *angelsächsische Modell* – mit ebenfalls geringem Kündigungsschutz und aktivierenden Maßnahmen im Arbeitsmarkt (z.B. Fortbildungen). Allerdings decken die Unterstützungsleistungen nur ein Existenzminimum ab, sodass Arbeitslose weniger durch Förderung als durch wirtschaftlichen Druck wieder in Arbeitsverhältnisse finden. In Deutschland, Österreich und Frankreich verbreitet ist das sogenannte *kontinentale Modell* mit hohem Kündigungsschutz und hoher Arbeitslosenunterstützung – die Gefährdung durch Armut ist gering, der Zugang zum Arbeitsmarkt jedoch schwer. Das *südeuropäische Modell* hingegen ist von rigiden Arbeitsmärkten und einem schwachen Sozialsystem geprägt. Die Möglichkeiten der Fortbildung für Arbeitnehmer scheitern oft an trägen Verwaltungsstrukturen. Gleichzeitig sind die Transfers niedrig. Menschen, die einmal den Arbeitsmarkt verlassen haben, sind einem hohen Armutsrisiko ausgesetzt oder gezwungen, im Familienverbund auszuharren. Das schränkt ihre Mobilität zusätzlich ein. Diese kursorische Übersicht zeigt bereits, dass die unterschiedlichen nationalen Eigenheiten und Gewohnheiten der Sozialsysteme in Europa im Falle einer gemeinsamen Arbeitslosenversicherung zu großen Ungleichgewichten führen können.

77 Vgl. Schäfer, H. und J. Schmidt (2011). *Der Niedriglohnsektor in Deutschland - Entwicklung, Struktur und individuelle Erwerbsverläufe.* Köln: Institut der Deutschen Wirtschaft.

78 Diesen Gedanken verdanke ich meinem geschätzten früheren Vorgesetzten Professor Norbert Walter.

79 Vgl. Brenke, K. (2013). *Jugendarbeitslosigkeit in Europa - Können Beschäftigungsgarantien helfen?* in: Orientierungen zur Wirtschafts- und Gesellschaftspolitik 137 (3/2013). Bonn: Ludwig-Erhardt-Stiftung. S. 33–38.

80 Vgl. hierzu die Daten der OECD zu den tertiären Bildungsabschlüssen im Euroraum: OECD (2013). *Education at a Glance.* Paris: OECD.

81 Vgl. OECD (2010). *Economic policy reforms: Going for Growth.* Paris: OECD.

82 Vgl. Deutsches Studentenwerk (2013). *Hauptbericht der 20. Sozialerhebung.* Berlin: DSW.

83 Siehe hierzu auch den erhellenden Beitrag von Norbert Berthold (2014). *Des Läba isch koin Schlotzer.* Würzburg: Blog Wirtschaftliche Freiheit vom 12. Februar 2014.

84 Siehe hierzu Audretsch, D. B. (2007). *Entrepreneurship capital and economic growth.* Oxford Review of Economic Policy. Band 23. Heft 1. S. 63–78.

85 Andere Posten sind Verwaltungsausgaben (etwa 6 Prozent), Ausgaben für globale Tätigkeiten wie etwa Entwicklungshilfe oder Heranführungshilfen für Beitrittskandidatenländer und die sogenannte Nachbarschaftspolitik mit Ländern außerhalb Europas. 1 Prozent wird für die polizeilich-justizielle Zusammenarbeit ausgegeben.

86 Vgl. hier zu Engels, W. (1976). *Soziale Marktwirtschaft als politische Ökonomie.* Stuttgart: Seewald Verlag. S. 19.

87 Vgl. hierzu Böhm, F. (1961). *Demokratie und ökonomische Macht.* Institut für ausländisches und internationales Wirtschaftsrecht (Hrsg.): *Kartelle und Monopole im modernen Recht.* Karlsruhe. S. 1–24.

88 Vgl. Eucken, W. (1952). *Grundsätze der Wirtschaftspolitik.* Hg. von Edith Eucken und K. Paul Hensel. Tübingen: J. C.B. Mohr (Paul Siebeck).

89 Vgl. Müller, P. (2014). *European reform: Merkel's surprising new ally in Brussels.* Spiegel Online International vom 28. Oktober 2013. Hamburg: Spiegel Online.

90 So der frz. Präsident François Hollande bei einer Ansprache im südfranzösischen Rodez am 29. Mai 2013.

91 Vgl. CEPR (2013). *Global Trade Alert.* London: Center for Economic Policy Research.

92 Vgl. DIHK (2013). *Außenwirtschaftsreport 2013.* Berlin: Deutscher Industrie und Handelskammertag.

93 Aus globaler Sicht sind Freihandelsabkommen auf internationaler Ebene keine wirksamen Gegenmittel gegen Protektionismus. Sie unterliegen dem schwachen Völkerrecht und können allenfalls traditionelle Handelshemmnisse wie etwa Zölle oder Quoten bekämpfen. Gegen kreativen Protektionismus können sie nichts ausrichten. Hinzu kommt, dass sie globalen Freihandel nicht wirklich fördern. Sie unterstützen nur den Handel zwischen den teilnehmenden Staaten. Andere, nicht teilnehmende Länder schließen sie aus. Das ist insofern problematisch, als die Chancen auf dauerhaft erfolgreiche Freihandelsabkommen abnehmen, je mehr Parteien beteiligt sind. Zu unterschiedlich sind die einzelnen Interessen der Länder. Das zeigte zuletzt die Doha-Runde, jene Dauerkonferenz, die seit dem Jahr 2001 bislang vergeblich versucht, Entwicklungsländern einen besseren weil zollgünstigeren Anschluss an die Weltmärkte zu ermöglichen.

94 Siehe hierzu Rixen, T. und S. Uhl (2011). *Unternehmensbesteuerung europäisch harmonisieren – was zur Eindämmung des Steuerwettbewerbs in der EU nötig ist.* Berlin: Friedrich-Ebert-Stiftung.

95 Vgl. Fuest, C., C. Spengel, K. Finke, J. Heckemeyer und H. Nusser (2013). *Handlungsoptionen gegen aggressive Steuerplanung.* In: Der Betrieb. Heft 38. S. 33–36.

96 Vgl. Fuest, C. et al. (2013). Ebenda.

97 Diese Definition orientiert sich an Kroeber, A. und C. Kluckhohn, C. (1952). *Culture – a Critical Review of Concepts and Definitions.* New York: Vintage Books. S. 357.

98 Siehe etwa Hansen, K.P. (1995). Kultur und Kulturwissenschaft. Tübingen/Basel: Francke, S. 9. oder Busche, H. (2000). Was ist Kultur? In: Dialektik –

Zeitschrift für Kulturphilosophie 2000/1, S. 69–90. Diese Quellen entstammen einem Vorlesungsskript von Professor Timm Beichelt aus Frankfurt (Oder).

99 Vgl. hierzu und zu den Wirkungen gesellschaftlicher Visionen im Speziellen Pohl, J. (2012). *Bessere Zukunft mit Visionen – Die Wirkung positiver Zukunftsbilder.* Frankfurt: Fortschrittszentrum.

100 Wheatley, M. und D. Frieze (2006): *Using Emergence to take social Innovation to Scale.* Provo, PT: The Berkana Institute.

101 Vgl. hierzu Volkmann, T. (2012). *Deutscher Wertemonitor.* Gummersbach: Friedrich-Naumann-Stiftung für die Freiheit.

102 Vgl. Fromm, E. (1941). *The Escape from Freedom.* New York: Farrar & Rinehart.

103 Vgl. Hayek, F. A. (1961). *Ursache der ständigen Gefährdung der Freiheit,* Ordo, 12 S. 104/106.

104 Vgl. Ernst, Andreas (2008). *Zwischen Risikowahrnehmung und Komplexität: Über die Schwierigkeiten und Möglichkeiten kompetenten Handelns im Umweltbereich,* in: Bormann, I. und G. de Haan (Hrsg.): *Kompetenzen der Bildung für nachhaltige Entwicklung. Operationalisierung, Messung, Rahmenbedingungen, Befunde.* Wiesbaden. VS Verlag für Sozialwissenschaften. S. 45–59.

105 Vgl. hierzu auch Luthar, S. und D. Cicchetti,(2000). The construct of resilience: Implications for interventions and social policies. *Development and Psychopathology* Band 12. Heft 4. S. 857–885.

106 Siehe hierzu auch Wegner, G. (2013). Ökonomischer Liberalismus und moderne Demokratie. Essays zur Freiheit. Berlin: Wert der Freiheit.

107 Vgl. Kneuer, M. (2002). *Intellektuelle und Europa. Geist und Macht – ein Indianerspiel?* Politische Meinung 1/2002. Sankt Augustin: Konrad-Adenauer-Stiftung. S. 38–50.

108 Freilich müsste der Zugang zu diesen Hochschulen auf zentralisierten und anonymisierten Aufnahmetests beruhen. Die Hochschulen könnten so in der mittleren Frist zu einer größeren sozialen Mobilität der politischen Eliten beitragen und somit verkrustete Strukturen durchbrechen.

109 Vgl. hierzu Rürup, B. (2010). *Defizite der wirtschaftswissenschaftlichen Politikberatung.* Rede an der Quadriga Hochschule am 22. April 2010. Berlin.

110 Reinhart, C. und K. Rogoff (2010). *Growth in a time of debt.* Working Paper 15639. Cambridge: National Bureau of Economic Research.

111 Diesen Gedanken verdanke ich meinem geschätzten Kollegen Wilhelm Steinmark.

112 Vgl. Weidenfeld, W. (2012). *Europäische Selbstverständigung und Integration – auf dem Weg zu einer Gemeinschaftsidentität.* In: Hennerckes, B. H. *Wertewandel mitgestalten – gut handeln in Gesellschaft und Wirtschaft.* Freiburg: Herder. S. 73 f.